Publicitar
Uma nova visão da Publicidade

Muito, muito mais do que criar e veicular anúncios

Publicitar
Uma nova visão da Publicidade

Muito, muito mais do que criar e veicular anúncios

João José Werzbitzki (JJ)
Master of Arts/Communications

Copyright© 2013 by João José Werzbitzki

Todos os direitos desta edição reservados à Qualitymark Editora Ltda.
É proibida a duplicação ou reprodução deste volume, ou parte do mesmo,
sob qualquer meio, sem autorização expressa da Editora.

Direção Editorial	Produção Editorial
SAIDUL RAHMAN MAHOMED editor@qualitymark.com.br	**EQUIPE QUALITYMARK**
Capa	Editoração Eletrônica
LITERAL LINK	**ARAUJO EDITORAÇÃO**

CIP-Brasil. Catalogação-na-fonte
Sindicato Nacional dos Editores de Livros, RJ

W529p

Werzbitzki, João José

Publicitar : uma nova visão da publicidade como comunicação de marketing : muito, muito mais do que criar e veicular anúncios / João José Werzbitzki. – Rio de Janeiro : Qualitymark Editora, 2013.

304p. : 23 cm

Apêndice
Inclui bibliografia
ISBN 978-85-414-0047-3

1. Publicidade. 2. Propaganda. 3. Marketing. I. Título.

12-6538.
CDD: 659.1
CDU: 659.1

2013
IMPRESSO NO BRASIL

Qualitymark Editora Ltda.
Rua Teixeira Júnior, 441
São Cristóvão
20921-405 – Rio de Janeiro – RJ
Tel.: (21) 3094-8400/3295-9800

Fax: (21) 3295-9824
www.qualitymark.com.br
E-mail: quality@qualitymark.com.br
QualityPhone: 0800-0263311

Para a minha mulher, Eliane, que tanto amor, força, carinho e atenção me dá nesta vida toda que vivemos juntos – e que será eterna em nossos corações.

Ela é o grande amor da minha vida.

Mãe dos meus dois filhotes queridos.

Razão maior do meu viver.

Inspiração da minha alma.

Motivação de cada novo dia.

Coragem para enfrentar todos os desafios.

E seguir adiante. Sempre em frente.

Fazendo acontecer.

João José

"Ninguém pode construir em teu lugar
as pontes que precisarás passar,
para atravessar o rio da vida
– ninguém, exceto tu, só tu.

Existem, por certo, atalhos sem-números,
e pontes, e semideuses que se oferecerão
para levar-te além do rio;
mas isso te custaria a tua própria pessoa;
tu te hipotecarias e te perderias.

Existe no mundo um único caminho
por onde só tu podes passar.
Onde leva? Não perguntes, segue-o".

(Nietzsche)

Sumário

Introdução 1
Alvo. A definição crucial. 20
O que é Publicidade, afinal? 25
O que faz um publicitário? 33
É cada vez mais difícil e mais caro. 40
AIDAM, a minha nova fórmula. 47
Como ser eficiente? 49
Quem precisa de planejamento? 60
O problema da Publicidade. 73
"TOC-TOC". 75
A comunicação eficaz. 84
Liberdade de anunciar. 89
Um diagnóstico correto é essencial. 94
A importância do conhecimento. 100
Informação & Análise. 103
O "X" da questão: Pesquisas. 111
Um bom briefing sempre ajuda... 122
A Matriz de Planejamento. 128
É como uma sinfonia! 131
O Mix de Comunicação... e o futuro. 155
O nosso grande desafio. 165
Numa agência inglesa, a verdade. 169
Como cobrar e quanto? 170
O bom uso da mídia. 175

O comportamento do consumidor. 199
As leis da opinião pública. 218
Como definir sua estratégia? 224
Buscar resultados. 240
Um diferencial nas causas sociais. 246
Como será o futuro? 250
Desenvolva as ideias. 255
Estrutura do planejamento. 273
Como avaliar sua comunicação. 275
Como definir o investimento? 279
Uma competição dramática. 282
Gratidão e recompensa. 285

Introdução

Um publicitário chamado JJ

Quem sou eu, para acreditar que você iria ler este livro sobre Publicidade e Comunicação? Ou para me credenciar a escrevê-lo?

Acho complicado me autoapresentar, mas entendo que tenho que fazê-lo, comentando minhas experiências profissionais e pessoais, as quais – acredito – me qualificam a esta ousada iniciativa. Afinal, não pretendo vender este livro só em Curitiba, onde alguns me conhecem...

Apesar do nome comprido e sobrenome complicado, João José Werzbitzki, sou muito mais conhecido pelas iniciais JJ.

Tanto que muita gente nem sabe o meu nome.

É só JJ.

Nasci em Curitiba, em 3 de agosto de 1951. E passei a minha infância dividido entre o restaurante dos meus pais, o Colégio Santa Maria (o melhor da cidade, naquela época) e uma turma de amigos pra lá de agitada, no centro antigo de Curitiba.

Brinco, dizendo que na minha mamadeira já tinha a famosa feijoada do meu pai, o Onha (que chegou a ser destacada como uma das melhores do Brasil), mas o fato é que meus pais trabalhavam no restaurante das 8 da manhã às 11 da noite, todos os dias – menos domingos. Como morávamos em cima do restaurante, minha casa real era lá embaixo, no Restaurante Embaixador e na saudosa Rua Riachuelo.

Não fui um estudante brilhante no colégio. Gostava mesmo era de jogar futebol no colégio, na calçada, na praça, andar de bicicleta, correr no Passeio Público (parque que era o meu playground, na Curitiba de antes dos anos 70). Mas o colégio era duro, os maristas não davam moleza – nem a minha mãe polaca. Tinha que estudar, não tinha jeito.

Trabalhei, ajudando meu pai no restaurante, desde cedo, limpando mesas. Depois servindo os fregueses, enchendo geladeira, sempre meio na marra – mas em troca de uns trocados para os picolés, balas, figurinhas e matinês nos cinemas. Bons tempos.

Depois dos 15, vendi uns quadros "psicodélicos" (sabem o que é isso?), pintados com tintas que brilhavam com luz negra, nos meus tempos de hippie de cabelos longos, sentado na praça (onde hoje, no Largo da Ordem, aos domingos, há uma enorme feira de artes e artesanato).

Fiz músicas, poesias, pinturas, fotografia e aprendi a cozinhar, com meus pais e avós (que eram grandes "chefs", mesmo sem diploma).

Com meus pais, especialmente com minha mãe, aprendi a comer bem, além de cozinhar. A feijoada, o verdadeiro strogonoff, rabada, mocotó, escargot, mignon com champignon e molho branco, virado à paulista, costela assada, moquecas, rãs fritas, uma bela maionese caseira, alface com iogurte, pão quentinho com manteiga/morangos amassados e açúcar (agora adoçante) e carne de onça (que não tem nada a ver com o famoso felino – é apenas carne crua de primeira, bem temperada, com cebola, cheiro verde, sal, pimenta, limão e óleo de oliva, sobre uma fatia de pão preto... um prato típico de Curitiba)... mas isso é tema para um outro livro (o que é uma boa ideia!).

No Santa Maria, fui goleiro do time do colégio por 11 anos – indo depois para o juvenil do Clube Atlético Paranaense (meu time do coração desde 1958, quando, com 7 anos, vi pela primeira vez o meu rubro-negro ser campeão, no velho estádio da Baixada – onde hoje existe uma fabulosa, confortável e moderna arena). Naquela época, aprendi muito mais de vida do que de bola, pois o Atlético tinha trazido nada menos do que jogadores como Djalma Santos, Bellini, Dorval, Gildo, Nair, Zé Roberto, Milton Dias, Sicupira e outros craques, que jogavam muita bola.

Vi o Djalma Santos (bicampeão mundial de 58 e 62), com 40 anos, ter que correr com os guris de 17. O Bellini, capitão da seleção que ganhou a Copa de 58 e levantou a Jules Rimet, levar dribles da garotada. O Dorval, ex-Santos (daquele ataque demolidor com Pelé, Coutinho e Pepe) mais malandro, não corria atrás... dava porrada.

Naquele tempo, nosso chuveiro, no antigo estádio do Atlético, era um cano na parede, por onde saía água gelada – o que era uma delícia no inverno curitibano... imaginem em dias de chuva e frio...

Resolvi estudar, porque eu não queria ter que correr atrás da bola a vida toda, mesmo podendo ser goleiro do Atlético (como meu pai tinha sido).

Meu primeiro sonho era ser arquiteto. O segundo, arqueólogo. Fiz até um bom Curso de Desenho Arquitetônico. Porém... Não passei nos dois primeiros vestibulares de Arquitetura (e nunca fiz de Arqueologia, embora continue fascinado por ela, lendo e assistindo a tudo que posso a respeito).

Arrisquei Comunicação Social na Universidade Católica do Paraná e passei em segundo lugar (só perdi para um padre, que era muito CDF) e na primeira semana de aulas estava apaixonado pelo curso – que, naquela época, habilitava em Jornalismo, Relações Públicas, Editoração e Publicidade/Propaganda.

Antes de completar um mês de aulas, arranjei meu primeiro emprego, no Diário do Paraná – que era o principal jornal de Curitiba, na época.

No meu primeiro dia de trabalho, 10 de março de 1973, me deram uma entrevista para fazer. Fiz. E quando voltei ao jornal, para redigir, o vexame: eu não sabia colocar o papel na máquina de escrever! Vexame total. Depois de um tempo digno do Guiness, o texto saiu... levei umas duas horas para produzir umas 40 linhas...

Mas eu gostava, muito, de trabalhar no jornal – tanto que era um dos primeiros a chegar, na hora do almoço, e só saía quase de madrugada, quando o jornal estava fechando.

Fui aprendendo tudo, sobre todos os setores do jornal. Da entrevista à redação, à fotografia, ao uso do telex (bem antes do fax e da Internet), das radiofotos e telefotos, do trabalho de garimpar e "pentear" as notícias nacionais e internacionais do telex (que era revisar e colocar cedilhas, pontuação e acentos nas notícias que chegavam no telex das agências nacionais e internacionais de notícias, como a **UPI** e a **FrancePress**), até tentar burlar a Censura, nos tempos mais difíceis do regime militar, nos anos 70, como quando estava quase rodando o jornal com a notícia da queda do Allende, no Chile, no golpe de estado dado pelo Pinochet, com o apoio americano. Os censores chegaram antes.

Ao mesmo tempo, trabalhei como redator de um programa esportivo na Rádio Universo, e como repórter na TV Paraná (da Rede Tupi, na época) e fazia cursos: de cinema, de fotografia, de publicidade – tudo que podia, para aprender mais, sobre aquilo do qual eu gostava tanto.

Em 74, aproveitei umas férias e fui para a Itália, com a cara e a coragem, além de alguns dólares "paitrocinados" no bolso.. Fui estudar *"Historia della Arte Italiana"* , em todos os principais museus e sítios arqueológicos de Roma, Nápoles, Pompeia, Capri, Florença, Milão e Veneza.

Um curso maravilhoso coordenado pelo prof. Deoclécio Regid de Campos (que restaurou a **Pietá**, de Michelangelo, que havia sido mutilada a golpes de martelo, alguns anos antes, por um tcheco maluco). Foi uma lição de cultura, de arte, de beleza, de refinamento, de vida. Nunca vi tanta beleza junta, em pintura, escultura, mosaico e arquitetura, em minha vida.

Pela primeira vez, mesmo, abri meus olhos para um mundo imenso, muito maior do que aquele em que eu vivia, na minha querida Curitiba, de onde só tinha saído para jogar futebol em Salvador, Rio, São Paulo, Vitória e Belo Horizonte. Um mundinho que era bom, mas nem se comparava ao mundo novo que eu havia encontrado no Velho Mundo.

Da Itália, fui para a Suíça, Inglaterra, França e Espanha – e é lógico que, mais do que visitar os pontos turísticos, mergulhei nos museus (que é o que faço até hoje, sempre que viajo), nos restaurantes e na vida. Quando a gente viaja, mudam as nossas percepções e as nossas referências, não é mesmo? Parece que o radar fica limpo, para captar um mundo de novas sensações, imagens, cheiros, cores, luzes, brilhos e encantos.

Nesta viagem, consegui fazer um bom dinheiro extra, como free-lancer da revista Placar, graças ao Hélio Teixeira – na época, Placar era um sucesso semanal no Brasil todo.

Entrevistei o técnico da seleção italiana, em 74, Ferruccio Valcareggi, o Johan Cruyff, craque holandês do Ajax (considerado um novo Pelé, na época) que havia sido contratado pelo Barcelona numa transação milionária (em dólares), cobri o último jogo da eliminatória da Copa de 74 na Alemanha, em Frankfurt (Espanha e Iugoslávia, país que nem existe mais) e fiz uma reportagem sobre esportes na neve. Pagaram a viagem.

Voltando ao Diário do Paraná. Lá, fui repórter policial, esportivo e de geral, quando um dia, em 1975, o professor Aroldo Murá criou um Curso de Redação e Edição. Consegui ser um dos primeiros colocados, o que valeu uma promoção, que significava o dobro do salário, com o dobro de trabalho – mas era muito bom!

Porém durou pouco, porque meses depois, quando nevou em Curitiba e houve uma grande geada negra no Paraná – que dizimou os cafezais – fiz uma série de reportagens que chamaram a atenção do então Governador Jayme Canet Jr. e que me valeram um convite "para ir trabalhar no Palácio", mesmo antes de me formar (o que aceitei, correndo).

Lembro-me, neste momento, de um episódio engraçado: quando da geada negra, ainda nos tempos de jornal, acompanhava num avião especialmente locado a comitiva do Governador do Paraná e do então Ministro da Agricultura, Alysson Paulinelli, que vistoriavam os danos. Ninguém conseguia entrevistar o ministro. A segurança não deixava chegar perto, naqueles tempos de ditadura... Numa das paradas, ouvi ele dizer que queria ir ao banheiro, então fui antes dele. Resultado: consegui a entrevista, enquanto ele fazia o xixizinho... rindo da minha estratégia, depois de ter ficado incomodado.

Consegui a entrevista exclusiva – o que, creio, também chamou a atenção do Governador, que me convidou para ir trabalhar com ele, depois de uma entrevista exclusiva em Palácio para a qual ele havia me convidado.

Trabalhei no Palácio Iguaçu por um ano, viajando por todo o Paraná, cidade por cidade, numa experiência enriquecedora, com um governador sensacional. Único, na minha opinião, pois mesmo nomeado pelo Governo Militar cuidava do dinheiro público como se fosse o dele, era leal, ético e amigo. Administrava o Paraná como um empresário competente.

Em 2005 tive a honra de ser convidado para ajudar a preparar as comemorações dos 30 anos do Governo Canet, com um vídeo emocionante que desenvolvi e editei com depoimentos de todos os ex-Secretários de Estado e auxiliares de primeiro escalão ainda vivos, uma revista histórica e um jantar oferecido por ele aos seus companheiros de 30 anos (ou mais). Foi uma honra emocionante.

Em 1976, voltei para o Diário do Paraná, para ser editor de noticiário local. Semanas depois, assumi o segundo caderno todo, com futebol, policial e lazer.

Naquele período, ganhamos um Prêmio Esso de Fotografia, por uma foto do Mário Nascimento, que mandei estourar na primeira página (e que o pessoal da policial nem queria publicar, para não se incomodar, pois a imagem era a de um policial dando um tremendo soco num bêbado, na delegacia... claro que houve algumas ameaças, mas a foto vendeu muito, deu prestígio ao jornal e o mais ambicionado prêmio do jornalismo brasileiro).

Logo depois, assumi a chefia de reportagem e, em seguida, me tornei editor-chefe (ainda antes de me formar). E um detalhe: no jornal, eu era chefe de muitos dos meus professores de faculdade. Mas não havia moleza. Eu trabalhava muito, no jornal – e tinha que caprichar, na faculdade.

Tivemos uma fase bem interessante, no velho e saudoso Diário do Paraná – que era uma escola de jornalismo. Grandes reportagens, ousadia, coragem, serviço aos leitores. Era um jornal bem feito. Útil para quem o lia e que sofreu uma revolução gráfica maravilhosa, quando contratou o Reynaldo Jardim para editor gráfico e ele criou o Anexo (um caderno sem igual, sobre arte, cultura e lazer). Com ele veio o Carlos Coelho (ex-editor de Veja) para conselheiro editorial.

Mesmo como editor, mantive-me repórter, fazendo reportagens especiais, como algumas marcantes, como "Por dentro da TFP" (quando consegui entrar na secreta sociedade) e "Mercadores de Fé" (na qual mostrei a exploração comercial que vive, convive e sobrevive com as religiões).

Fui também, por um tempo, Diretor de Jornalismo da TV Coroados de Londrina, então afiliada da Rede Globo, quando a família Martinez (hoje dona da CNT) comprou a emissora e o Diário do Paraná. Tenho boas lembranças do José Carlos (já falecido) e do Flávio Martinez. Pedi demissão às vésperas da minha formatura (porque estava trabalhando demais, achava que merecia férias e acreditava que podia ganhar mais).

Logo depois de formado, fui ser assessor de imprensa do Secretário de Estado do Planejamento, do Paraná, Belmiro Castor, com quem aprendi a ouvir mais e falar menos, a ser *low-profile* de vez em quando, e a não rebater críticas quando o sangue está quente. Foram dois anos muito bons, onde desenvolvemos – com o professor Aroldo Murá – a bela revista Referência em Planejamento (um show de trabalho jornalístico) e um bom trabalho de comunicação governamental.

Foi nesta época que aconteceu o grande salto de qualidade na minha vida, profissional e pessoal. Soube que o Rotary Club iria selecionar bolsistas de Jornalismo, para especializações no exterior, com tudo pago por um ano. Fui atrás. Candidatei-me. Passei por um amplo, exaustivo e rigoroso processo de seleção que durou quase um ano. De 477 candidatos de jornalismo do Mundo todo, analisados pelo **board** da **The Rotary Foundation,** em Evanston (Illinois), fui um dos 20 selecionados, para uma bolsa de estudos integral.

Sorte incrível ter sido selecionado, apesar da experiência e do bom currículo que eu já havia conseguido formar. E, mais do que isso, durante o processo de seleção conheci a mulher da minha vida, Eliane, com quem me casei, meses mais tarde.

Graças ao Dr. Louis Vaccaro, presidente do **Siena Heights College** (hoje **University**), consegui transformar minha especialização em mestrado, que cumpri estudando muito. Muito mesmo. Em média, cinco a seis horas por dia, além das aulas – e de mais três horas por dia de trabalho, como relações-públicas da universidade, no gabinete do Dr. Vaccaro, e como editor da revista **Reflections** e do jornal **Spectra**, ambos do Siena.

De quebra, ainda fui goleiro do **Saints** (Santos), o time de **soccer** do Siena – e fomos vice-campeões universitários de Michigan. Em terra de cego, quem tem um olho é rei! E naquele tempo, juro, as mulheres batiam na bola melhor do que os homens, lá nos "States".

E eu era um dos "ídolos" da escola, com direito a gritinhos das **cheerleaders**: *"Jei Jei!, Jei Jei!"*. Era um barato! Fiz 3 gols, batendo os pênaltis (porque os meus avantes não eram muito bons nessa especialidade) e, modéstia à parte, eu estava jogando bem, ainda...

Depois de um período longo e sofrido nos Estados Unidos, três meses em Statesboro, no Georgia Southern College, num superintensivo aprendizado de inglês, e seis meses em Adrian, no **Siena Heights College**, aproveitei o **break** entre o Natal e o Ano Novo e vim para o Brasil, para casar com a Eliane – que foi comigo para Michigan, para uma lua de mel de 5 meses, de muito romance, alegria e estudos.

Terminei o meu **Master of Arts/Communications**, em 79, com cinco notas A e cinco B, o que equivaleria a cinco notas 10 e a cinco notas 9, no Brasil.

Especializei-me em Publicidade, Relações Públicas, Jornalismo, Fotografia e Produção e Direção de TV (além de ter estudado um bocado de informática, quando, no Brasil, isso era quase uma ficção científica), enquanto a Eliane fez diversos cursos de especialização em Educação Especial, na qual ela é craque (acho que foi por isso que ela casou comigo...).

Voltei para Curitiba, apesar de um convite do Dr. Vaccaro, para ficar no Siena, como **Teacher** e **Public Relations**. As saudades eram enormes. Da família, dos amigos, do Atlético. Minha vida estava aqui, em Curitiba, no Brasil.

Voltei para a Secretaria do Planejamento, agora com o secretário Véspero Mendes, com quem trabalhei por quase dois anos, naquela Pasta e depois na Secretaria da Administração, para onde ele me levou, quando foi nomeado pelo então Governador Ney Braga (um dos homens públicos mais notáveis da história do Paraná e do Brasil, para quem tive a honra de poder organizar uma emocionante festa de aniversário com dois mil amigos dele, em 1999, pelos seus 80 anos de vida).

À noite, trabalhava como editor de economia do Correio de Notícias.

Tempos depois, assumiu a Secretaria da Administração o engenheiro Luiz Eduardo Veiga Lopes, que logo foi assumir a Secretaria do Interior (na época, a mais importante do Governo do Paraná) e ele me convidou para ir junto. Trabalhamos lá por quase dois anos, com ótimos resultados e inesquecíveis ações de comunicação governamental. O Veiga é uma pessoa especial.

Trabalhei também na campanha para Governador do Saul Raiz, que infelizmente não se elegeu. Teria sido um ótimo Governador. Perdida a eleição, saí do Governo.

Em 1983 fui trabalhar na Geminni Publicidade, como diretor de planejamento (um dos primeiros a desempenhar estas funções, no Brasil), buscando implantar uma filosofia que ia além da publicidade. Tratava de toda a comunicação do cliente.

Convidado, apoiado e adotado pelo dono da Geminni, Dulcídio Caldeira Júnior, trabalhamos muito bem este conceito, com campanhas de comunicação para a Batavo, a Paraná Equipamentos/Caterpillar, a Comasul/IBM, Hotel Internacional de Foz do Iguaçu, Café Alvorada e a Coamo.

Mais do que só Publicidade, já planejávamos e executávamos ações de promoção, relações públicas, design, merchandising, patrocínio, endomarketing (antes de inventarem este nome), fidelização (idem) e eventos, para todos os públicos de cada produto, marca ou cliente. Tudo integrado.

Não vou ousar dizer que fomos os pioneiros no Brasil em atuar desta forma, mas assim trabalhávamos do planejamento à execução com todos os clientes. Era mais Comunicação do que só Publicidade (pelo menos como ela é ainda realizada, no Brasil – só criação, produção e veiculação de mensagens).

Quando em 1985 fui convidado a participar da **Universidad de Latinoamerica**, do **Ogilvy Group**, em Guarujá e São Paulo, numa imersão total de 2 semanas, descobri mais um mundo fantástico, que ampliava ainda mais os meus horizontes.

Muito além do que eu tinha aprendido na Europa, nos Estados Unidos, nos jornais e TVs, no Governo e na própria Geminni (onde, na verdade, tive meu primeiro contato mais profundo com David Ogilvy, suas teorias, práticas, ensinamentos e "Lanternas Mágicas", que o Caldeira guardava como joias raras, no cofre), meu aprendizado na ULA foi fantástico.

Éramos jovens publicitários, chamados de *"rising stars"*, oriundos de toda a América Latina, recebendo ensinamentos teóricos e práticos dos maiores monstros sagrados da Ogilvy mundial e de seus clientes. Um show!

Até o Ken Romam, presidente mundial da Ogilvy, naquela época, ficou conosco dois dias, ensinando como sermos mais eficazes no atendimento e no planejamento. Jerry Pickles, vice-presidente mundial de treinamento, nos ensinou técnicas de apresentação de campanhas, que eram incríveis.

Foi ali, na ULA da Ogilvy, que aprendi, assimilei e usurpei um termo que uso sempre, desde então: **orquestração**.

E outro: Lanterna Mágica, que uso como chamada para os artigos que escrevo há anos, sobre comunicação de marketing, nos principais jornais do Paraná e do Brasil.

Comunicação integrada é uma orquestração, que precisa da partitura de um planejamento, um bom maestro, músicos competentes e instrumentos afinados para cada parte da melodia. Se tudo correr bem, com bons músicos e uma boa melodia, poderemos ter um grande espetáculo.

E a Lanterna Mágica, para mim, é um farol a iluminar os caminhos do conhecimento.

Também foi ali, na Ogilvy, que compreendi – definitivamente – que **publicidade existe para gerar vendas**. Só é eficiente se ajudar a vender. Tanto que na porta da Ogilvy existe uma belíssima caixa registradora com uma plaquinha escrita assim:

"A melhor música para os nossos ouvidos é o tilintar da sua caixa registradora".

Não é perfeito? Pena que muitos dos jovens de hoje nem sabem o que é uma caixa registradora...

Trabalhei na Geminni, muito feliz, por 3 anos e alguns meses, quando decidi que era tempo de buscar algo novo.

Foi então que surgiu a **JJ Comunicação**, em l986, graças à insistência e ao apoio moral e financeiro do meu concunhado e amigo Renato Trombini.

Começamos com 10 funcionários e 5 clientes. No primeiro dia, cheguei à agência sem as chaves das portas, de tão ansioso. Tive que voltar em casa, buscar as chaves. Nos primeiros dias, só tínhamos as mesas, os telefones e as máquinas de escrever, além dos materiais de direção de arte e layouts de então (pincéis, tintas, canetas, lápis e outras coisas que quase ninguém mais usa). Trabalhamos cinco dias sem cadeiras, mas com uma animação incrível. Em três meses, tínhamos 10 clientes. Em quatro meses, ganhávamos para pagar todas as nossas contas.

Posicionei, desde o primeiro dia, no primeiro anúncio que veiculamos, a JJ como uma agência de comunicação – que ia além da publicidade (que só fazia anúncios e comerciais), para se preocupar com toda a comunicação da empresa – com os públicos externos, internos e intermediários, com o design das embalagens, com a assessoria de imprensa, com RP, com patrocínios, eventos, promoções, etc. Funcionou, e bem.

Em pouco tempo, a JJ era uma das principais agências do mercado do Paraná e já estava entre as 100 maiores do Brasil.

Éramos respeitados, pelo nosso trabalho de planejamento, criação, mídia, produção esmerada e, principalmente, pela nossa postura ética e profissional. E o melhor: éramos respeitados pelos anunciantes – que era o que mais importava.

Nunca trabalhamos pensando no que os outros publicitários pensavam de nós, pois isto não nos importava. O que importava era gerar bons resultados, ótimas performances de comunicação para os nossos clientes, com correção, honestidade e ética. E os nossos clientes nos indicavam para os amigos deles.

Ganhamos muitos clientes, sem qualquer concorrência especulativa com o nosso trabalho.

Pode parecer ingênuo, mas nos 13 anos da JJ nunca atacamos cliente de outra agência, com prospecção-pirata. Só íamos se fôssemos convidados a fazer uma apresentação. Nunca falamos mal dos nossos concorrentes – mas a recíproca nem sempre foi verdadeira.

Nunca fomos corsários.

O que fazíamos?

Simples. Tomávamos o remédio que receitávamos.

Comunicação sempre.

Publicidade, com anúncios nos jornais.

Newsletters mensais (**JJ News**), para clientes, prospects, lideranças empresariais e Imprensa.

Assessoria de Imprensa atuante, em Curitiba, no Sul do Brasil e em São Paulo, na **About, Cadernos de Propaganda e Marketing** e **Meio & Mensagem**.

Artigos meus em média a cada 15 dias ("**Lanternas Mágicas**"), que eram publicados nos principais jornais do Paraná, assim como na **Gazeta Mercantil**, em **Meio & Mensagem, Caderno de Propaganda & Marketing, Zero Hora, Diário Catarinense, A Notícia** (de Joinville) e outros.

Além disso, todos os meses promovíamos eventos com clientes e jornalistas da área de economia e negócios, na JJ, com memoráveis cordeiros-mamão na brasa, picanhas suculentas e ótimas reuniões – que sempre rendiam bem. E um trabalho constante de RP, nos eventos do meio publicitário e empresarial, em todas as semanas do ano. Quem não é visto não é lembrado.

Desta forma, a JJ conquistou grandes clientes, que entregaram a conta sem concorrência e sem prospecção do tipo pirata (tão comum por aí) – e , melhor de tudo, sem prostituição de comissões e taxas.

Vieram nos convidar para trabalhar com eles clientes como a **Encol, Moro, Luson/VW, Vale Fértil, Shopping Crystal Plaza, Shopping Mueller de Joinville, Shopping Total, Automaton, Salva, Ferrovia Sul Atlântico** (hoje **ALL/América Latina Logística**)**, Brasholanda, Gazeta do Povo, Tumelero, Ivaí, Protisa, Kvaerner Pulp & Oilfield Products, Melyane, Slaviero/Ford,**

Champagnat/GM, Gazeta Mercantil/Paraná, Colégio Bom Jesus e muitos outros.

Clientes que se somaram aos pioneiros: **Grupo Trombini, Hotel Internacional Foz, Comasul/IBM, Nutrimental** e **Paraná Equipamentos/Caterpillar.**

Atendemos a Paraná Equipamentos nos três Estados do Sul e a Encol no Paraná e em Santa Catarina, além de desenvolver diversos outros trabalhos nacionalmente para clientes como a Nutrimental, Trombini, Brasholanda, Ivaí, Vale Fértil, Kvaerner e outros.

Realizamos diversas ações internacionais, para a Trombini, a Kvaener Oilfield Products, a Artefatos de Borracha Record, a Sund-Emba-BHS.

Abrimos filiais em Joinville, Blumenau e Florianópolis, além de parceria em Londrina, com o bom amigo Pedrinho Scucuglia. A filial de Joinville depois se transformou na **Agência A**, com a sociedade do amigo sensacional e inesquecível que é o Paulo Caputo (ex-diretor da RBS e da Datasul).

Em 13 anos, não atendemos a nenhuma conta de Governo.

E nem queríamos. Tanto que nunca participamos das concorrências. Governo dá dinheiro? Certo! Mas acostuma mal a agência e os publicitários, que não têm nas contas governamentais as mesmas preocupações com resultados que têm nas contas privadas. Por isso, muitas agências excessivamente centradas em Governo fecham, quando mudam os donos das canetas no Poder.

Sei que generalizo e que há exceções, mas a realidade é que as contas de governo funcionam como forma de alimentar a mídia com recursos – ao invés de ser, como deveria, comunicação profissional e eficiente, realizada com investimentos técnicos e cuidados idem.

Acredito, também, que concorrência entre agências – hoje muito praticada no Brasil – explorando um mundo de ideias, de criação e de campanhas é uma coisa ridícula. Não deveria ser permitida, pois há mil maneiras de avaliar uma boa agência e criação não é tudo. Pela Lei, numa concorrência, todos os concorrentes têm que ser remunerados. Mas isso ocorre raramente.

Ora, que vão especular com a mãe deles... Já vi anunciante se aproveitar de ideias de várias agências, escolhendo para trabalhar aquela que apresentou apenas o menor preço (e a menor dignidade, pois aceitou roubar as ideias dos outros, que apresentou com pequenas transformações – o famoso "Denorex", que parece, mas não é).

Isso, além de tantas concorrências fajutas, que só servem para dar um ar de respeitabilidade à marmelada, pois os ganhadores já estavam escolhidos, bem antes de toda a trabalheira que dá atender aos requisitos de comunicação e de uma burocracia idiota.

Em 88, fui o primeiro publicitário brasileiro a participar de um Congresso Mundial de Publicidade Industrial, promovido pela Associação Inglesa de Anunciantes (**ISBA – International Society of British Advertisers**), em Barcelona. Era o décimo-sétimo congresso!

O Rafael Sampaio, da **About**, estava lá, como jornalista, e é testemunha da história (e parceiro de jantares incríveis e inesquecíveis no 7 Portes e em templos gastronômicos catalães).

Eu e ele éramos aves raras, no evento. Nos intervalos e refeições, nos coquetéis e **happy hours**, todos queriam saber do Brasil, como era a Publicidade em nosso País, os custos, o mercado, os públicos, etc.

Ficavam abismados ao saber que tínhamos, na época, mais de 100 emissoras de TV, mais de mil emissoras de rádio e que, só em Curitiba, havia mais de 20 emissoras de rádio e 5 de TV, além de 9 jornais diários!

Ao final do evento, quando todos escreveram suas críticas e sugestões para o próximo ano, houve uma expressiva votação para programar, para o próximo ano, uma conferência sobre "*Advertising in Brazil, by JJ*".

Só soube disso alguns meses depois, quando recebi um convite formal da Associação Inglesa de Anunciantes (**ISBA – International Society of British Advertisers**) para ir a Amsterdam, falar a respeito da "*Advertising in Brazil*", no 18º Congresso Mundial de Publicidade Industrial, num evento que teria na plateia cerca de 500 dos mais destacados executivos de marketing e de publicidade do planeta.

Foi uma imensa alegria, uma emoção e uma enorme ansiedade. É claro que enviei rapidinho um fax, gritando **YES! YES! YES!** Fui e foi uma delícia. Fora o nervosismo, que antecedeu esta primeira conferência deste porte "*in English*", para uma plateia de profissionais muito melhor preparados do que eu.

Foi fantástico! Inesquecível ter a oportunidade de falar para vice-presidentes de marketing e comunicação das maiores corporações e agências do mundo. Eu ali, no **Hotel Okura**, naquele superauditório, no púlpito e em 2 supertelões, mostrando números, comentando e exibindo o melhor da Publicidade brasileira daqueles tempos. A transmissão simultânea nem era usada no Brasil, ainda. Foi ótimo!

Os comerciais brasileiros arrancaram aplausos, mas, lembro-me bem, foram os materiais de rádio, como aquele jingle com efeitos sonoros da "Soda Limonada Antarctica", que levaram a plateia a aplaudir freneticamente a criatividade brasileira.

Ao final, fui abordado por um publicitário italiano, Maurizio Molinari, que disse: "O senhor conhece seu mercado muito bem, conhece muito bem a Publicidade e a Comunicação. Eu faço parte de uma rede internacional de agências, que não tem representante no Brasil. O senhor gostaria de conversar a respeito, para integrar a nossa rede?"

Podem imaginar a minha reação?

Eu já queria sentar e conversar em italiano, inglês, espanhol, portunhol, itanhol, fosse o que fosse, com ele, para sair dali com esta grande novidade, para mim, para a JJ e para o meu futuro.

Durante o jantar, Maurizio me explicou quais seriam os requerimentos e procedimentos. Nos deliciamos com um belíssimo Chianti que regou nossa deliciosa refeição no Okura e seis meses depois a JJ era aceita na **International Network of Technical and Industrial Advertising Agencies (ICITA)**. Uma rede de agências independentes e associadas, especializadas em comunicação *business-to-business* (ninguém, em 89, falava sobre isso no Brasil), com escritórios em 36 países. **Yes!**

Fiz bom uso desta aliança. Como divulgação e principalmente como *business*, desenvolvendo trabalhos para alguns clientes brasileiros na Europa e nos Estados Unidos, e assessorando clientes europeus e americanos no Brasil. Não rendeu muito dinheiro, mais rendeu muito *know-how*.

Mais tarde, a **ICITA** se transformou, modernizou-se ainda mais e mudou de nome para **INBA (International Network of Business Advertising Agencies)**, mantendo suas características, mas com o fortalecimento das suas alianças e um gerenciamento profissional centralizado em Bruxelas.

Durante 2 anos, fui vice-presidente da **INBA**, depois participei do comitê de marketing da **network** e de uma dezena de conferências mundiais da rede, na Europa e na América do Norte.

Até 2006, fui representante da **INBA** e das suas agências no Brasil, desenvolvendo consultorias para eles, no mercado brasileiro e da América Latina.

Graças àquela viagem a Barcelona, em 88, realizei um invejável número de conferências no exterior: 10 – sendo duas em Amsterdam e outras em Londres, em Milão, Lisboa, Praga, New York, New Orleans, Toronto e Montreal. E, é claro, dezenas de conferências, palestras e cursos no Brasil, inclusive para pós-graduações em Marketing, Administração e Comunicação.

Tudo foi muito bem com a JJ Comunicação até o segundo semestre de 1997, quando o meu maior cliente quebrou – e acabou me levando junto, mais tarde.

A Encol faliu e me causou um enorme prejuízo no caixa. Mais de 500 mil dólares perdidos, que acabaram inviabilizando a continuidade do meu negócio. Tentei resistir, mas era impossível.

O rombo era imenso. Impossível de cobrir. E dívidas passaram a se acumular, especialmente em impostos. Sem deixar de pagar a todos os funcionários o que lhes era devido, assim como a todos os veículos e fornecedores, resolvi fechar a JJ.

Foi muito duro, e triste. Quase como a morte de um filho querido (dor que espero nunca sentir). No último dia da JJ, em 10 março de 1999 (que era o dia do 13º aniversário da minha empresa), fiquei sozinho, no escritório, sentado num canto, no escuro, esperando o pessoal da mudança, que ia levar tudo para um depósito.

Chorei muito. Como criança. Soluços profundos. Sentado no chão, encolhido. De doer, lá dentro. Pensei que ia morrer.

Mas eu não tinha como proceder de outra forma. Só agravaria, ainda mais, uma situação que se tornou terrível e insuperável. Foi o fim de um tempo dos mais maravilhosos da minha vida.

Felizmente, quase ao mesmo tempo, fui convidado para dar aulas na universidade – no Centro Universitário Positivo/Unicenp, em Curitiba, num dos *campi* mais modernos do Brasil e com um curso idem – o que me animou um pouco, e, depois de uns meses, muito. Adoro dar aulas. Motiva. Entusiasma. Apaixona. Gosto de ver a evolução dos meus alunos (bom, de quase todos eles, porque alguns não querem nada com nada).

Trabalhei, também, onze meses na Propeg/Paraná. Fui contratado como diretor de atendimento, logo após fechar a JJ, e levei oito dos meus clientes para a nova estrutura que estava sendo montada em Curitiba.

Noventa dias depois, fui promovido a vice-presidente da Propeg. Trabalhei duro, todos os dias. Era um dos primeiros a chegar e só saía tarde da noite. Trabalhei em finais de semana e às vezes até de madrugada. Vi raiar o dia, na Serra do Mar, da minha janela na agência, algumas vezes.

Mas não valeu. No dia em que ganhamos a concorrência do Governo do Paraná (e eu participei ativamente no planejamento das campanhas com as quais concorremos), fui dispensado "por contenção de despesas".

Naqueles 11 meses, os meus clientes da JJ geravam 70% do faturamento da agência. Mas com a grande conta nova, eu deixava de ser necessário.

Por isso, a Propeg e os seus dirigentes são um assunto que eu preferia esquecer – mas que registro, porque este tipo de coisa ainda vai acontecer com muita gente. Fui usado e jogado fora, como uma laranja chupada.

Pena que ainda sobrevivam publicitários como aqueles, cujos nomes não preciso escrever (nem quero). Merecem ser esquecidos. Deletados. Vão colher o que semeiam.

A partir de 2001, passei a trabalhar sozinho, como consultor de planejamento de comunicação para diversos dos meus antigos clientes e alguns novos, no Paraná, em Santa Catarina e em São Paulo, como a Parati, a Trombini, a Associação Brasileira de Papelão Ondulado (ABPO), a CCV/GM, a Luson/VW, a Germânia/VW, a Unifae (hoje FAE) – Centro Universitário Franciscano e a Tacla Shopping, além de alguns trabalhos eventuais para os velhos e bons amigos da **INBA** (como um que desenvolvi para a **New York University**, no Brasil).

Em 2003, com a recém-criada Xok Publicidade, que a Scheila Schuchovski, uma excelente ex-aluna minha, criou em Pato Branco, no interior do Paraná, conquistamos um cliente internacional, que é a **Viña Ventisquero**. Em um ano de trabalho, estes vinhos já estavam entre os 10 chilenos mais vendidos no Brasil.

A Scheila representa, pelo menos para mim, um exemplo de missão cumprida no ensinamento que sempre tentei transmitir na universidade, pelo seu comportamento profissional e pessoal.

Continuei, também, dando minhas gostosas aulas na universidade, de Planejamento de Comunicação, no Curso de Publicidade e em Pós-Graduações.

É bom poder transferir, como mestre, um pouco do conhecimento e da experiência que acumulei, em mais de 30 anos de profissão, como jornalista, relações-públicas, publicitário e consultor.

Como publicitário, meu forte é o planejamento – mas já atuei uma barbaridade no atendimento, assim como na criação (escrevo razoavelmente bem, tenho uma grande facilidade para observar, entrevistar e para captar o que é importante num conjunto de informações, pelo meu treinamento como jornalista).

Aprendi **"Advertising Design"** no meu mestrado e na vida, muito embora não possa dizer que eu seja um ótimo diretor de arte. Mas sei discernir muito bem um bom layout, de um nem tanto. Conheço bastante de arte, de harmonia, de equilíbrio, de uso das cores, de contrastes, de pontos focais, de tipologia, de regras básicas da produção gráfica para saber o que funciona e o que não vai funcionar.

Como profissional de comunicação, estudo, leio e pesquiso tudo que posso a respeito do meu campo de trabalho, por isso tenho um bom domínio de todos os instrumentos de comunicação, assim como um bom conhecimento de mídia.

Não me considero um expert em Marketing, muito embora estude bastante a respeito. Tenho me concentrado mais na comunicação do que nas outras atribuições dos verdadeiros profissionais de Marketing.

Leio, todo dia, pelo menos um ou dois jornais.

Toda semana, pelo menos cinco ou seis revistas, de informação geral e especializadas.

Tenho sempre dois ou três livros em processo de leitura. Um no banheiro, outro no quarto, na sala, no carro. Leio todas as publicações de publicidade e marketing que chegam às minhas mãos (nem que tenha que roubar algumas).

Leio romances, biografias, manuais, **People, Time, Newsweek** ou **The New York Times** (quando consigo um), revistas femininas, jovens, de esporte, para crianças. E, é claro, revistas de culinária e turismo (as quais coleciono, há anos).

Na Internet, leio o **New York Times, AdForum, AdAge, Miami Herald**, a **CNN** e **Los Angeles Times**, e às vezes o **USA Today** e o **Washington Post**. Ouço a **BBC**, de Londres, a **Sky Radio** e outras rádios americanas e europeias. Ocasionalmente, ouço rádios da Polinésia e da África, assim como de outros países da América Latina. Sempre que posso, visito o site da **City TV** de Toronto (um show de emissora comunitária), assim como das grandes **networks** de TV americanas (**ABC, NBC, CBS** e **CNN**).

Além do Portal da Propaganda, do Rafael Sampaio, de Meio & Mensagem, do Salles, e de Propaganda & Marketing, do Ferrentini, os quais vejo praticamente todos os dias.

Vivo pesquisando sobre publicidade, promoção, marketing direto, relações públicas, design e merchandising entre outros assuntos profissionais, além do futuro das mídias e da comunicação – assim como a respeito do futuro dos produtos e mercados dos meus clientes e **prospects**.

Trabalho todos os dias da semana, nem que seja um pouco. Nunca me prendi a horários, mas sempre busquei cumprir minhas missões, com urgência competitiva. Mas, em 2002, ganhei 4 pontes no coração (uma safena, duas mamárias e uma radial), graças ao imenso estresse dos anos anteriores.

Foram os meus alunos do Unicenp que me surpreenderam, neste momento crítico, com demonstrações de um carinho maravilhoso, o qual, ao lado do amor da minha família e dos verdadeiros amigos, me fez praticamente renascer, depois de um quadro muito difícil que enfrentei.

Estive mais pra lá do que pra cá – quase fui. Uma infecção me fez perder meu osso esterno, emagrecer 18 quilos e ficar 32 dias com o peito aberto, em tratamento intensivo, no hospital.

Sobrevivi. Pensei e meditei um bocado. Rezei idem. E acho que algumas coisas Deus quer que eu ainda faça, por isso me deixou por aqui.

Uma delas, acredito piamente, era escrever pelo menos um livro, que seja útil para os estudantes de Publicidade – que têm tanta carência de publicações brasileiras, sobre o assunto, neste mundo que se transforma tão rapidamente.

Em 2004, parei de lecionar, motivado por uma aposentadoria precoce, pela invalidez provocada pela falta do osso esterno em meu peito, que limita minhas atividades físicas – mas não as intelectuais.

Leio e estudo sempre. Tenho fome, sou faminto de saber.

Em fevereiro de 2009, criei o Blog do JJ, na Blogs Abril, que chegou à marca de mais de 5 milhões de visitas até 31 de março de 2011 (quando a Abril encerrou as atividades daquele provedor).

Cheguei a ter mais de 20 mil visitas por dia! De pessoas do mundo todo, que buscavam as informações, críticas, comentários e opiniões que ali postei.

No período, foram 9.243 posts, que obtiveram 11.204 comentários, tornando o Blog do JJ o terceiro mais lido da Blogs Abril.

Então, migrei para meu próprio site e blog, o **www.blogdojj.com.br**, onde continuo pesquisando, analisando, postando, comentanto, criticando e opinando todos os dias, tudo que acho que valha a pena sobre Publicidade e Marketing, principalmente. Mas não deixo de dar meus pitacos nos campos da política, da economia e da vida, no Brasil e no Mundo.

Há muita informação de mercado e muitas análises úteis neste meu Blog do JJ.

No Orkut, participo há anos da comunidade Publicidade e Propaganda, que tem mais de 113 mil membros! Lá, alguns dos tópicos que criei são interessantes e populares, como: "Para quem pensa em ser publicitário(a)" que tem hoje, março de 2001, mais de 1.500 postagens. O tópico "Livros sobre Publicidade e Marketing" tem mais de 200 indicações de leituras recomendáveis. "De onde surge uma nova ideia" tem mais de 500 contribuições. Também tenho mais de 6 mil seguidores no Facebook, Twitter, Linkedin e Google +.

E para cozinhar nos finais de semana.

Esta é a minha vida.

Continuo vivo, feliz e apto a pensar, planejar e fazer acontecer.

E quero deixar, aos alunos de todas as idades, minhas ideias e conhecimentos sobre a profissão da minha vida, a Publicidade, neste livro.

Espero que seja útil.

JJ

Alvo. A definição crucial.

Comecei a escrever este livro em 2002. Parei. Recomecei. Reescrevi. Várias vezes. Faltava alguma coisa. Estava, algumas vezes, ficando prolixo demais. Noutras, repetitivo. Em outros pontos, superficial. Ou sem foco. Eu não estava satisfeito. Mas o que mais me incomodava parou de me incomodar quando defini claramente o meu problema.

Definir claramente o problema é 50% do caminho para a solução deste problema.

Pois faltava-me definir meu público-alvo! O meu alvo – e esta é uma definição crucial.

Qual é o público-alvo deste livro, sobre uma nova Publicidade?

É evidente que este livro será útil para publicitários já formados (ou não) de todas as idades, assim como será para anunciantes e empresários, como deverá ser para quem tem curiosidade sobre este assunto tão fascinante. Porém...

Este livro foi escrito para os estudantes de Comunicação.

Quem são eles?

Segundo levantamentos publicados pelo criativo publicitário Carlos Domingos, em "**Criação sem Pistolão**" (recomendo ler), são milhares de jovens, entre 17 e 25 anos, principalmente, que se formam na impressionante avalanche de:

"16 mil novos publicitários por ano, no Brasil".

Como o curso é de 4 anos, **são cerca de 64 mil alunos de Publicidade no Brasil,** num cálculo simplista, sem se preocupar com as desistências, reprovações e dependências, nas mais de 300 faculdades do País (sem contar os cursos profissionalizantes).

Um público que se renova anualmente, em 16 mil novos consumidores – sem contar os alunos de Administração, de Marketing, de Relações Públicas, os professores (no mínimo 30 professores, em média, por faculdade, o que dá mais 9 mil consumidores em potencial, só entre os mestres), sem contar os alunos dos outros cursos – que somariam mais de 100 mil novos leitores em potencial. Só nas universidades...

E sem acrescentar os alunos das pós-graduações, mestrados, etc. **Além, é claro, dos profissionais de Publicidade e Comunicação** que se interessam pelo assunto e buscam se aprimorar, para serem mais competitivos.

Não se sabe, ao certo, quantas agências de publicidade há no Brasil, mas, avaliando por baixo, devem ser mais de 6 ou 7 mil, de todos os portes. **Só registradas no Cenp, em 2009, eram quase 4 mil agências certificadas (3.736, na verdade).**

Quantos profissionais de Publicidade há no Brasil?

Se tivermos, na média, 20 profissionais por agência certificada no Cenp, estamos falando em 80 mil pessoas. Talvez mais de 100 mil publicitários na ativa, só nas agências.

E nos veículos e fornecedores?

E nos anunciantes?

Creio que é praticamente impossível quantificar com precisão o total das pessoas que trabalham com Publicidade, Comunicação e Marketing no Brasil, ainda mais se somarmos os profissionais das demais áreas da Comunicação, como Relações Públicas, Promoção, Marketing Direto, Merchandising, Design, Patrocínio, Eventos, Endomarketing, Marketing Social, Cultural, Ecológico e Esportivo, entre tantos instrumentos, além do próprio Marketing.

Não há dúvida de que temos um belíssimo e imenso público-alvo, para o meu produto, para a editora, assim como para as livrarias!

Um belo segmento de mercado, não é mesmo?

Com certeza, este livro tem cerca de 500 mil leitores e consumidores em potencial, só no Brasil...

Por isso, este livro precisa ser muito bem elaborado, para atender plenamente às expectativas, interesses, desejos e necessidades deste público-alvo – tão carente de informações, especialmente sobre planejamento de comunicação integrada de marketing e de publicidade.

Como é o meu público-alvo principal, neste livro?

É um público-alvo jovem, composto por integrantes de todos os sexos (mais de dois), principalmente urbano, das classes sociais A, B e C, irrequieto, faminto por saber, porém preguiçoso por natureza na busca por informação.

Um público mal-acostumado a buscar informação em drops na Internet, ao invés de pesquisar nas bibliotecas e livros.

Um público que rejeita muita teoria e bibliografia...

Um público que odeia ler os livros obrigatórios (especialmente os do bimestre e que prefere comprar resenhas prontas no "zémoleza" ou em outros sites bandidos que há por aí – quando não compra dos colegas do ano passado, ou de "profissionais" que escrevem trabalhos, projetos e até teses de mestrado e doutorado! Não sei como isso não é punido como crime!)

Um público que se julga esperto quando copia um trecho de cada capítulo, achando que assim fez um resumo do livro...

E há alguns que copiam o prefácio! Ou as "orelhas"...

Um público que não percebeu, ainda, o fabuloso mundo de oportunidades que a tecnologia e a velocidade da informação estão colocando ao seu dispor, com a TV Digital, com os computadores *Wi-Fi* (*wireless-fidelity*), com o celular e com o iPhone, com o iPad, com os mais incríveis *softwares*, mas, mais do que isso, com o acesso a qualquer fonte de informação do mundo, para pesquisar profundamente o que quiser, para aprender, se aperfeiçoar e produzir mais e melhor.

Sei! Também já tive 20 anos e outras prioridades – e a maioria delas nada tinha a ver com estudar... Mas, com dois filhos publicitários e com a experiência de mais de 38 anos de profissão, devo enfatizar:

Leiam!

Devorem estas páginas. E muitas outras, de muitos outros autores. Leiam tudo que puderem. Não só sobre planejamento. Não só sobre Publicidade, Comunicação ou Marketing.

Leiam sobre a Vida. Leiam sobre Psicologia, Sociologia, Arquitetura, Culinária, Vinhos, Decoração, Esportes, Vida Familiar, Medicina, Parapsicologia, Agricultura, Pecuária, Nutrição e o que mais puderem.

Sei que pode parecer conselho de pai – e é.

Sempre, aos meus alunos, digo que em sala de aula vivo quatro papéis: o de professor, o de chefe, o de cliente e, às vezes, o de paizão.

Porque é assim que tento ensinar – ou fazer aprender.

Na verdade, aprendi que pouco ensino. São os alunos que aprendem. **E uns aprendem mais do que os outros – porque se interessam, se dedicam e porque gostam do que fazem.**

Quem não gosta de Publicidade nem deve passar desta linha.

Não perca tempo! Vá fazer o que gosta. Vá assistir a Friends, ou à novela das 20, ou ao Chaves, ou a Tom & Jerry, ou vá paquerar no shopping. Economize o dinheiro dos anos de faculdade e vá se divertir em Disney, ou monte uma barraca de coco gelado em Canoa Quebrada, que pode ser legal.

Quem gosta, **deve ler com um marcador de tinta amarela** e uma caneta nas mãos, sublinhando tudo aquilo que achar que pode ser útil para a sua vida. Eu, pelo menos, leio meus livros assim. Marcando tudo, anotando e comentando nas margens, sublinhando destaques, pois depois fica mais fácil achar aquilo, de novo. Recortando, arquivando, guardando pilhas de informação.

Meu público-alvo é rebelde, mas deve e precisa ser faminto por saber, além de faminto por fazer acontecer.

E isso me motiva a dar aulas e palestras, cursos e conferências, a escrever artigos e a tentar redigir este livro. Também sou um faminto por vida, por aprender e por fazer acontecer.

Este livro é, antes de tudo, um tributo meu aos meus alunos, que me deram e dão tanta alegria de aprender e transmitir meus conhecimentos, minhas experiências, minhas conquistas, derrotas, alegrias e tristezas – e me concederam a honra de ser o primeiro paraninfo das primeiras turmas Conceito A do MEC, formadas no Brasil, pelo Unicenp (hoje Universidade Positivo), em março de 2003. E de ser lembrado e homenageado com carinho pelos que se formaram em 2004 e 2005, naquela universidade do meu coração.

Este livro é, espero, uma contribuição à formação de uma nova geração de publicitários, mais bem preparados, mais informados, muito mais competitivos e preocupados com os resultados para o cliente.

Porque os bons publicitários sabem que o seu sucesso depende do sucesso do cliente. Só. Cliente feliz com os resultados é a nossa motivação maior. Não são os prêmios, nem o ego.

Como disse Claude Hopkins:

*"Os redatores de anúncios abandonam seus papéis.
Esquecem-se de que são vendedores e tentam ser artistas.
Em vez de vendas, buscam aplausos".*

Espero ter feito um bom trabalho – assim como espero críticas e sugestões, porque, como dizia o meu bom avô Jan, a gente pode melhorar sempre.

O que é Publicidade, afinal?

Parece que começamos pelo fim da história, mas não é bem assim.

A verdade – acreditem – é que a maioria das pessoas não sabe definir Publicidade – incluindo os donos de agência, os publicitários, os estudantes de Publicidade, muitos professores de Comunicação, editores de livros, tradutores, gerentes e diretores de marketing, anunciantes e jornalistas.

E confundem Publicidade e Propaganda.

Como se fossem sinônimos.

Pois não o são!

Mesmo!

"Publicidade é a criação e a veiculação de mensagens de vendas eficientes, para públicos selecionados", define o renomado professor Don Schultz, da **NorthWestern University**, dos Estados Unidos.

Propaganda é a criação e a propagação de mensagens doutrinárias, ideológicas, políticas ou religiosas.

No mundo todo, Publicidade é a comunicação para a geração de negócios e Propaganda é a comunicação voltada às ideias, à política e à religião. Só não é assim no Brasil

Publicidade é *Publicittá* na Itália, **Publicidad** na Espanha, Argentina, Bolívia, Chile e outros países de língua espanhola como em toda a América Latina. É *Publicitè* na França e em países deste idioma, na África, na América Latina, no Caribe e na Polinésia.

É **Publicidade** em Portugal, Angola, Macau e outros países de língua portuguesa, sempre que se trata de comunicação comercial.

Publicidade é **Reklama**, na Alemanha, na Rússia, na Finlândia, Noruega e em outros países nórdicos, germânicos, eslavos ou da antiga União

Soviética – onde **Propaganda** só é usada para a política, a ideologia ou a religião.

Quando é política, ideologia ou religião, em todos estes países é **Propaganda**.

Em 1992, conheci, em Lisboa, o Anatoly Karpov, um publicitário russo, gente fina, que era presidente da **Vneshtorgreklama** (a única e imensa agência de publicidade e de propaganda da então URSS – União das Repúblicas Socialistas Soviéticas). Onde ele fosse, iam dois agentes da KGB junto...

Mesmo num país então comunista, Anatoly trabalhava com *"reklama"* para produtos e com **"propaganda"** para política e ideologia do Partido. Aliás, vale reler ali em cima o nome da agência que ele dirigia, com sede em Moscou e filiais por toda a URSS, com o detalhe de 16 mil funcionários... e todos os anunciantes privados, governamentais e políticos daquela que foi a segunda maior potência mundial, até pouco tempo atrás. Antes da Perestroyka.

Tenho, até hoje, o *folder* da agência do Anatoly, que, na verdade, é um livro, com 384 páginas – onde aparecem empresas soviéticas e internacionais que eles atendiam (além do Governo).

Atendiam a duas empresas brasileiras, na União Soviética: a Petrobras Comércio (que não vendia só petróleo por lá, não... vendia café, açúcar, cacau, soja, produtos químicos e petroquímicos, veículos, máquinas e equipamentos) e a Companhia Mapa (sobre a qual não obtive maiores referências).

Em Portugal, ainda se usam os **"reclames"**, como sinônimo de anúncios, e lá também se utiliza o verbo **"publicitar"**... e **Propaganda** é só para a política, ó pá!

Nos Estados Unidos, Canadá, Reino Unido, Austrália e outros países de língua inglesa é **Advertising** para comércio e **Propaganda** para política, ideias e religião.

Advertising deriva de **advert**, que significa advertência, que é como eram chamados os anúncios dos senhores de escravos, que anunciavam as fugas e recompensas pela captura dos mesmos, antes da Guerra Civil norte-americana. Funcionava tanto, que virou sinônimo da atividade: **Advertising**.

No Brasil de antes da abolição da escravatura, estes mesmos anúncios se chamavam **reclames**... Só que no Brasil a palavra caiu em desuso, pelo seu duplo sentido – porque parece chato alguém reclamar que você vá preferir comprar na loja dele...

Mas mesmo assim, antes dos anos 60, era comum dizer "vou fazer um reclame", ou "li aquele reclame"...

Não existe uma explicação definitiva sobre como aconteceu e se consolidou esta confusão no Brasil, onde se adotou o uso da palavra Propaganda como sinônimo (mesmo que equivocado) de Publicidade.

Talvez – e muito provavelmente – a "culpa" seja dos próprios publicitários, nos tempos da II Guerra Mundial, quando aqui chegaram as grandes agências norte-americanas, junto com as primeiras grandes marcas multinacionais e a **propaganda antinazista, propaganda antifascista, propaganda comunista, nazista e fascista, propaganda pró-aliados e propaganda pró-América...**

Provavelmente, o termo **propaganda**, muito usado naqueles tempos, tenha caído no gosto dos brasileiros e, convenhamos, soa melhor e mais fácil do que *Advertising*...

Mas Propaganda significa outra coisa.

Desde a década de 40, proliferaram as **"agências de propaganda"** no Brasil, popularizando o uso inadequado e equivocado da palavra, ao mesmo tempo em que outros preferiram **"agência de publicidade"**.

O Governo do Brasil criou até um tal de **Departamento de Propaganda**, que era uma terminologia correta para as funções dele, como o famoso DIP, de Getúlio Vargas (que trabalhou tão bem, de acordo com as intenções do Governo, que até hoje a imagem de Getúlio é cultuada como "o pai dos pobres", quando, na verdade, era um ditador, centralizador e estatizador).

Nada a ver com os tempos atuais, não é? Lula adotou a mesma postura de "pai dos pobres" e querem apostar que Dilma será "a mãe dos pobres"? Vivemos numa democracia... aqui e na Venezuela.

Na Constituição do Brasil, este equívoco se legalizou, com as leis que regem a Propaganda em nosso país.

E o Governo, inclusive, através do Ministério da Educação, normatizou os **Cursos de Publicidade e Propaganda.**

Eu me formei na década de 70 na Universidade Católica do Paraná, fiz mestrado no **Siena Heights College** (nos Estados Unidos), dei aulas na Universidade Federal na década de 80, por quatro anos, e voltei a dar aulas no Unicenp no ano 2000.

Juro que raras aulas vi sobre a verdadeira Propaganda.

Quem assistiu a alguma?

No meu mestrado, assisti a algumas, com documentários sobre a propaganda nazista e comunista, mas foi muito, muito pouco.

Todo o foco do ensino está na Publicidade, na comunicação comercial, que vende.

Estou equivocado?

Quem assistiu a documentários ou leu sobre Joseph Goebels, o mestre da **Propaganda Nazista**, em aulas, numa faculdade brasileira? Poucos. Pois todos deveriam, porque há muito que aprender com ele – sobre o que fazer e o que não fazer.

Quem leu **Mein Kampf**, de Adolf Hitler, que tem um capítulo muito bem elaborado sobre a Propaganda, na Alemanha Nazista? Devem ler. Não para se tornarem nazistas, é claro.

E sobre a **Propaganda Comunista?**

E a respeito dos processos eleitorais modernos, no Brasil, nos Estados Unidos e em outros países?

E sobre a Propaganda Comunista Chinesa, como o **Livro Vermelho** de Mao-Tse-Tung? Em 2008, comprei um magnífico livro sobre *posters* da propaganda chinesa de Mao. Sensacional, pois além das ilustrações, explica as formas de desenvolver a Propaganda, para melhores resultados em doutrinação e adesão.

Quem leu **"Vende-se um Presidente"**?

Pois todos deveriam ler esta obra, difícil de encontrar. Achei meu exemplar num sebo (livros usados).

Este livro, de Joe McGinniss, de 1968, trata da campanha que elegeu Richard Nixon (que depois teve que renunciar, por causa do escândalo de **Watergate** – quem nasceu depois de 1980 não conhece esta história, mas deveria porque é uma aula de Jornalismo, Ética e Democracia).

A propósito de **Watergate**, foi elaborado um ótimo livro, "**Todos os Homens do Presidente**", de Bob Woodward e Carl Bernstein, que virou filme. Tem em vídeo e em DVD e é ótimo. Recomendo aos estudantes de Comunicação, porque mostra como se entrevista, como se trabalha de uma forma verdadeiramente profissional no jornalismo (por isso vale a pena ver o Dustin Hoffman e o Robert Redford, dos anos 70, para quem não quiser ler umas 500 e tantas páginas de pura e bem contada história verdadeira).

Em 2006, Bob Woodward, em **"O Homem Secreto"** revela mais detalhes dos bastidores de **Watergate** e do escândalo que acabou derrubando o Presidente Nixon, assim como quem era o "Garganta Profunda" – a fonte anônima de informação que alimentava os então jovens repórteres do **Washington Post**. Bom demais. Li em dois dias, à sombra dos coqueiros, no maravilhoso Nannai, um resort 6 estrelas, em Pernambuco.

Mas vamos voltar ao tema: **Publicidade x Propaganda.**

Eu mesmo usei, por anos, inadequadamente os dois termos, até que um dia, em Londres, numa conferência que eu estava fazendo, cometi esta gafe de usar o termo Propaganda como sinônimo de Publicidade – e fui prontamente interrompido por um publicitário inglês, que me indagou se eu não trabalhava com *Advertising* **(Publicidade)**, e por que tinha feito aquela opção de trabalhar com *Propaganda,* ou seja: "com comunicação política, se eu estava num *meeting* (reunião) de comunicação comercial..."

A minha ficha caiu na hora. Pedi desculpas pelo equívoco e me corrigi, perante a plateia, tentando explicar o inexplicável. Daquele dia em diante nunca mais cometi esta gafe. Juro que não coloquei a culpa no estagiário que fez o slide (ainda não se usava o *power-point*)...

Em qualquer outro país do Mundo (exceto no Brasil, ainda), se você usar o termo **Propaganda** estará transmitindo a informação de que trabalha com política.

Pode dar a volta ao Mundo... Na China, no Japão, na Coreia, na Índia, na África do Sul, na Argentina, no México, no Canadá, na Espanha, na Áustria, na Austrália, na Turquia, no Iraque, na Groenlândia... onde estiver.

Com a velocidade da informação, a Internet e a globalização, logo os brasileiros haverão de convir que não faz sentido continuar usando **Propaganda** como sinônimo de **Publicidade,** que é *Advertising*.

Eu, pelo menos, já me policio o tempo todo – e não uso. Todos deveríamos fazer isso, para mudar e acabar com esta confusão.

Tenho certeza, também, de que as editoras e os tradutores do inglês para o português no Brasil também têm culpa, nesta questão, pois muitas vezes traduzem de forma errada.

Diversos autores, como Philip Kotler, David Ogilvy, Joe Cappo, Al Ries, John Caples, Claude Hopkins, Kevin Roberts e muitos outros tiveram sua obra mutilada e prejudicada por traduções equivocadas.

Isso ocorre há décadas e hoje em dia, com muita frequência!

Em tempo: o último livro do Kotler, **"Gestão de Marcas em Mercados B2B"** não só usa corretamente a palavra Publicidade (e nunca Propaganda), como define Advertising como Publicidade. O livro tem como coautor o professor Waldemar Proertsch e foi lançado em setembro de 2007 no Brasil.

Em novembro de 2008 tive a oportunidade valiosa de ir ouvir o professor Kotler, na Universidade Positivo, em Curitiba. Foi um show... e ele nunca usou a palavra Propaganda, só Advertising (ao contrário dos publicitários brasileiros que falaram depois dele).

***Publicity*, senhoras e senhores, também não é Publicidade.**

É Relações Públicas, ou melhor, é Assessoria de Imprensa (uma parte do trabalho de RP). **Publicist** é assessor de imprensa, ou ***press agent*** ou ***press consultant*** ou **PR (*Public Relations*). Não é publicitário!**

Aliás, alguém aí vai se formar ou se formou como **propagandista**? Propagandistas são vendedores ambulantes, de medicamentos e de produtos de higiene e beleza, como os da Avon e da Natura, por exemplo. Ou os camelôs das ruas...

Como eu gosto de provocar meus alunos, provoco meus leitores: como é que se chama, hoje, a **ABAP**?

A **ABAP**, hoje, graças a um trabalho do Flávio Corrêa, se chama **Associação Brasileira das Agências de Publicidade**. Era de Propaganda, e mudou, porque era e é errado!

Como é que se chama o CONAR, o nosso Código de Autorregulamentação da nossa atividade, que cuida da ética no nosso negócio? É **Código de Autorregulamentação Publicitária**.

Mas, sim, ainda existem vários Sindicatos de Agências de Propaganda... assim como agências de Propaganda e Marketing (o que é outro equívoco, pois Marketing é uma atividade totalmente direcionada à produção, distribuição e ao comércio (onde entra a comunicação), como veremos mais adiante, nada tem a ver com política – por isso, Marketing Político é outra invenção boba e exclusiva do Brasil – pois é simplesmente e nada mais do que **Propaganda**).

O que ocasiona este uso indevido dos termos?

Creio que é a desinformação. Ou é falta de informação.

Assim como os estudantes não sabiam, ou sabiam pouco, sobre o que escrevi nas linhas acima, jornalistas (mesmo os especializados), escritores, editores, tradutores, anunciantes, profissionais de marketing e publicitários também não sabiam, ou não se importavam com isso.

Muitos continuam não se importando.

Talvez, até, julguem irrelevante. Ou polêmico. Ou que não valha a pena discutir e corrigir esta distorção. Sem importância, diriam.

Mas não é! Pelo menos penso assim.

Basta, um dia, vocês terem que enviar um relatório para a matriz em Londres, ou para um cliente multinacional, em New York, Toronto, Paris, Roma, Lisboa, Bonn, Moscou, Pequim, ou Buenos Aires e escreverem: "Nossos investimentos em Propaganda serão de..." **Acabaram de perder o emprego,** *babies...*

O mundo, caros amigos, não se restringe ao Brasil. Faz tempo.

Desta forma, faço e repito sempre estas colocações, para que os mais jovens passem a utilizar as palavras corretas, para a comunicação comercial e para a ideológica:

Quanto mais de nós, publicitários, usarmos a palavra Publicidade, ao invés de Propaganda, mais depressa corrigiremos este equívoco histórico e único dos publicitários brasileiros.

Sugestões:

Leiam livros sobre a História da Publicidade e da Propaganda. Pesquisem em revistas antigas, dos anos 20, 30, 40 e 50 (vocês podem encontrá-las em sebos, feiras de antiguidades e bibliotecas públicas).

Passeiem pela Internet, nos sites dos grandes grupos de **Advertising, Publicity, Promotion, Public Relations, Design, Merchandising, Sponsorship** e – se acharem – de **Propaganda**. Estas viagens ao passado e ao futuro podem ser bem úteis, para olhos e mentes atentos.

Pesquisem na www.amazon.com que materiais vocês encontrarão em Advertising e em Propaganda.

Em março de 2011, Propaganda tinha 5.656 livros à verda (vejam lá qual é o assunto...) e Advertising tinha 54.209 livros (confiram!).

Com a globalização e a Internet, não tem jeito. Setenta por cento das comunicações comerciais mundiais na web são em inglês. As maiores agências e grupos de comunicação estão nos Estados Unidos e no Reino Unido, com algumas exceções na França e Japão.

So... you do have to learn English, my dear...

....

Em tempo: no livro **"O Publicitário Legal"**, de 2005, que trata da legislação da Publicidade no Brasil (de leitura imprescindível), Roberto Schultz registra, na página 2, concordar com a minha posição (anteriormente divulgada em artigos que veiculei na Imprensa e em palestra da Universidade Tuiuti do Paraná).

....

O que faz um publicitário?

Para a maioria das pessoas, publicitário faz anúncios para jornais e revistas e faz comerciais para a televisão e para o rádio.

Até para alguns publicitários, parece que é só isso mesmo.

Sérgio Zyman, autor de diversos livros que valem a pena ser lidos, como **"A Propaganda (ops!) que funciona"** (em inglês é *"Advertising that sells"*, ou "A Publicidade que Vende", notaram a diferença na tradução?), inicia seu livro destacando que **para a maioria dos norte-americanos, publicitários são criadores de comerciais e de anúncios.**

Para a maioria dos brasileiros também é criar anúncios e comerciais e "vincular" (incrível como há empresário e "publicitário" que usa este termo equivocado) nos jornais, TVs, rádios e revistas. O correto é "veicular", inserir nos veículos de comunicação, ou na mídia.

Muitos vestibulandos acabaram transformando Publicidade num dos cursos mais concorridos do Brasil (mais até do que Medicina, ou Engenharia, ou Direito, em muitas cidades), justamente por este pensamento equivocado de que tudo é só criação de comerciais para a novela das oito ou no Jornal Nacional na Globo, e de anúncios de página dupla na Veja – para depois ganhar um monte de prêmios, Lions, Clios, Colunistas, Caborés, Voto Popular e outros muita grana e uma vida de festas, sexo e rock-and-roll.

Pois isso até acontece, colegas – para uns quatro ou cinco sortudos. A vida de um publicitário não é nada disso – e, mais importante, não é só isso.

Perdoem-me as mulheres, por usar a expressão "um publicitário", que me faz soar um tanto machista, como se as mulheres não fossem ótimas publicitárias (e o são!). É que, explico mas não justifico, no Brasil a gente generaliza no masculino (coisas de latinidade, machismo mesmo).

Saibam que prefiro, mil vezes, trabalhar com as mulheres, porque elas são mais interessadas, dedicadas e fiéis do que os homens (estou generalizando, é claro) – e são mais cheirosas e bonitas. Só têm dois defeitos: namorados e fofoca.

Mas alguns homens também têm estes defeitos...

Voltando aos publicitários (que no plural fica melhor):

Os publicitários são e devem ser sempre alavancas de venda.

"Dá-me uma alavanca e eu moverei o mundo", disse Aristóteles.

Pois nós, publicitários, ajudamos a mover o mundo. Nós devemos ajudar a mover **o círculo virtuoso do desenvolvimento**, pois estimulamos o consumo e, por consequência, a produção.

Quanto mais pessoas comprarem, mais lucros os comerciantes e industriais terão, e mais poderão investir em novas lojas, novas fábricas, novos estoques, novas máquinas, novos empregos. Isto significa maior distribuição da riqueza. Mais gente com dinheiro. Mais gente consumindo. Mais gente para ser estimulada. Mais gente comprando, mais dinheiro circulando, mais produção, mais comércio, mais emprego, mais renda, melhor qualidade de vida para todos.

Não é gostoso pensar assim?

Pois podem pensar! A nossa missão é:

Estimular as vendas!

"Publicidade é criar e veicular mensagens de vendas eficientes, para públicos selecionados", relembro Don Schultz. E criar e veicular mensagens de vendas não significa só criar e veicular anúncios e comerciais. Significa?

Significa buscar eficiência nas mensagens de vendas, não só no conteúdo e na forma, como na sua distribuição (com ou sem mídia), com a função de influenciar ou modificar atitudes e comportamentos, para gerar as tão queridas e necessárias vendas!

Significa ter que estudar os nossos públicos-alvo, para poder oferecer a eles mensagens adequadas às suas expectativas, gostos, hábitos, desejos, costumes, necessidades, interesses... – assim como eu estou tentando fazer com o meu público-alvo principal deste livro: estudantes de Publicidade, de todas as idades.

Significa conhecer, e bem, todos os instrumentos de comunicação que podemos utilizar para as nossas mensagens de vendas. A cada dia que passa, novos instrumentos de comunicação são desenvolvidos, alguns antigos são reinventados com novos nomes, mas não importa – o que importa é que as nossas mensagens sejam eficientes junto aos públicos selecionados.

Significa que os publicitários devem e precisam abrir os seus olhos para muito além do horizonte atual, da mídia convencional (televisão, rádio, jornal, revista, outdoor) para todas as alternativas que possam gerar o melhor resultado, com o menor custo.

Hoje, e cada vez mais, a pressão por mais resultado, com menor custo, se amplia. Não há espaço para desperdício. Não há espaço para firula. Não há espaço para bobagem, nem para perder tempo. Muito menos para inflar egos.

Os publicitários precisam conhecer todas as possibilidades de mídia e no-mídia, da comunicação *face-to-face* à Internet, para se adequar às necessidades de cada anunciante, de cada problema, de cada público, em cada mercado.

Os novos publicitários são e serão cada vez mais diferentes – porque serão pressionados imensamente por um lugar ao sol, num mercado disputadíssimo, mas, mais do que isso, porque terão que ser cada vez mais extremamente competentes.

Não basta saber fazer layouts.

Não basta saber redigir bons títulos ou textos.

Não basta saber criar roteiros, ou saber dirigir um bom comercial.

Não basta saber negociar mídia.

Não basta conhecer todos os fornecedores.

Não basta saber escrever.

Não basta saber tudo que se sabia ontem.

Vai ser preciso muito esforço para nos mantermos atualizados (com toda esta avalanche de informação que despenca diariamente sobre nós).

Vai ser preciso muito esforço para sermos muito bem informados ("**informação é poder, se for útil**", digo sempre aos meus alunos), por isso é preciso saber selecionar informação, mas é preciso ir buscar outras fontes (**muito além da Internet**).

Vai ser preciso ler, muito (não só as notícias resumidas na web).

Vai ser preciso ser mais criativo.

Vai ser preciso ser mais competitivo.

Vai ser preciso ser mais competente.

Meu querido avô **Jan** veio da Bélgica para o Brasil aos 55 anos. Na bagagem, além das roupas e de alguns objetos, trouxe um colchão com alguns dólares e ouro (não devia ser pouco e não imagino como ele passou pela alfândega com um colchão nas costas... mas quem conheceu meu avô sabe que ele conseguia tudo que queria). Era um empreendedor.

Lembro-me dele com muita saudade e carinho, assim como não me esqueço de alguns dos seus ensinamentos: "**Quem não tem competência não se estabelece**", dizia o velho e muito querido polaco, vermelhão de cabelos brancos, que falava tanto palavrão, como eu, que ele chamava de "lucho".

Outra definição lapidar e preciosa de **Benjamin Steinbruch**, que dominou o mercado brasileiro com os seus jeans Staroup:

Quem não faz poeira, come poeira!

Mas, o que é competência? É só fazer bem feito? Será que basta? Ou é preciso fazer melhor do que os outros?

Nos Estados Unidos, a concorrência é chamada de "***competence***", que significa também competência. É assim em todos os mercados de língua inglesa. Nos de língua espanhola, a concorrência também é a "***competencia***".

Para vencer, temos que ir além das competências dos outros.

Concordam?

Temos que superá-las e nos superar a cada dia. Melhorar sempre. **Quem tem competência/concorrência tem que se superar.**

Graham Bell escreveu algo assim:

"Quem trilha os caminhos que já foram trilhados, só chega até onde os outros já chegaram".

É preciso ir além...

Ultrapassar limitações e limites.

Criar novas fronteiras.

Criar o novo, o inédito, o diferente.

Não dá para estacionar.

Perguntem aos pais de vocês, se vocês não se lembram, quantas grandes marcas, muito famosas, sumiram do mapa porque se acharam boas demais, ou porque estacionaram... se achavam as maiorais.

Pensavam que eram as melhores, imbatíveis, perfeitas, as líderes, as donas da cocada preta.

Sumiram. Viraram pó. Até na memória. Kaput!

Hermes Macedo, Mesbla, Transbrasil, Móveis Cimo, Prosdócimo, Biscoitos Aymoré, Bamerindus, Manchete, Cruzeiro, Eucalol, Rinso, Dulcora, Mappin, Braniff, PanAm, Panair do Brasil, Varig, Vasp, Tupi, Encol e tantas outras.

Embora vocês (meu público-alvo principal) não gostem de ler livros de História, pesquisem um pouco sobre ascensão e queda de todos os grandes impérios, imperadores e exércitos.

Os assírios, os babilônios, os chineses, os egípcios, os gregos, os romanos, os mongóis, os otomanos, os árabes, os ingleses (o sol não se punha no império inglês), os franceses, os portugueses, os espanhóis e vários outros. Os soviéticos da segunda metade do século XX – e, hoje, os norte-americanos. E os russos crescendo, de novo.

Logo, logo, será a vez dos chineses... Não acreditam?

Todos que se acharam imbatíveis foram derrotados. Sucumbiram.

Embora sejam filmes sem grande rigor histórico, assistam a **"Tróia"** e **"Alexandre"** (que foi um estrategista militar fantástico). Peguem em DVD, se não assistiram no cinema – vejam como grandes cidades e impérios acabaram se perdendo.

Todos os grandes impérios (que eram grandes marcas) sucumbiram. Alguns até desapareceram da face da Terra... não restou pedra sobre pedra – como os impérios maias, astecas e incas, na nossa América Latina, destruídos por si mesmos ou pelos invasores que se intitularam conquistadores, os espanhóis. Um pecado. Uma lástima.

Alguns derrotados até por adversários/concorrentes, que eles consideravam bárbaros!

Átila, o Huno, por exemplo.

A moderna e poderosa Roma, do início do primeiro milênio, sucumbiu ao bárbaro Átila, o Huno.

Aliás, existe um livro bem interessante sobre as estratégias de guerra de Átila, como ensinamento para liderança no mundo empresarial moderno: **"The Leadership Secrets of Attila, The Hun"**, de Wess Roberts.

E existe um filme, que conta a história de Átila, também interessante – mostra como ele foi viver com o inimigo, para conhecer bem o adversário, antes de vencê-lo.

Mesmo em menor número, os guerreiros de Átila gritavam tanto, tão louca e bravamente quando atacavam que passavam a impressão de serem em número muito maior. E destroçavam os adversários, não dando chance para revanches.

Não deixavam pedra sobre pedra. E matavam quase todos (poupando só as mulheres). Assim criaram a reputação de guerreiros sanguinários, terríveis e temíveis. Imagem de marca. Percepção de poder e de força bárbara e impiedosa.

Tanto que o classificaram como "o Flagelo de Deus".

Que marca forte!

Publicidade, amigos, é uma batalha após outra, dia após dia, pelo sucesso, por mais vendas, por lucro, por participação de mercado, por *recall*, por lembrança da marca, por reconhecimento, por mais resultado.

Às vezes, são várias batalhas no mesmo dia...

Mas o que fazem então os publicitários?

Publicitam. Eu publicito, tu publicitas, ele publicita. Nós publicitamos.

Fazemos comunicação que ajuda a vender.

Publicitar é criar e desenvolver Publicidade, ou alavancas de vendas.

É desenvolver ideias que ajudam a vender.

Publicitários criam e veiculam mensagens de vendas, nas mais diversas formas, nos mais diversos meios, com toda a criatividade que lhes é peculiar (para alguns, nem tanto). Com ou sem mídia!

Isto é Publicitar.

Verbo que quase não usamos no Brasil e que o Windows assinala como palavra inexistente... mas é usado em Portugal e em outros países de língua portuguesa (à exceção do Brasil... de novo).

No Google, em outubro de 2012, havia mais de 5,8 milhões de registros desta palavra, quase todas de publicações e empresas portuguesas e espanholas.

Publicitar!

Este é o nosso pepino.

O nosso job eterno.

NQM! (Nem Que Morra!) – sigla que tomei emprestada do jornalismo.

Como publicitaremos?

Vamos adiante...

É cada vez mais difícil e mais caro.

A cada dia que passa, com o avanço da tecnologia e da comunicação, o volume de informações que recebemos se amplia.

Se não é na velocidade da luz, é quase.

Este volume é tão imenso e a velocidade tão intensa, que é impossível receber e acumular todas as informações que chegam até nós, através de todos os nossos sentidos.

Não só através da TV, revistas, jornais, rádio, Internet, outdoor e alto-falantes, pois recebemos mensagens através do olfato, do tato, do paladar, da audição e da visão, o tempo todo.

Até pouco tempo, a Publicidade explorava muito mais sons e imagens, para a audição e a visão – e a chamada mídia convencional.

Hoje, a disputa é tão ferrenha, que vale tudo. Aromas, cores, luzes, sombras, calor, frio, gosto, sabor, textura, desníveis, estilos musicais, cheiros exóticos, deliciosos ou envolventes, e outras ações para capturar os sentidos dos consumidores.

O **Marketing de Aromas**, muito mais desenvolvido nos Estados Unidos e na Europa, por exemplo, do que no Brasil (por enquanto) é comprovadamente eficiente.

Há testes que comprovam que aroma de baunilha afasta os homens das lojas de moda masculina, enquanto que o aroma de rosas faz eles voltarem, se sentirem bem e comprarem mais.

Um belo documentário da BBC, exibido no Brasil (na TV por assinatura) em 2003, mostrou esta pesquisa – que também analisou o comportamento dos consumidores nos supermercados (monitorando-os meses a fio, com centenas de câmeras).

Aproveitando o ensejo...

Quanto aos supermercados, destaco:

O ponto focal nas prateleiras dos supermercados, por exemplo, não está na altura dos olhos, mas, sim, na altura do peito das pessoas, mais ou menos a 1,60 metro do chão – descobriu a pesquisa inglesa.

E mais, as pessoas compram mais produtos no meio dos corredores do que nas famosas pontas de gôndola (supervalorizadas no Brasil), simplesmente porque elas fazem as curvas com maior velocidade do que caminham pelo centro de dois corredores.

Redutores de velocidade são úteis, comprovou também esta pesquisa, pois permitem "descobrir" os produtos com maior facilidade.

No Brasil, valorizam o que é menos eficiente, nestes PDVs...

Mas, voltando aos aromas...

Quer vender sua casa? Coloque pães ou biscoitos no forno, quando os compradores vierem conhecer. Passa um cheirinho de lar. De família feliz. Use flores, também. Aroma, luz, atmosfera, ambientação são trabalhados para conquistar a sua atenção, o seu interesse e as suas compras. E o seu retorno.

Mas é evidente que não é só isso.

Hoje somos bombardeados, onde estivermos, por milhares de informações, nas mais diversas formas, que recebemos conscientes ou até de uma forma inconsciente.

Alguns lugares, alguns ambientes, algumas mensagens nos fazem nos sentir bem, propensos a agir. Outras mensagens não – outras não nos atingem, ou não nos agradam, e não agimos, nem compramos. Algumas mensagens nos ofendem, ou provocam nossa repulsa ou ira.

Publicidade é sedução.

Publicidade não é criar conflito.

Não é fazer pensar.

Não é agredir.

Não é impressionar.

Não é fazer chorar.

Não é fazer rir.

Não é show.

Não é jogar dinheiro pela janela.

A Publicidade só existe para ajudar a vender.

Assim definiu Publicidade o genial Claude Hopkins, em 1923.

Sei que pareço ser radical, mas tenho que ser, um pouco, neste ponto. Explico:

Tenho visto muitas escolas, professores e estudantes de Comunicação, endeusarem um italiano chamado **Oliviero Toscani** – que foi o responsável, por alguns anos, pela comunicação da Benetton. Lembram dela? Da publicidade, ou do produto?

Na minha opinião, foi o grande responsável pela quase falência da Benetton, no mundo todo. Este *signore* Toscani, um fotógrafo, conseguiu notoriedade através de choques sucessivos na sociedade, por meio de fotos que feriam as pessoas sensíveis e de bom gosto. Fotos que chocavam, geravam controvérsia, debates, mídia gratuita, passeatas e protestos.

Enquanto isso, verificaram-se vendas decrescentes para a Benetton, ano após ano no mundo todo.

As roupas das Benetton sempre foram e são de bom gosto, para pessoas idem. Nada a ver com as imagens do grotesco que o *signore* Toscani "casava" com a marca.

Assisti, sem querer acreditar, a este *signore* – que é um bom fotógrafo, mas só andava comprando fotos de terceiros, pelo mundo afora (quanto mais chocante, melhor) para a Benetton – debatendo na TV Cultura, com jornalistas e publicitários brasileiros.

Disse, com todas as letras, que **"os publicitários são picaretas"** e que **"a publicidade está morta"**, porque ele havia inventado uma nova forma, honesta, nua e crua, de comunicar a realidade para os consumidores.

"A Publicidade é um cadáver que lhe sorri", escreveu *questo patso* (este idiota).

Livro que muitos de vocês serão – se já não foram – obrigados a ler. Até é bom que leiam, para aprender mais sobre este insano que se julgou o grande arauto dos novos tempos do marketing. Profeta do Apocalipse da Publicidade.

Mas qual é a verdade nua e crua da qual a Benetton precisava?

Um pobre de um rapaz com Aids agonizando ao lado dos seus pais desesperados? Um carinha beijando uma freira na boca? Ou clientes se identificando com as suas belas roupas, entrando nas suas lojas e comprando?

Demitido pela Benetton – depois que a última campanha, em 2001, custou à fábrica italiana a retirada dos seus produtos de todas as lojas das redes Sears, Bloomingale's, JCPenney e Macy's, entre outras grandes redes de varejo, nos Estados Unidos – hoje ele edita uma revista que continua chocando as pessoas, mundo afora. Tem gente que gosta. Bom pra elas.

Ninguém mais o chamou para fazer aquilo que ele intitulou de *"nuova publicitá"*. E a Benetton tenta escapar da falência, depois de fechar fábricas em diversos países (inclusive no Brasil) e dezenas de lojas pelo mundo afora. Até da Fórmula-1 saiu.

Enfim, Toscani é um cadáver que nos sorri. Felizmente.

Graças e louvores! Está banido do nosso mundo da publicidade (assim seja!). Ele queria é criar polêmica e se esqueceu das vendas.

Qual é o motivo deste comentário?

É que Publicidade é uma coisa muito séria.

Envolve muito dinheiro.

Custa muito dinheiro!

Em 1986, uma veiculação de 30 segundos no *SuperBowl*, nos Estados Unidos, custava 550 mil dólares... O preço evoluiu com a eficiência da mídia...

Em 2003, um comercial no *SuperBowl* custou 2,1 milhões de dólares, só por 30 segundos. E a Budweiser comprou o espaço para 11 veiculações!!!

Em janeiro de 2011, o custo de 30 segundos foi de 3 milhões de dólares!. E as pesquisas informam que este é o melhor investimento em mídia nos Estados Unidos, com o melhor **ROI** (*Return-of-Investment*, ou retorno do investimento).

Atingindo mais de 120 milhões de consumidores (só nos Estados Unidos, onde existiam mais de 114 milhões de domicílios com TV, dos quais 105 milhões com HDTV no início de 2009... no Brasil, na mesma época tínhamos 0,3% dos domicílios com HDTV, o que representava 5,4 milhões de domicílios ou 645 mil pessoas, apenas).

Na cerimônia do *Oscar*, em 2003, cada 30 segundos custaram 1,6 milhão de dólares.

A quanto anda o dólar, hoje? Faça as contas!

Você sabe quanto custam 30 segundos no Jornal Nacional da Globo, em rede nacional? Em 2012 custavam R$ 532.800,00!

Ou um anúncio de página dupla em Veja (nacional)?

Ou uma página inteira na Folha de S. Paulo? Ou do Estadão?

Não?

Pesquise um pouco – e verá que não é barato.

Nem um pouco, se não der resultado.

Muito resultado.

Quer dizer: não pode dar errado.
Tem que acertar no alvo. Na mosca!
Não dá para brincar com coisa séria.

A Publicidade não foi criada para ganhar prêmios.

Os prêmios – que bom que eles existem – foram criados pelos próprios publicitários e pela mídia especializada e devem ser uma decorrência de um trabalho bem executado.

Não podem ser o motivo do trabalho.

Criar peças-fantasmas só para ganhar prêmios é de uma infantilidade e de um amadorismo que dá medo! Ou pena... Algo para ser tratado com psicanálise, para curar esta necessidade frenética de autoafirmação ou de reconhecimento.

Quanto custa, para o dono da agência, sua equipe perder tempo (vários dias) criando fantasmas? Os outros clientes estão pagando este tempo perdido? E os materiais desperdiçados com as obras do Além?

Sei, de fonte segura e bem informada, que uma agência paulista, das mais premiadas em Cannes, gastou em 2005 mais de um milhão e meio de dólares de inscrição de peças naquele festival.

Quem paga esta conta? Os anunciantes, é claro!

O ego do publicitário não pode ser maior do que o objetivo comercial da agência e do negócio da Publicidade, o qual só pode estar atrelado aos objetivos comerciais do cliente/anunciante.

Dia desses, conversando com uma alta executiva da JWT (que era reconhecida no mundo todo como J. Walther Thompson, mas mudou de nome para ter uma imagem mais moderna) ela me disse que o Martin Sorell – dono do maior conglomerado de agências de publicidade do planeta, a WPP – chegou à conclusão de que premiações nacionais e internacionais aumentam o valor das ações das suas agências.

Por isso ordenou ganhar prêmios, nem que seja com peças-fantasmas.

Quem lê o noticiário especializado deve ter percebido a fome da JWT e de outras agências do grupo WPP por premiações.

No entanto, como a imensa maioria das agências de publicidade do mundo não tem ações na Bolsa, creio que trabalhar por melhores resultados para os clientes é bem mais interessante e lucrativo do que só criar para ganhar prêmios.

É a minha opinião.

Publicidade, caros estudantes de todas as idades, não é só Arte! Nem é só festivais e prêmios.

Requer arte e talento, e não é só isso que basta.

Publicidade é *business*.

This is an Idea Business.

Um negócio de ideias, que devem gerar vendas.

Um negócio.

Que tem que dar lucro!

A Publicidade só tem razão de existir se for para gerar resultados positivos em vendas, para os anunciantes.

Imagem de marca, é claro, é também muito importante.

Lembrança da marca, idem.

Mas se não vender, não adiantou nada.

Sérgio Zyman, em **"A Propaganda (sic) que Funciona"**, conta que um dia chamou o pessoal da sua agência, a McCann Ericksson, e disse: **"Ou vocês param de divertir as pessoas, e começam a vender Coca-Cola, ou vão perder a conta"**.

Zyman não queria que pensassem em Coca-Cola, apenas. Queria que comprassem, bebessem e consumissem Coca-Cola. Este é o negócio: vender. Não é só ser lembrado.

Claude Hopkins, repito, escreveu: **"os redatores de anúncios abandonam seus papéis. Esquecem que são vendedores e tentam ser artistas. Em vez de vendas, buscam aplausos"**. Coitadinhos...

David Ogilvy sempre disse: **"toda comunicação deve dar sua contribuição para a imagem da marca"**.

Como se faz isso? Com comunicação de qualidade. Com direção de arte primorosa, redação idem, mídia bem selecionada, produção esmerada... e muito bom gosto. Buscando vendas e não premiações ao ego do publicitário.

Em resumo: fazendo bem feito, sempre.

"If you have to go, go first class".

Se você tem que ir, vá de primeira classe, dizia Ogilvy a esse respeito.

"Do it perfectly!"

Faça-o com perfeição.

Não há espaço para meia-boca, **understand** cara-pálida?

Por isso, é cada vez mais difícil comunicar com perfeição.

Digo sempre:

Publicidade vagabunda passa a percepção de um produto vagabundo.

AIDAM, a minha nova fórmula.

Acredito que em todo curso de Publicidade que se preze ensinam o que é **AIDA** – que, além da obra maravilhosa de Giuseppe Verdi, é uma sigla que resume uma fórmula básica para a boa comunicação.

AIDA é uma sigla, que significa
A .... de Atenção
I .... de Interesse
D .... de Desejo
A .... de Ação

Lembro-me de ter aprendido isso nos anos 70 e uso até hoje, com uma pequena diferença. Nas minhas aulas acrescentei um **M**, no final da sigla, que significa.

M .... de Memorização

Hoje, não basta atrair a atenção, despertar o interesse, gerar o desejo e promover a ação – precisamos ser lembrados.

Precisamos também ficar na memória.

De tudo que você viu na televisão, ontem à noite, você já esqueceu mais de 80%.

É que o volume de informações é muito grande – e vamos substituindo umas pelas outras, preservando aquelas que são mais importantes, mais interessantes para nós. Nossa tarefa hercúlea é conseguir chegar à mente dos consumidores, ficar lá o tempo suficiente para motivá-los a comprar o nosso produto.

Um termo novo surgiu, em 2002, na arena do Marketing.

Este termo é *share-of-wallet*.

Share-of-wallet significa uma participação na carteira de dinheiro do consumidor. É ir além do tradicional *share-of-market* ou *market-share* (fatia ou participação de mercado), ou do *share-of-mind* (participação na mente no consumidor).

É entrar no bolso mesmo. Na carteira. Botar a mão no dinheiro. Fazer parte das despesas do consumidor, o que nos remete, de volta, ao nosso objetivo principal: **criar e veicular mensagens de vendas eficientes**.

Para isso, **AIDAM** neles.

Temos que chamar a atenção, despertar o interesse, ampliar o desejo, induzir à ação e, ainda, sermos memoráveis. Para que quando o consumidor chegar em frente à prateleira, ou vitrine, ou balcão, lembre sempre de nós, quando for decidir comprar.

Em novembro de 2008, ouvi o Kotler, pessoalmente, defender novas mídias, sem no entanto deixar de ressaltar o poder das mídias tradicionais: **"Um comercial de TV pode promover maravilhas, junto aos seus públicos-alvo, se for criativo, bem executado e veiculado"**.

"No entanto vemos cada vez menos comerciais e anúncios que nos fazem parar e que são memoráveis, inesquecíveis", disse o guru.

Escreva no espaço em branco, 5 comerciais inesquecíveis, sensacionais, que você nunca vai esquecer:

1.

2.

3.

4.

5.

Conseguiu?

Como ser eficiente?

Para ler um Estadão (O Estado de S. Paulo) de domingo, inteiro, você precisará de várias semanas. Um New York Times dominical, uns 5 meses, no mínimo – e um NYTimes de domingo tem mais informação do que acumularia em toda a sua vida uma pessoa do século XVII (século 17, para quem esqueceu dos algarismos romanos).

Quem nunca pegou um NYTimes dominical na mão, deve. Vale a pena – é um show de jornal, especialmente se você está em New York. Na Laselva, em Congonhas, custa uns 40 reais... É um show de informações (muito mais interessante para quem vive em New York, é claro) e de publicidade eficiente (quase toda).

Um estudo do **Aspen Institute**, sobre o **"Futuro da Publicidade"**, realizado em l996, reunindo os maiores especialistas dos Estados Unidos, destaca que vivemos, hoje, na **"Sociedade da Informação"**, onde um novo site na Internet aparece a cada minuto – isto em 96! Hoje deve ser 10 vezes isso, ou mais).

Este estudo foi traduzido e editado no Brasil, em 2003, pelo Grupo de Mídia de São Paulo, com o título **"A Conquista da Atenção"** e merece ser lido – porque este é e será o nosso grande desafio profissional e de futuro.

Como conquistar a atenção (e depois o interesse, o desejo, a ação e a memória), num ambiente de tanta disputa pelos sentidos das pessoas?

Os brasileiros, em 2001, assistiam a mais de 1.000 horas/ano de televisão (aberta e fechada), nas 360 emissoras espalhadas pelo País (335 delas ligadas às 5 grandes redes). Ouviam, em média, 754 horas/ano de rádio (AM e FM), nas 3.421 emissoras brasileiras.

Dedicavam 332 horas/ano para ler revistas. Em 2001, havia 1.675 revistas registradas no Brasil, de acordo com a introdução brasileira do livro acima citado.

De acordo com esta publicação, só na Grande São Paulo os consumidores foram atingidos por 560 mil comerciais de TV, 665 mil comerciais de rádio, além de mais de 20 mil anúncios (só nas 284 revistas mais importantes do mercado)... isso, em 2001.

E podemos estimar uns 700 mil anúncios de jornal, por baixo.

Dá um total de cerca de 2 milhões de mensagens publicitárias por ano (arredondando para cima), sem contar *outdoors*, painéis, Internet, etc.

Vamos dividir por 365?

Dá 5.479,45, ou – arredondando, de novo – cerca de 5.480 mensagens por dia!

Você consegue se imaginar sendo bombardeado por 5.480 mensagens de vendas por dia? Isto sem contar as mensagens pela Internet!

E as que não são publicitárias!!!

Mais o noticiário, os shows, as aulas, os livros, as paqueras, as conversas... Todo tipo de mensagem (incluindo o cheirinho bom da comida, os apelos dos camelôs, os buracos nas calçadas e asfalto, os sinaleiros, as vitrines, os luminosos, os semáforos, etc. etc. etc.). Pois é. Mas é assim mesmo.

Esta é a nossa guerra!

É claro que nem todos estes mísseis lhe atingem, pois você não lê todos os jornais, nem todas as revistas, nem assiste a todos os canais de TV ou ouve todas as rádios o dia todo. E muitos nem têm Internet.

Em outubro de 2012, só 83,4 milhões de brasileiros tinham acesso à rede mundial de computadores... Num universo de 194 milhões de pessoas, dá 42,9% de brasileiros com web e 57% ainda sem web.

Mas, mesmo assim, é impressionante, não é? Como ser eficientes, com as nossas mensagens de vendas, neste tiroteio?

Sendo diferenciados.

Pertinentes.

Claros.

Sedutores.

De bom-tom.

Elegantes. De bom gosto.

Valorizando o belo.

Usando bem as imagens, as cores e o som.

Conhecendo bem as expectativas dos nossos públicos-alvo – os selecionados. Nosso alvo.

E lembre-se:

Assim como nenhum produto serve para todo mundo, nenhuma comunicação serve para todo mundo.

Quem disse, por exemplo, que água é tudo igual, insípida e inodora?

Pois as águas não são todas iguais. Possuem composições químicas diferentes, têm sabores e aromas diferentes. E possuem percepções diferentes dos seus consumidores.

Eu, por exemplo, prefiro com gás (Ouro Fino, líder no mercado paranaense, ou Minalba, ou Levíssima, ou Perrier ou San Pellegrino) e não bebo água de torneira.

Minha mulher prefere sem gás (Levíssima ou Evian – que é ótima e cara, a água pura das geleiras dos Alpes, o que é um puro e singelo posicionamento bem feito).

Voltando ao bombardeio massacrante de mensagens, precisamos de conhecimento técnico e científico para conseguir analisar, dentre todas as alternativas, quais as mais eficazes para as nossas mensagens.

O desafio, vejam bem, não está só na criação da mensagem.

Preciso repetir?

O desafio não está só na Criação!

Está em todo o conjunto de ações que nos levarão a desenvolver estratégias e táticas adequadas, para a obtenção do resultado almejado: vendas crescentes, sempre.

E num mercado com tanta opção de mídia, não parece ser fácil, parece? Neste ponto, uma informação merece reflexão: o baixo índice de leitura dos jornais, no Brasil.

Há alguns anos, o Ibope revelou que só 5% dos brasileiros liam jornal todos os dias. Será verdade?

Faça o teste na sua sala de aula. Com os seus amigos. No seu trabalho. Na sua agência. Com a sua família. Com os seus amigos.

Quem leu jornal hoje? Quem lê todos os dias?

Será que dá 5%?

Nas minhas salas de aula, nos primeiros meses do ano, nunca chegou aos 5% (e isso entre alunos de Publicidade!)

O principal jornal de Curitiba, a Gazeta do Povo, tirava, segundo o IVC, 75 mil jornais nos domingos e quase 50 mil jornais em dias úteis (dados de 2010). Na Grande Curitiba vivem 3 milhões de pessoas. E o jornal é distribuído em todo o Paraná, onde vivem 7,6 milhões de pessoas... Na Grande Curitiba daria um jornal para cada 30,68 pessoas (ou seja: 3,2%), aos domingos. Ou um jornal para cada 86,36 paranaenses, aos domingos.

O percentual é 3,2%, considerando um leitor por jornal. É evidente que há outros jornais, mas todos com circulação menor do que a da Gazeta, por isso não chega a 5% (claro que um jornal não é lido só por uma pessoa, mas, mesmo assim, é muito pouco).

O jornal de maior circulação em São Paulo, a Folha de S. Paulo, tira menos de 500 mil exemplares nos domingos e 400 mil nos dias úteis, de acordo com o IVC (de 2003), para uma população de 15 milhões de pessoas na Grande São Paulo, de 20 milhões no Estado de São Paulo – e ainda vende a Folha em diversos Estados brasileiros.

Na Grande São Paulo, aos domingos, dá um jornal para cada 30 pessoas... Ou um jornal para cada 40 paulistanos, durante a semana. Sem contar os leitores em outras regiões e Estados. Dá 2,5% da população do Estado de São Paulo, aos domingos.

Claro, repito, que muitos jornais são lidos por mais de uma pessoa, mas muitos também o são por uma pessoa só. Mas não acredito que a média seja de 4 leitores por jornal. Não mesmo.

No Japão, mais de 65% dos japoneses leem jornal todos os dias, e mais de um. Lá há matutino e vespertino... e é claro que tem Internet!

Mas isso é assunto para um longo debate, sobre a utilidade do jornal, a sua importância e o seu futuro, assim como é para os estudantes de Publicidade – e de Jornalismo – **uma constatação lastimável de desinformação e desinteresse.**

A gente lê o que é útil, preferencialmente.

Depois, aquilo que pode ser útil, ou que nos agrada, entretém ou diverte. São poucos os jornais que a gente lê e sente que cumprem estas funções. Alguns, como diziam antigamente, só servem para embrulhar peixe. Outros, nem para limpar a ...

Mesmo assim, é inadmissível existir estudante de Publicidade que não lê pelo menos dois jornais todos os dias, nem Meio & Mensagem, About, Caderno de Propaganda & Marketing, Veja, IstoÉ, Época, Exame, nem outras publicações sobre o mundo e os negócios.

E existem estudantes de Jornalismo que não leem jornal... Belos jornalistas serão... Serão?

Que dizer dos estudantes de Publicidade (e dos publicitários) que mudam de canal nos intervalos comerciais?

Para sermos eficientes, nós todos precisamos de muita informação. De muita informação útil, e de algumas que podem parecer inúteis.

"Uma ideia nova é uma combinação nova de velhos elementos", definiu bem James Webb Young, que, aliás, escreveu um belíssimo livro chamado **"How to Become na Advertising Man"** (creio que nunca traduzido no Brasil) e uma preciosidade que encontrei dia desses, ao acaso, numa livraria e comprei sem pestanejar: **"Técnica para a Produção de Ideias"**. São só 72 páginas de genialidade, simples e de uma utilidade sem igual. Vale muito a pena ter, ler e reler sempre.

"Palavras são símbolos de ideias, podemos colecionar ideias, colecionando palavras", salienta Young.

Pense um pouco sobre isso... Melhor: pense bastante!

Adiante, vou entrar mais a fundo nesta questão, da Criatividade, da Criação de Ideias. Por ora, me basta salientar que parece ser bem evidente que:

Quanto mais informações, mais elementos você tiver para combinar, mais fácil será criar novas combinações, novas ideias.

Concordam?

Não é simples?

Evidente que não basta ler, ler, ler, ler, ler... é preciso compreender, estudar, arquivar, organizar as informações, é preciso experiência, know-how, vivência, fracassos, sucessos, erros, acertos, ensinamentos, aprendizados, ousadia e busca incessante de algo sempre melhor.

Eu, por exemplo, coleciono anúncios antigos (possuo dois anúncios originais do alfaiate de Napoleão Bonaparte, além de alguns de cerveja e de sabonetes, do século XVIII, entre outros), porém também guardo anúncios que acho sensacionais – que transmitem a mensagem com clareza, apelo de apetite, força de convencimento e de vendas.

Exemplo?

Um anúncio da associação americana de produtores de bovinos, com o seguinte título: *"We love vegetarians!"* e uma só linha de texto: *"More beef for us!"*. E assina.

No Brasil, não sei por que, os redatores abominam usar pontos de exclamação – como se eles não fizessem parte da nossa ortografia.

Idem com os parágrafos, assassinados pelos diretores de arte – que em nome do *design* abortam a função tão importante de um deles ou de todos eles... Será que não compreendem que os textos ficam mais difíceis de serem lidos sem os parágrafos?

Ou em linhas com mais de 60 toques?

Mas eles não fazem layout para ser lido e ser eficiente. O fazem para ficar bonito e ganhar prêmios.

Recentemente li a Lei do 23/60.

Sabem o que é?

Um bando de diretores de arte de 23 anos faz anúncios em negativo, com letras finas, corpo 8, para que consumidores de 60 anos (ou mais) tentem ler...

Eu também tenho um grande arquivo, em casa, de informações úteis de mercado, marketing, publicidade e a respeito dos mercados dos meus clientes. É meu Centro de Informações.

Conheço agências que não o têm...

É esta fome de saber, de fazer acontecer, sempre e cada vez melhor, que deve nos motivar e movimentar, para podermos avançar e obter a tão almejada eficiência, num mercado cada vez mais competitivo.

Muito importante:

Não podemos basear o nosso trabalho unicamente nas nossas opiniões, experiências e conhecimentos pessoais.

Ninguém, absolutamente ninguém, é dono da verdade.

Por isso precisamos aprender a ouvir.

A enxergar. E ver.

A observar. E perceber.

A pensar. E analisar.

A meditar. E rever.

A pensar duas vezes antes de falar.

A lapidar uma ideia, uma frase ou um conceito.

A buscar a perfeição, mesmo que ela nunca seja alcançada.

A ouvir diversas opiniões e versões, antes de tirar as nossas próprias conclusões.

"O grande sábio é aquele que sabe que não sabe nada, por isso persegue mais conhecimento, sempre", me dizia meu avô Jan.

Porém, a fome de saber precisa estar aliada com a fome de fazer acontecer.

"Uma ideia não existe se ela ficar só na sua cabeça. Se ela não for materializada, transformada em algo real e útil, ela vai desaparecer. Sumir."

Ensinou-me a minha preciosa "**sister**" e professora Eileen Rice, uma freirinha irrequieta e querida, nas congeladas manhãs e tardes de 30 graus abaixo de zero (Celsius) do **Siena Heights College**, em Michigan, no seu **"Idea Tastig Seminar"** (Seminário sobre O Sabor das Idéias), em 1978 e 79.

"Se você tiver uma ideia, boa ou ruim – coloque-a no papel. Já! Antes que você esqueça – e muitas vezes vai esquecer para sempre. Depois, faça acontecer, porque, caso contrário, não adiantou nada ter tido a ideia".

Ideias são só ideias.

Pensamentos.

Coisas abstratas, que surgem no meio de uma coisa física, que é o nosso cérebro.

Até hoje, muitos tentaram mas ninguém conseguiu explicar exatamente como isso acontece. Há muitas teorias. Mas, até agora, ninguém consegue garantir precisamente como os pensamentos surgem e se modificam.

O fato é que quanto mais elementos você tiver lá dentro, no seu cérebro, mais chances terá de combiná-los e de desenvolver uma boa e nova ideia – e de saber se esta ideia é realmente boa, factível, pertinente, executável.

Muita gente tem ideias, mas a maioria destas ideias esbarra na falta de informações, que não permite às pessoas perceberem que estas ideias são inadequadas, ou, muitas vezes, bobas. Ou se são geniais e úteis.

Uma lição do *"Idea Tasting"* foi **não renegar as ideias, num primeiro momento, nem criar barreiras, limites, para elas.**

As crianças não conhecem limites, por isso criam mundos de fantasia maravilhosos, não é?

Para crianças criar é fascinante... e fácil!

"Você é meu pãozinho quentinho". Assim me definiu minha sobrinha-neta Amanda, aos 3 anos de idade. Não é ótimo? Fiquei feliz e emocionado.

Para sermos eficientes, precisamos de todo o conhecimento técnico que pudermos obter – ou contratar (mas é bom saber avaliar o que compramos ou locamos). E exercermos a criação com total liberdade, lá dentro, no nosso cérebro. Sem medos, sem limitações. Com muitos dados.

É muito conhecimento, dirão alguns. É verdade.

Porém, não há remédio.

Ou estudamos, ou ficamos para trás.

Quem sabe mais, pode mais.

Quem sabe mais, chora menos.

Quem sabe mais, faz melhor (quase sempre).

Quem tem mais informação, mais conhecimento e mais experiência encontra soluções mais facilmente do que quem tem menos de tudo isso.

Podemos ser especialistas ou generalistas, mas precisamos muito do conhecimento técnico, que não se restringe apenas às técnicas antigas e novas de fazer anúncios e comerciais, comprar mídia e produzir materiais publicitários.

Os novos publicitários são criadores, veiculadores e controladores de uma comunicação de vendas tão ampla como jamais foi vista. Uma orquestração de instrumentos à sua disposição, para um show de resultados.

Saber tocar, reger e escrever as partituras do planejamento serão requerimentos indispensáveis, para uma carreira de sucesso, num futuro não muito distante.

Por isso, não adianta chorar.

Mãos à obra!

Conhecimento, informação, imaginação e trabalho!

Começando já, antes dos seus concorrentes, você tem mais chances de chegar antes e mais depressa ao sucesso.

Lembrete: Anote sempre as ideias, quando elas surgirem. Porque elas somem, tão rapidamente como surgem. Eu, por exemplo, tenho sempre papel e caneta por perto – no carro, no quarto, na sala, no escritório... e no banheiro. Grandes ideias surgem, às vezes, quando a gente faz algum esforço...

Sobre a leitura de jornais...

A quem interessar possa, os números a seguir são da Associação Mundial de Jornais (WAN). Os dados, publicados no ex-blog de Cesar Maia, são trechos compilados do veículos Meio&Mensagem, em março de 2008:

- A indústria de jornais no mundo todo movimenta 180 bilhões de dólares com 450 milhões de jornais por dia e 1,4 bilhão de leitores.
- A circulação mundial de jornais diários pagos cresceu 6,39% entre 2001 e 2005.
- A circulação mundial de jornais diários gratuitos – entre 2001 e 2005 – passou de 12 milhões/dia para 28 milhões, com crescimento de 137%.
- O Brasil tem 535 títulos com circulação média de 6,8 milhões de exemplares/dia.

Uma vergonha!

Enquanto 65 japoneses em 100 leem jornais, 4,5 brasileiros em 100 leem jornais todos os dias.

No Japão 65% dos japoneses leem jornal todos os dias; na Noruega 62,3%; na Alemanha 30%; na Eslovênia 25%; nos Estados Unidos 24,9%... e temos 4,5% no Brasil – e perdemos para El Salvador (5,8%), Costa Rica (4,9%) e Chile (4,9%)...

Circulação de jornais no Brasil, em 2011 (abril 08/IVC)

Jornal .... Média
1. Super Notícia (RJ).. 293.572
2. Folha de S.Paulo (SP).. 286.398
3. Extra (RJ)... 265.018
4. O Estado de S.Paulo (SP) 263.046
5. O Globo (RJ) 256.259
6. Zero Hora (RS) 188.561
7. Daqui (GO) 163.568
8. Diário Gaúcho (RS).. 155.853
9. Correio do Povo (RS)... 149.260
10. Meia Hora (RJ) 136.802
11. Aqui (consolidado das edições de MG, MA, DF e PE) ... 120.757
12. Expresso da Informação (RJ).......................... 93.269
13. Agora São Paulo (SP)....................................... 91.828
14. Dez Minutos (AM) 89.741
15. Lance (RJ).. 84.983
16. Estado de Minas (MG)...................................... 79.823
17. A Tribuna (ES).. 62.484
18. Correio* (BA) 61.227
19. Valor Econômico (SP)....................................... 60.005
20. Correio Brasiliense (DF) 56.321
21. O Dia (RJ)... 50.288
22. O Tempo (MG) 47.140
21. A Tarde (BA) 45.377
24. Jornal NH (RS) 45.079
25. Gazeta do Povo (PR) 43.513

Jornais de maior circulação no Mundo – em 2010

Jornal	Milhões de exemplares
1. Yomiuri Shimbun, Japão	14,067
2. The Asahi Shimbun, Japão	12,121
3. Mainichi Shimbun, Japão	5,587
4. Nihon Keizai Shimbun, Japão	4,635
5. Chunichi Shimbun, Japão	4,512
6. Bild, Alemanha	3,867
7. Sankei Shimbun, Japão	2,757
8. Canako Xiaoxi (Beijing), China	2,627
9. People's Daily, China	2,509
10. Tokyo Sports, Japão	2,425
11. The Sun, Reino Unido	2,419
12. The Chosun Ilbo, Coreia do Sul	2,378
13. USA Today, EUA	2,310
14. The Wall Street Journal, EUA	2,107
15. Daily Mail, Reino Unido	2,093
16. The Joongang Ilbo, Coreia do Sul	2,084
17. The Dong-A Ilbo, Coreia do Sul	2,052
18. Nikkan Sports, Japão	1,965
19. Hokkaido Shimbun, Japão	1,922
20. Dainik Jagran, Índia	1,911

Que diferença, não é?

Quem precisa de planejamento?

Quem precisa de planejamento?

Parece incrível, mas já ouvi esta pergunta mais de uma vez, assim como percebo uma enorme dificuldade dos estudantes de Publicidade em definir Planejamento. Aliás, muitos criativos de agência nem leem planos... nem pedidos de trabalho, não é verdade?

Vamos por partes, como dizia Jack, o Estripador.

Todos nós precisamos de planejamento.

Nós, pessoas, precisamos planejar o nosso futuro – ou não? Vamos ao sabor dos ventos, deixar que aconteça o que acontecer lá na frente? Muitas vezes vivemos sem pensar no futuro – o que é uma temeridade, porque sem analisar cuidadosamente os passos a serem dados e definir claramente o objetivo a ser alcançado, provavelmente nunca chegaremos lá.

Quem não sabe para onde quer ir, não vai chegar lá, vai?

Lá onde, tchê?

Lá, no futuro. Você quer um bom futuro, não quer?

As empresas, as marcas, os produtos e os serviços precisam de planejamento, da sua concepção à produção, distribuição, formação de preços, vendas, promoção, comunicação, percepção por parte dos seus públicos consumidores, memorização, recompra, pós-compra, etc.

E por que elas fazem isso? Ou deveriam fazer?

Porque se não o fizerem, os concorrentes o farão por elas... E vão exterminá-las, se puderem.

Quem não cuida da sua marca deixa que os concorrentes o façam por ela...

E eles não vão dizer que você é melhor do que eles, vão?

Infelizmente, no Brasil, ainda vivemos tempos de grande miopia, de desconhecimento e de despreparo dos empresários e dos publicitários, quando o assunto é Marketing.

A ampla maioria confunde Marketing só com Comercialização ou só com Comunicação.

Não raro o Diretor de Marketing é o Diretor Comercial (quando não é o Financeiro, o que é ainda mais trágico). Muitas vezes, o Marketing é entregue ao(à) filho/filha do dono, ou aos genros... Pega bem, entende? Dá status...

"Pô, cara, sô o diretor de marketin (sem o "g" mesmo) lá da empresa do "véio". Precisamo "bolá" umas "campanha" pra "vinculá" no Jornal Nacional e na Veja, meu. Pode ser? Tem umas 100 mil pratas de verba."

Brincadeira? Eu já ouvi isso! Palavra por palavra...

Já ouvi também uma ameaça do tipo: **"Você tem X mil reais para esta campanha. Se não der resultado, vamos esquecer de uma vez esse tal de Marketing".**

Também já vi empresário poderoso criar uma nova linha de produtos, sem pesquisar se o mercado desejava aquele tipo de produto, só porque tinha um barracão sobrando, na fábrica. Foi um tremendo fracasso e um grande prejuízo.

"Marketing é o desenvolvimento de ideias e ações para gerar vendas e lucros crescentes, sempre".

Há muitas outras definições, mas eu gosto muito desta, do professor Don Schultz, porque é clara, simples e objetiva. Philip Kotler, no seu livro **"Kotler de A a Z"**, lançado em fevereiro de 2003 nos Estados Unidos e em março do mesmo ano no Brasil (viram como a velocidade da informação é cada vez maior?), define Marketing desta forma:

"Marketing é a função empresarial que identifica necessidades e desejos insatisfeitos, define e mede sua magnitude e seu potencial de rentabilidade, especifica que mercados-alvo serão mais bem atendidos pela empresa, decide sobre produtos, serviços e programas adequados para servir a esses mercados selecionados e convoca a todos na organização para pensar no cliente e atender ao cliente".

E mais:

"Gestão de Marketing é a arte e a ciência de escolher os mercados-alvo e de conquistar, reter e cultivar clientes, por meio de criação, comunicação e fornecimento de valor superior para os clientes".

Concordo com quase tudo.

Metido, eu, discordar do Kotler... mas, convenhamos, não basta conhecer os desejos insatisfeitos, basta? E os desejos satisfeitos não podem ser melhorados?

Acredito, também, que não adianta só pensar no cliente e atendê-lo, se não vendermos a ele, sempre e cada vez mais. Precisamos, em todas as empresas que queiram sobreviver, com vendas e lucros crescentes.

Caso contrário, não evoluiremos, não cresceremos, não poderemos investir em novas tecnologias, em novos processos, em novas fábricas, em novas lojas, em novos produtos, em novas máquinas, em novos empregos, em mais e melhor comunicação, e assim por diante.

Ouvi Philip Kotler explicar Marketing de forma bastante simples e eficaz. Os objetivos de Marketing ele resumiu na fórmula:

CCDVTP

Que significa: *Create, Communicate & Deliver a Value do a Target Market, with Profit*.

Ou seja: Criar, Comunicar e Entregar Valor a um *Target* (público selecionado) com Lucro. O processo de Marketing o professor Kotler resumiu da seguinte forma:

R > STP > MM > I > C

Que significa: *Research > Segmenting, Targeting, Positioning > Marketing Mix > Implementation > Control*.

Ou: Pesquisa > Segmentação, Seleção de Públicos, Posicionamento > Marketing Mix > Implementação > Controle.

E a filosofia de Marketing, Kotler definiu como:

CIB

Que significa: *Costumer is the Boss*.

Ou seja: o consumidor é o patrão, ou o rei. Simples e claro.

E destacando a importância do Lucro.

Por isso, tenho pavor de "guerra de preços".

Quem vive praticando a filosofia da promoção de descontos, o tempo todo, está cavando a própria sepultura. Suicídio a médio prazo.

Pois quem vende por menos tem menos lucro – se tiver algum. Quem não tem lucro não tem como crescer, como se desenvolver, como investir em ações melhores de Comunicação e de Marketing.

Acredito, ainda comentando as definições de Kotler, um verdadeiro Papa do Marketing, respeitado no mundo todo, que **fornecer valor superior é uma função essencial do Marketing** – só que isso precisa ser percebido e aceito pelos nossos públicos-alvo, os consumidores, e precisa se transformar em vendas crescentes e lucro.

Todos nós, se tivermos dinheiro, estamos dispostos a pagar mais por algo ao qual damos valor, algo que nos satisfaz plenamente (mesmo que exista um similar mais barato).

Neste ponto, ressalto a importância de um livro lançado em janeiro de 2004, que pode ser muito valioso para quem está enfrentando o dilema da guerra de preços: **"Ganhando Mais"**, de Ian Brooks. É um farol, na escuridão míope na qual se desenvolve um Marketing fundamentado só no preço mais baixo.

....

Plim!... Plim!... *Sweet memories.*

Um **brunch** no **The Plaza**, em New York, por exemplo, é algo que vale cada centavo dos 75 dólares por pessoa (mais 15% de serviços, *tip*), que eles cobram, porque é inesquecível. É um banquete de reis. Indescritível.

Um almoço com uma **Fritatta Del Mare** no **Il Grappo D'Ua,** em Veneza. Uma **paella** no **7 Portes**, de Barcelona. Um **brodje** ou batatas fritas (**fries**) com maionese e picles, nas ruas de Amsterdam. Um churrasco com maionese e cebola no Erwin, ou as costelinhas de carneiro do Divino Mestre, em Curitiba...

Um ***sashimi*** feito no banco do barco de alumínio, no meio do Rio Paraná, onde acabamos de pescar o pacu que vai virar aquela refeição feita ali, na hora, com cebola, ***shoyo*** e gengibre.

Um pão quentinho, com manteiga, morangos amassados (ou amoras) e açúcar (agora adoçante)... Hummmm!

Percebem que valor nada tem a ver com preço?

....

O que dá prazer, aquilo que satisfaz, tem valor. E a gente paga mais caro, se precisar, por isso.

De onde vem a palavra Marketing?

Vem de ***Mark***, asseguram alguns autores (Kotler entre eles).

Que significa marca ou alvo a ser atingido.

Este alvo, na verdade, são muitas coisas a serem alcançadas ou atingidas. O público-alvo, os clientes e os não-clientes, o mercado, os objetivos comerciais, financeiros, de Comunicação e de Marketing, a imagem de marca, a percepção dos consumidores, a lembrança de marca.

Ou deriva de ***Market.***

Que significa Mercado.

Pode ser, mas, mesmo assim, não se justifica o termo "Mercadologia", que inventaram para "abrasileirar" Marketing. Aliás, esta fobia que leva a tentar proibir o uso de palavras de outro idioma no Brasil é pura idiotice.

O alvo da mensagem é o carrasco de palavras estrangeiras que ele não entende.

Basta isso, para evitar excessos.

Sérgio Zyman, em "**O Fim do Marketing como o Conhecemos**", destaca: "Não me basta ser percebido, quero é ser comprado".

E ele estava falando de **uma marca que investe mais de 13 bilhões de dólares/ano em comunicação:** a Coca-Cola, da qual ele foi vice-presidente mundial de Marketing.

E creio que esta é a chave da questão – e que muitos debates pode gerar: **marketing precisa gerar vendas**, além de tudo mais que integra a sua atividade, no produto, no preço, na praça e na promoção.

Se não vender, e bem, não adiantou pra nada.

Mark (alvo/meta) é mais do que **market** (mercado).

Ou não é?

Eu acredito que Mark é mais preciso.

Mercado pode ser uma coisa ampla e abstrata, enquanto que alvo revela conhecimento e objetivo.

Correto? – como sempre nos faz concordar o meu grande amigo Azis Ameden, encerrando suas afirmações, com esta indagação. Ou você contesta na hora, ou aprovou...

Theodore Levitt, outro dos papas mundiais do Marketing, disse com sabedoria:

"**Um produto não é um produto se não vender.**"

"**Produto que não vendeu é peça de museu.**"

Amigos, **Marketing é um instrumento de criação do futuro.**

Destaco isso, sempre, porque esta é a nossa função, como profissionais de Publicidade e de Marketing: **construir o futuro** – que não se faz nunca só fundamentado no passado ou na realidade do presente.

É preciso ter visão e imaginação.

Obter o máximo em informações e conhecimentos úteis.

Verificar tendências, conhecendo tudo sobre o nosso produto, mercado, concorrentes e públicos.

Analisar as oportunidades, riscos e alternativas.

Comparar as nossas soluções com as dos outros.

Tentar prever o futuro – o que não é 100% garantido, mas não é impossível.

Ousar e ter coragem de buscar e fazer o novo, ou diferente.

Perceber o óbvio.

Construir o futuro, com determinação.

Construir o futuro não é uma tarefa fácil, muito embora a gente faça isso a cada segundo, mesmo sem esforço.

Porém, construir um futuro planejado requer mais do que respirar e muito mais do que se deixar levar pela onda. Não deixe a vida te levar, como canta aquele belo samba.

"A melhor forma de prever o futuro é inventá-lo", afirmou Denis Gabor, estrategista de negócios norte-americano, com muita propriedade.

"Somos nós que criamos o nosso futuro, se quisermos fazê-lo", digo sempre aos meus alunos, afirmando:

"Ninguém é responsável pelo teu sucesso, nem pela tua felicidade. Nem teu papai, nem tua mamãe, nem teus amigos, nem teus colegas, nem os avós, nem os professores, ninguém. Só depende de você, construir o teu futuro e a tua felicidade, por isso, invista em você".

Esta afirmação vale para qualquer pessoa, empresa, marca, produto ou serviço, porque a vida e o mundo estão repletos de oportunidades, para quem as perceber e souber tirar proveito delas.

O Marketing e a Comunicação são, com a mais absoluta certeza, profissões cada vez mais necessárias, importantes e, diria mais, indispensáveis, para o sucesso das empresas, num mercado cada vez mais competitivo e complexo.

Mas não dá para ser amador, nem meia-boca. Não dá para brincar de fazer Marketing, porque é muito arriscado. Podemos quebrar a empresa, rapidamente.

Vejam os exemplos da Benetton, da Mesbla, do Mappin, das companhias de aviação, como a Varig, PanAm, Braniff, Swissair e de tantas marcas que desapareceram ou logo vão desaparecer.

É claro que o Marketing, sozinho, não salva uma empresa mal administrada ou corrupta (como a Encol, por exemplo).

Marketing existe para desenvolver ideias e ações que alavanquem vendas – e lucros crescentes, o tempo todo. Mas é muito mais do que só Publicidade, ou só Comunicação.

Por isso, meus queridos estudantes de Comunicação, de todas as idades, **não caiam na tentação de dizerem ou de se intitularem planejadores de marketing. Não o somos! Não sabemos fazer isso! Não temos conhecimento técnico para tanto.**

Somos, no máximo, especialistas em Comunicação de Marketing.

Marketing envolve design de produto, engenharia de produção, engenharia mecânica, seleção de matérias-primas, desenvolvimento de embalagens de transporte e de exposição, elaboração de planilhas de custos e de preços, montagem de tabelas de preços e de negociações, logística de produção, armazenamento e distribuição, transporte, cálculos financeiros sobre estoques, produção e patrimônio, análise profunda dos produtos e serviços da concorrência, mercado e públicos da empresa/produtos, análise **SWOT**, planejamentos de médio e longo prazos para produtos, linhas de produtos e a empresa como um todo, gerenciamento da comunicação e outras **cositas más...**

Você é bom de Marketing?

Eu, não! Entendo, mas não é minha especialidade.

Mas em Comunicação sou bem preparado, para ajudar os profissionais de Marketing a gerar vendas crescentes, sempre.

Afinal, este é o meu negócio.

Desenvolver ideias que alavanquem negócios. Criar e veicular mensagens de vendas eficientes, para públicos selecionados, lembram?

Na Arena do Marketing, ou no Mundo dos Negócios, o planejamento preciso é cada vez mais importante, porque **não podemos errar o alvo.**

Como disse Kotler: "dardos que atiramos e não atingem o alvo são dinheiro jogado fora".

O custo do erro é muito elevado – vejam o custo que a Benetton pagou pelos erros, dela e do **signori** Toscani...

A competitividade é e será cada vez maior, com a globalização e a tecnologia. Um produto lançado hoje, aqui, terá um semelhante no mercado em poucas semanas – talvez melhor, talvez pior, talvez mais barato.

E muito provavelmente, mais de um.

Os produtos estão ficando cada vez mais parecidos, justamente porque tecnologia se copia, se imita. E geralmente o similar é mais barato. Não é assim com os medicamentos?

O que é que é inimitável?

A personalidade da marca ou do produto.

A imagem. O posicionamento.

O diferencial. Real ou percebido.

Brand ou marca, aliás, é apenas isso: uma personalidade única e diferenciada (ou diferenciadora).

O diferencial pode estar no produto, ou não – pois pode estar no conceito, na imagem, na personalidade, na percepção que os consumidores têm desta ou daquela marca ou produto.

Al Ries escreveu:

"Marketing é uma guerra de percepções".

Uma guerra que, segundo ele, se trava nas mentes dos consumidores, para ocupar um espaço importante ali dentro: o da preferência, o da lembrança/memória/prioridade/vontade de comprar/ação de compra.

Uma marca *top-of-mind* é aquela que está em primeiro lugar na mente do consumidor, naquela categoria de produtos.

Se eu lhe pedir para dizer uma marca de pasta de dentes que você lembra, a primeira marca que vier à sua lembrança... qual será?

Pode até não ser a que você usa, entende?

Que marca de carro você lembra em primeiro lugar? Que motel? Bar? Celular? Que camisinha? Game? Que cerveja? Restaurante? Hambúrguer? Pizza? Colégio? Time? Banda?

Para todas estas e outras perguntas, você terá uma resposta imediata, na ponta da língua. E é esta resposta que os profissionais de Marketing e de Publicidade buscam, com o seu trabalho de despertar a atenção, ampliar o interesse, aumentar o desejo, promover a ação e memorizar (**AIDAM**, lembram?).

Mas só a percepção e a lembrança não bastam.

É preciso que consumam! Que comprem!

Ação!

Szyman não deixa de ter razão.

Não adianta o garotão ficar babando e pensando naquela menina linda o tempo todo, tendo ela como *top-of-mind*, se ele nunca chegar perto dela. Adianta? Adianta sonhar com um carro zero, se não faço nada para poder comprá-lo?

Eu brincava muito, nas minhas aulas, com os meus alunos, usando exemplos relacionados com o sexo, para explicar a Publicidade e o Marketing. E as coisas, muitas vezes, ficam mais simples de serem entendidas desta forma.

Querem ver?

Comunicação e Publicidade são esforços que devem ser planejados para serem contínuos e permanentes. Primeiro porque precisamos relembrar aos consumidores que existimos e temos soluções para as necessidades deles. Depois, porque podemos apresentar novidades. E, ainda, porque certamente eles estarão recebendo mensagens também dos nossos concorrentes. E porque precisamos que eles nos comprem.

Há necessidade de planejar momentos de maior intensidade, com campanhas promocionais, por exemplo, e momentos de sustentação, de intensidade menor. Mas não devemos nos ausentar da vida dos nossos consumidores, sob pena de perdê-los.

Anunciantes que amam e respeitam seus consumidores fazem de tudo para agradá-los (antes de agradarem a si mesmos, com o orgasmo dos lucros), porque sabem que o orgasmo das vendas será múltiplo e fantástico, com públicos felizes e satisfeitos comprando seus produtos e querendo mais e mais.

Alguns anunciantes, por outro lado, tratam seus consumidores como prostitutas. Colocam o produto lá, pagam e pronto. Gostou, gostou. Não gostou, azar. É lógico que nunca haverá fidelidade, pois só querem é dar uma rapidinha... uma faturada. Uma marca não pode se comportar como um marinheiro, que tem uma namorada em cada porto e só visita cada uma delas uma vez a cada dois anos... Acham que elas vão ficar esperando?

Tem anunciante que gasta (e aqui a palavra é "gasta" mesmo) toda a sua verba do ano numa campanha só – grandiosa, de 15 dias. Muitos anunciantes fizeram isso, várias vezes. Uma campanha só, até grandiosa, por ano. O pior é que tem publicitário e agência que compactuam com isso. Uma bela "faturada". Trabalho de gigolô. Ou cáften, para ficar mais elegante e justo.

Um dos grandes problemas da Publicidade – e das agências – no Brasil creio que está na falta de um profissionalismo maior e de um envolvimento mais profundo com os resultados dos anunciantes. E de esforço.

No ano 2000, creio, **Meio & Mensagem** publicou uma ampla pesquisa com os anunciantes brasileiros, para avaliar a performance das agências deste "Patropi" e o resultado mais contundente e importante foi:

"Falta de um envolvimento maior das agências e dos publicitários com os negócios e resultados dos seus clientes/anunciantes".

Em fevereiro de 2004, **Meio & Mensagem** abre seu editorial com um comentário sobre as pesquisas da *Association of National Advertisers* **(ANA)**, a associação dos grandes anunciantes norte-americanos, realizada em 2003 com 330 empresas (que representam um investimento de 100 bilhões de dólares/ano), que comprova o mesmo fato:

A falta de envolvimento dos publicitários com os negócios, objetivos, estratégias e resultados dos anunciantes.

E mais (e pior):

"As agências cobram muito pelo pouco que produzem e se envolvem. Sofrem de arrogância criativa. Não produzem seus trabalhos de acordo com as estratégias do cliente."

No mesmo mês, na **"*4As Media Conference*"**, conferência da ***American Advertising Agencies Association* (AAAA)**, em Orlando, Jim Stengel, diretor de marketing da Procter & Gamble, um dos maiores anunciantes do planeta, disse:

"A indústria da publicidade não acompanhou com a mesma agilidade a velocidade das mudanças do mercado, nem do pensamento dos consumidores, e precisa urgentemente abraçar uma mudança em direção ao marketing de permissão. Há necessidade de melhores pesquisas, de melhores aferições, de maior comprometimento das agências com os nossos negócios".

Talvez isto se deva à incessante busca por comissões sobre a mídia veiculada (mais importante do que pensar em outras soluções, mais econômicas, e algumas vezes tão ou mais eficientes quanto), ou à obsessão por prêmios dos criativos (que leva à concentração de esforços nos comerciais para a TV e anúncios para revistas).

Ou mesmo a uma acomodação no Olimpo, onde os Deuses da Criação continuam se julgando os todo-poderosos da Publicidade...

Não são mais!

Acordem! Parem de sonhar com prêmios e no quanto vocês são geniais e criativos!

Tem gente, pasmem, que cria e produz comerciais para clientes que não são seus – e ainda paga uma veiculação, numa TV lá do Interior, só para inscrever em festivais pelo mundo afora. Não é uma infantilidade absurda e abominável?

Quem paga esta conta?

O desinformado ou cúmplice dono da agência e – evidentemente – os clientes que põem dinheiro no caixa destas agências criadoras de fantasmas, famintas por estatuetas e holofotes, quando deveriam estar famintas por resultados positivos para os seus clientes.

Basta de confetes. Basta de flashes e fotos nas colunas. Precisamos é de resultados. E eles só vêm com muito trabalho.

Se temos uma Publicidade das mais criativas do mundo, não poderíamos ter uma das mais eficientes?

Basta não perder tempo com fantasmas e egos, para concentrar todos os esforços criativos – de planejamento, de mídia, de criação, de produção, de outras ações de comunicação – a serviço dos melhores resultados possíveis para os anunciantes – que só querem vendas crescentes, sempre.

Basta os criativos assumirem um compromisso maior com os resultados que os clientes necessitam, ao invés dos seus egos e dos troféus, leões, ou jaguatiricas.

Basta os criativos, todos eles e elas, passarem a tirar a "bunda" da cadeira, para ir ao mercado observar a realidade e dialogar com os mortais consumidores.

Basta os criativos passarem a ler diagnósticos, estratégias e táticas, assim como os *jobs* e pedidos de trabalho... imaginem! Porque – pasmem e acreditem – muitos deles não leem "porra" alguma, daí surgem com ideias geniais e inadequadas, equivocadas e despropositadas. Quando não frontalmente contrárias à realidade do produto, do mercado e dos interesses dos nossos públicos-alvo.

Muitos, sequer, olham a comunicação da concorrência, ou as anteriores do próprio cliente (e acabam criando coisas que o cliente ou a concorrência já fizeram – e às vezes, até melhor).

Basta de amadorismo!

Cliente feliz, agência feliz, publicitários felizes.

Ou não é assim?

Ou só o publicitário pode ter orgasmo?

Acreditem: com lucros, os anunciantes têm orgasmos maiores do que com prêmios. E podem, ainda, ampliar os seus investimentos em Comunicação de Marketing...

Publicidade que não visa vendas, só prêmios, não é Publicidade. É Concurso de Fantasias. Carnaval.

E a maioria dos nossos publicitários é assim: não se preocupa, não pesquisa, não afere vendas. Nem pergunta ao anunciante se as vendas melhoraram com a campanha... Estes não podem ter vida longa, pois perdem mais clientes do que conquistam.

Conheço agências "vivas" que perdem clientes, que foram conquistar em pesadas concorrências, em menos de seis meses.

O problema da Publicidade.

Qual é o problema da Publicidade?
Bem, para falar a verdade, são muitos. Alguns do ensino, alguns do aprendizado dos estudantes, alguns dos próprios publicitários, alguns dos anunciantes, outros dos veículos e outros da conjuntura e do mercado.

Creio que já abordei o suficiente a primeira questão, e talvez uma das principais, que é a clara definição de Publicidade – se não guardou, volte para o início do livro, **please!**

Vamos aos outros problemas.

Peter O'Toole, ex-presidente da **American Advertising Agencies Association (Four As)**, escreveu um livro sobre o tema, chamado **"The Trouble with Advertising"**, nos anos 80, que é de leitura obrigatória e acredito que nunca foi traduzido no Brasil. Vale ler.

O principal problema, escreve O'Toole, é o seguinte:

Criatividade não significa eficiência.

Duro, mas é verdade.

Muitos publicitários e anunciantes se autoiludem com a criatividade, esquecendo-se de que a comunicação publicitária deve e precisa ser eficiente e que **a eficiência se mede** – além da recepção, da compreensão e lembrança da mensagem – **por vendas crescentes e lucros idem.**

Sabem o que é pior?

Anúncios ruins também vendem, ou ajudam a vender.

Alguém duvida disso? Ou preciso dar exemplos? Com certeza você que está me lendo pode citar, agora, vários exemplos de péssima publicidade que funciona. Os comerciais de cerveja só com mulheres fantásticas e sem qualquer apelo de sabor, de apetite para o produto: a cerveja, por exemplo, ou mesmo a marca. É só pagode, samba, futebol, bundas e seios... a cerveja que é bom às vezes aparece um pouco.

Esta autoilusão a respeito da importância do impacto criativo tem provocado equívocos imperdoáveis, como, por exemplo, a preocupação maior com a forma do que com o conteúdo, especialmente nos materiais impressos.

E ainda justificam: **"ninguém vai ler texto longo".**

Então, por que ainda compram livros, jornais e revistas?

Se você tem algo significativo para dizer para o seu público-alvo, diga, escreveu David Ogilvy, que aliás era um excelente redator e sempre defendeu a importância do texto publicitário, não só nos anúncios impressos.

"If you have something important to say, say it!".

Se você tem algo importante para dizer, diga!

Simples, assim.

Você compraria de um vendedor que não tem argumentos para explicar a importância do que ele está vendendo?

"TOC-TOC".

Don Schultz criou uma brincadeira chamada "toc-toc" (na verdade, em inglês, é **"knock-knock"**).

É o seguinte:

Você trabalha em vendas porta a porta. Quando bater numa porta (toc-toc) e ela se abrir, você terá a chance de dizer uma frase só, para prender a atenção de quem abrir a porta e continuar o seu discurso de vendas, se ela lhe deixar entrar.

Que frase você diria?

Uma piada? Um pensamento? Um comentário sobre o tempo? Ou sobre a roupa que aquela pessoa está usando? Vai cantar ou dançar? Ou vai tentar dizer algo significativo e importante para resolver um problema daquela pessoa, cliente em potencial?

Evidentemente, que será difícil. **Tente!**

Provavelmente, comparando a situação com um anúncio, a frase seria o título, não é mesmo? Algo para chamar a atenção, agarrar o cliente, fazer com que ele se interesse pelo produto e pelo anúncio...

E quantos anúncios vemos, todos os dias, sem título?

Publicidade minimalista é arte ou venda?

No seu livro **"How to Advertise"** (escrito em 1976 e felizmente atualizado e reeditado no final de 2003), Ken Roman, ex-presidente mundial da Ogilvy, destaca que **"quatro de cinco leitores não vão além do título, o que significa que se você depende só do texto ou da imagem para contar a história está desperdiçando 80% do seu dinheiro"**.

E quantos anúncios vemos sem benefícios no título? Ou mesmo sem título (**headlines**, em inglês)? (Aproveitando o ensejo: texto é **copy** em inglês.)

Como muito bem enunciou Theodore Levitt:

**As pessoas compram benefícios,
não compram produtos ou atributos.**

No entanto **é preciso salientar isso todo Santo Dia**. Evidente que não podemos esquecer da marca do cliente, mas ela não é mais importante do que o benefício para o consumidor.

"Compramos o que um produto faz e não o que ele é", destacou Levitt.

David Ogilvy, em **"A Publicidade Segundo Ogilvy"**, trata num capítulo inteiro (o sétimo) da publicidade impressa, procurando uma Renascença, e se justifica:

"Os publicitários acham que fazer comerciais para a televisão é muito mais excitante do que fazer anúncios para jornais e revistas. Se os seus talentos são modestos, os produtores de filmes podem valorizá-los".

Verdades doem...

Para falar francamente, a maioria dos publicitários não sabe mesmo é escrever. Muitos alunos de Publicidade idem. Outros não sabem desenhar, sem um software de apoio...

Relatando o que aprendeu sobre comunicação impressa, com toda a sua modéstia e sabedoria, Ogilvy destaca alguns pontos também citados por Ken Roman, mas é ainda mais contundente:

"Se você não vender o seu produto no título estará desperdiçando 90% do seu dinheiro".

"Os títulos mais eficazes são aqueles que prometem ao leitor algum benefício". E sugere: "folheie uma revista qualquer e conte os anúncios que prometem benefícios de qualquer natureza".

"Se você tiver a sorte de ter uma novidade para contar, não a enterre no meio do texto. Proclame-a em alto e bom som no título".

"Num jornal típico, seu título deve competir com 350 outros..." Conte os títulos dos anúncios e das matérias, num jornal de dia útil e num domingo. Vamos, conte! Ou numa Veja, uma Época ou uma IstoÉ...

**"Ninguém lê texto. Isso é verdade ou mentira? Depende de duas coisas. Em primeiro lugar, de quantas pessoas estão interessadas no gênero de produto que você anuncia: muitas mulheres lerão um texto sobre produtos alimentícios, mas poucas lerão sobre charutos. Em segundo lugar, quantas pessoas foram atraídas para o seu anúncio, pelo título e pela ilustração", salienta Ogilvy. Na verdade, acredito que a ausência de texto muitas vezes se deve mesmo à ausência de pensamento, ideia, esforço e de bons redatores...

Ogilvy destaca: **"O texto deve ser escrito na linguagem que as pessoas usam para conversar".** Gooool! Golaço! Os anúncios de bancos e de serviços financeiros fazem isso? E os dos planos de saúde? E os dos consórcios?

Destaquei, neste capítulo, alguns pontos da comunicação impressa (como poderia ser da criação para a TV, ou para a Internet) só para justificar um pedido: leiam!

Leiam o Ogilvy, o Roman, o Stalimir Vieira, o Periscinotto, os grandes redatores e criadores da publicidade, como Rosser Reeves, Bill Bernbach, Leo Burnett, Claude Hopkins, John Caples, James Webb Young, **para perceber o quanto precisamos de técnica, de ciência, de aprendizado – ao invés da improvisação, ou de arrogância.** Só os petulantes sabem tudo.

Basta de criação fundamentada numa foto de referência de um banco de imagens qualquer, ou de um anuário qualquer, ou numa frase qualquer de efeito que o redator achou genial.

Isso é nada! *Bullshit* **pura.**

Criatividade não significa improvisação. Muito menos uma chupada sem-vergonha!

Então, além do problema da eficiência, enfrentamos um problema grave de falta de conhecimento teórico, técnico e prático – que só parece mais evoluído quando se trata de mídia eletrônica, especialmente a televisão (muito mais pela capacitação de diretores e produtoras, diga-se de passagem, do que da ampla maioria dos criativos publicitários). E, ultimamente, com a febre da web, que alguns julgam que é a mágica solução para tudo, quando, na verdade, menos de 30% das pessoas têm acesso a ela no mundo.

Não temos ainda, infelizmente no Brasil, muitas escolas de comunicação excelentes, nem um número muito grande de excelentes profissionais de comunicação e de marketing.

E de professores idem.

Temos apenas muitas escolas de comunicação – e muitas delas muito, muito fracas, além de um currículo pra lá de ultrapassado.

O Curso de Publicidade não ensina Marketing Direto, Promoção, Internet, Patrocínio, Fotografia, Merchandising, Design... alguns nem Direção de Arte ensinam.

Pode? Mas ainda é assim no Brasil todo, por isso é que o curso é muito ultrapassado (com raras exceções).

Por isso, quem quer aprender tem que correr atrás. Ir cursar tudo que puder, para aprender o que as faculdades deveriam ensinar, mas não o fazem.

No mercado de trabalho temos **self-made-men**, isto é: pessoas que se fizeram por si mesmas, como destaca em seu imperdível livro auto-biográfico o publicitário Alex Periscinotto, **"Como eu me fiz por mim mesmo"** (que todos devem ler, porque é sensacional, um belo exemplo de uma vida de esforço e de dedicação a um ideal: o de ser um grande publicitário, como ele é).

Aliás, o Mauro Salles deveria escrever sobre a sua vida, ele que é um ícone da moderna Publicidade brasileira. Temos muito a aprender, com lendas vivas como ele – que quando encontro nos aeroportos da vida, está sempre lendo um bom livro.

Nada tenho contra quem vence na vida mesmo sem ter tido a oportunidade de estudar, como deveria. Alguns podem chegar à Presidência da República (mas todos já perceberam como fazem falta educação, cultura e conhecimento).

Falta ler e estudar – muito –, especialmente no Brasil.

Não adianta desfilar com os livros embaixo do braço, sem lê-los. É a típica cultura de sovaco. E se pode estudar, por que não o faz? Tem aluno que vai à faculdade para jogar truco na cantina... Outros, para encontrar a turma e "fazer alguma", "vamo nessa, meu"... "tomá umas béra"...

Para que jogar dinheiro fora? Para que perder tempo?

O tempo passa, meus amigos, e não volta nunca mais!

Por isso, não percam seu precioso tempo de faculdade, de estudo, de aprimoramento, de leitura e de busca do conhecimento.

Não é porque se formou que não precisa continuar estudando sempre. Precisa sim, porque a sua concorrência está melhorando mais a cada dia que passa...

Tenho mais de 35 anos de profissão – e continuo procurando aprender, sempre.

Enfrentamos um grande vácuo de conhecimento, de interesse, de busca, de fome de saber, de aprendizado e de melhoria profissional.

Alguns publicitários famosos, inclusive, são produtos da assessoria de imprensa que contratam, e se tornam fenômenos da mídia e da autopromoção. Vários, na verdade, não passam disso – e criaram mitos em torno de si mesmos, apesar de terem plagiado ideias e conceitos criativos de outros mercados, principalmente do inglês, em tempos (anos 80) em que o acesso à informação não era tão fácil como é agora.

Há cópias incríveis de anúncios e comerciais ingleses, que fizeram o sucesso e a fama de notáveis publicitários brasileiros... vão dizer que foi coincidência...

Outros publicitários, infelizmente, são pseudopublicitários.

Explico: vivem ainda a fase da criação em primeiro lugar, depois elaboram um texto que justifica esta criação. Até anexam pesquisas, obtidas depois da campanha criada!

Quer dizer: criam a solução primeiro, sem estudar o problema.

É como o médico que prescreve o remédio, sem consulta, sem exames, sem análises, sem pesquisa, sem estudo, sem pudor. Construtores de prédios, sem planta, sem cálculo, sem qualidade de materiais, sem estrutura. Castelos de areia.

Picaretas, sem pudor. E sem vergonha na cara!

Infelizmente, graças a estes pseudopublicitários, a imagem dos publicitários e da Publicidade ainda é negativa, para muitas pessoas e para muitos anunciantes (que preferem não usar as agências, de tão enganados que foram, em experiências que não pretendem repetir).

Vejam só:

Grande parte do bolo publicitário brasileiro ainda é resultado de ações diretas de anunciantes – sem agência, especialmente no rádio, nos impressos, em outdoors, ações de marketing direto, eventos e até em anúncios em jornal, por dois motivos principais.

O primeiro é porque todos os publicitários querem, é claro, as grandes contas, menosprezando os clientes menores (mesmo que eles apresentem um enorme potencial de crescimento). O segundo é porque estes clientes com menos verba se sentem pouco importantes, para merecerem a atenção dos publicitários – então não os procuram, ou até fogem deles.

No entanto, haveria um benefício sensacional para ambos – publicitários e anunciantes – se pudessem trabalhar juntos, para um desenvolvimento mais profissional e profícuo dos negócios.

Ou alguém duvida de que comunicação bem feita dá mais resultado do que comunicação mal elaborada?

Os publicitários mais jovens e as novas agências querem – e é até certo ponto compreensível – os holofotes e os lucros das grandes contas, mesmo que não estejam assim tão bem preparados para batalhas mais árduas. Falta um bocado de humildade neste nosso negócio.

Anunciantes crescem e patinhos feios viram cisnes.

Bons publicitários sabem disso e investem nestes clientes. Um bom relacionamento agência-cliente, baseado em honestidade profissional, não acaba quando o cliente cresce, muito pelo contrário – a agência cresce junto com o cliente.

David Ogilvy sempre enfatizou que **"as melhores oportunidades de novos negócios estão nos nossos próprios clientes – mais do que na busca de novos".**

Pura verdade. Se você já conhece bem o cliente, o mercado dele, os concorrentes, os públicos, o problema – fica muito mais fácil criar novas soluções e alternativas para gerar mais negócios para este cliente. Muito mais fácil do que para um cliente novo, sobre o qual você não sabe nada.

E isso também vale para os anunciantes, que vivem buscando clientes novos, ao invés de cativar os que já foram até eles. Tem agência que chega ao cúmulo de bater na porta de anunciantes que não são seus clientes com campanhas prontas, criadas e desenvolvidas para solucionar problemas que esta agência nem sabe se o anunciante tem!

Sem briefing do anunciante, sem pesquisa, sem nada. Com a cara e a coragem de passar por ridículos, vários "publicitários" correm este risco, o tempo todo, neste Brasil varonil.

Estupidez da grossa. Burrice no mais elevado grau de pureza. O caminho mais curto para perder, totalmente, a credibilidade. Sim, porque este anunciante vai comentar a mancada com outros anunciantes. Ou vocês acham que não vai?

Quando eu atendia a Nutrimental, com sua linha de gelatinas, pudins, refrescos em pó, polenta instantânea e outros produtos, uma agência queria porque queria roubar a conta. Para isso, reuniu seus criativos e desenvolveu uma belíssima campanha para maria-mole (que, para quem não sabe, nada mais é do que uma gelatina com mais espessante).

Meu cliente, disse-me depois, até achou a campanha bonita e criativa, só que teve que dizer aos tais publicitários, que ficaram vermelhos de vergonha (sim, eles a tinham, pouco, mas tinham), que os investimentos que eles estavam sugerindo representavam 4 ou 5 anos das vendas totais das gelatinas, pudins e de maria-mole – produto que fora criado apenas como extensão de linha das gelatinas, para ganhar mais frente de gôndola, nos supermercados.

Com que cara estes publicitários ficaram? Nunca mais foram na Nutrimental, com certeza.

E há outros casos ainda piores, como o de uma agência que atende a um determinado cliente (digamos uma concessionária Ford), enquanto prospecta e participa até de concorrência por outro cliente do mesmo segmento (uma concessionária Fiat, na mesma cidade), numa falta absoluta de ética e de decência pessoal e profissional.

Vi isso acontecer, juro, numa agência de porte nacional... que já disse que prefiro esquecer. Eram pessoas muito "vivas"... Daí, num dia, sem mais nem menos, deram um pé na bunda do cliente que tinham e abraçaram o novo, com juras de amor eterno (até aparecer outro maior).

Porém, devo frisar que o problema da Publicidade não está só nas escolas, nem nos publicitários, nem nas agências. Está, também, nos anunciantes – grande parte deles sem preparo algum para entender, discutir ou aprovar comunicação ou marketing. Infelizmente.

Assim como no mundo da Publicidade, a maioria é ainda composta por *self-made-men*, empresários que se fizeram sozinhos, aprendendo com a vida, com os erros e acertos. Muitos deles, sem estudo de Administração, de Marketing ou de qualquer ferramenta de Comunicação. Guiam-se pelas suas preferências pessoais, ou de suas famílias e amigos, quando não pelo *feeling*.

E é aí que mora o perigo!

Podem ser enganados pelos pseudopublicitários, os quais são muitos, ainda. Ou podem arruinar projetos bem estruturados, porque não compreendem que a receita precisa ser executada por completo. Não adianta tomar meia-receita. Não existe meio-resultado (como não existe meio virgem, meio macho e meio honesto).

Citando Ogilvy, novamente:

"Você pode comprar 2/3 de uma passagem para Paris, mas nunca chegará lá".

Se uma agência séria e competente faz uma recomendação de mídia, poucos são os anunciantes que têm condições técnicas de discutir este planejamento. Ou de discutir a criação.

Por que diabos teimam em fazê-lo?

Um dia escrevi: **"De médico, de louco e de publicitário todo mundo tem um pouco. O metido a médico pode causar sérios problemas de saúde a terceiros e até matar alguns. O louco, bem, só Deus sabe o que fará, mas não arruinará milhares de pessoas. O metido a publicitário pode aniquilar uma empresa, causando desemprego e prejuízo para muita, muita gente".**

Pior é que todo mundo dá palpite, quando o assunto é Publicidade. Até a filha do anunciante, a mulher, a sogra, a avó e o papagaio. Evidentemente que todo mundo tem direito à sua opinião, a gostar ou não, mas **interferir no texto, no layout, no formato, na mídia, é insano!**

E como tem anunciante que faz isso! Conheço vários... Mas, convenhamos, **Publicidade não é uma questão de gosto pessoal.** Depois, quando não dá certo, colocam a culpa nos publicitários, é claro. Publicitários que, afinal, também são culpados, por deixarem isto acontecer.

Não deixem!

A menos que o cliente tenha absoluta razão nas suas observações (eu escrevi observações, não imposições!). Claro que não somos infalíveis.

Várias vezes contei esta história a alguns anunciantes que gostam de querer palpitar na criação ou na mídia:

"Você sabe o que é um camelo? Não? É um cavalo, mas o cliente resolveu mexer no layout, só um pouquinho...".

Alguns não gostam de ouvir isso. Paciência. Outros entendem. Muitos ouvem, depois esquecem.

Finalizando, creio que podemos definir o problema da Publicidade numa só palavra:

PROFISSIONALISMO

Amplo, total e irrestrito. Em todos os sentidos, em todos os momentos, em todas as iniciativas. Nas escolas, nas agências, nos anunciantes, nos veículos, nos fornecedores.

Ainda existem, no Brasil, veículos que dizem que **"se não tiver agência, custa menos 20%"**.

Só o profissionalismo pode solucionar os problemas da Publicidade. Sejam eles quais forem, onde forem e de quem forem. Amadorismo não. Achologia também não.

Chutologia menos ainda. Mesmo no país do futebol...

Quanto a *feelings*, só o Morris Albert ganhou dinheiro com ele, com aquela música tão tocada.

Infelizmente, e complementando o raciocínio, muitos empresários viveram tempos onde a demanda era maior do que a oferta, no Brasil, por isso venderam muito e ficaram ricos, sem Publicidade. Não perceberam, muitos deles, ainda, que o mundo mudou, que o mercado mudou, que os consumidores estão mais exigentes e disputados por uma concorrência cada vez mais ativa e competente...

Quando perceberem, pode ser tarde.

Muito tarde, tarde demais – daí perderam o mercado, seus clientes e a sua empresa.

Há milhares de exemplos desta tragédia cotidiana.

A comunicação eficaz.

Um dos grandes problemas que enfrentamos, no mundo da Publicidade e do Marketing, está no desenvolvimento de uma comunicação efetivamente eficaz.

Quando uma comunicação é eficaz?

Há muitos estudos teóricos a respeito do assunto, mas creio que posso resumir o Processo de Comunicação, para fácil entendimento (não que estudar o processo mais a fundo não seja necessário – leiam, sobre isso, **O Processo de Comunicação,** de David K. Berlo, por exemplo). Só estou indo mais direto ao ponto, sendo mais prático.

Para que uma comunicação ocorra, evidentemente, precisa existir um transmissor que envia uma mensagem para um receptor. Esta mensagem poderá ser enviada de diversas maneiras, em várias linguagens, através dos mais variados meios, em momentos diferentes, enfrentando ou não dificuldades, obstáculos, interferências, ruídos.

O que importa, mesmo, é o seguinte:

Sem recepção não existe Comunicação.

Fácil de entender? Se a mensagem enviada pelo transmissor não for recebida pelo receptor, não houve comunicação. A comunicação não chegou lá.

O fator crítico do processo de comunicação é a Recepção.

Costumo sempre perguntar isso em provas e a maioria dos alunos erra, porque não presta atenção no assunto.

Explico: se eu desembarcar numa praia deserta, numa ilha deserta, adianta eu gritar por socorro, em 10 idiomas, o tempo todo? Não adianta nada! Não tem ninguém para receber a minha mensagem...

Se eu desembarco numa ilha chinesa, me recebem e eu tento falar com eles em português, espanhol, inglês, francês, italiano, polonês e holandês, adianta? Não. Só se alguém lá falar uma destas línguas ou eu falar chinês.

O bebê quando chora, no berço, quer comunicar alguma coisa: que está com fome, com dor de ouvido, com a fralda cheia, ou que está com sono...Só não tem a linguagem adequada, ainda. E nós temos que tentar adivinhar o que o bebê quer comunicar. As mães aprendem rapidamente a linguagem dos bebês.

Muitos publicitários, creiam-me, tentam adivinhar o que os consumidores gostariam de ouvir – sem pesquisar absolutamente nada, antes de criar. Provavelmente, muito provavelmente, estarão falando chinês para os consumidores brasileiros. Ou ainda são bebês...

Para conseguir a recepção, além de estudar e conhecer muito bem todas as técnicas e instrumentos de comunicação, precisamos conhecer profundamente os nossos públicos-alvo, os nossos receptores.

Parece simples, né? Mas não é tão simples assim.

Precisamos conhecer as necessidades e interesses do consumidor (receptor) em relação ao produto, seus desejos e expectativas, seus hábitos e costumes, suas mídias preferidas, seus instrumentos de informação e motivação, suas restrições e receios.

Tudo para minimizar ao máximo a margem de erro, para conseguir uma comunicação eficaz.

Porém, para ser eficaz basta conseguir a recepção? Não!

Além da recepção, precisamos de uma ação, de um retorno, de um *feedback* – preferencialmente em compra e consumo do produto que anunciamos.

Repito e acrescento:

A comunicação publicitária só será eficaz se, além da recepção, gerar retorno positivo.

Isto é: em vendas, opinião, imagem, conceito.

Destaco o **positivo**, porque muitas comunicações podem gerar reações negativas, como já salientei com o exemplo da Benetton e a *"**nuova publicitá**"* do Toscani.

Como Publicidade é criação e veiculação de mensagens de vendas eficientes, para públicos selecionados, nosso retorno deve e precisa gerar lucro e vendas crescentes (que são alguns dos principais objetivos do Marketing).

Sei que estou repetindo muito isso, mas é fundamental que entendam.

Assim, se criamos um anúncio para revista e o veiculamos equivocadamente numa publicação não adequada aos interesses e hábitos de leitura do nosso público-alvo principal, estamos jogando dinheiro fora.

Exagerando nos exemplos, é como anunciar charutos na Revista da Mônica, skate na Seleções Readers Digest, fraldas geriátricas na Playboy ou rações para suínos na Sessão de Desenhos na TV!

Mas não é só a seleção do veículo que é importante. A linguagem precisa ser adequada ao público. Consigo vender diamantes com gíria de skatista? Consigo vender patins com texto prolixo?

E as imagens? É claro que também devem ser adequadas aos interesses do nosso público-alvo consumidor. Precisam atrair, captar a sua atenção, traduzir algo interessante para ele. Mas a imagem sozinha não é tudo.

Muitas vezes, os anunciantes se julgam mais importantes do que os consumidores. Pois saibam, senhores anunciantes, vocês não o são!

O consumidor é o Rei (nova essa, mas até o Kotler reafirma isso constantemente). É para o consumidor que as empresas devem viver, desenvolver produtos e serviços – e a sua comunicação. É o consumidor quem compra, consome e recomenda aos amigos. Não é o anunciante, nem a mulher dele, nem a família dele, que fazem a empresa crescer.

Sempre enfatizo este pensamento, que julgo fundamental:

**Mais importante do que o que você quer dizer
é aquilo que as pessoas querem ouvir.**

O texto deste livro, por exemplo, pode desagradar a quem busca uma linguagem mais acadêmica, mas com certeza será lido com maior facilidade pelos estudantes e profissionais de Publicidade de todas as idades – porque a linguagem é coloquial, aquela que usamos para conversar, na faculdade e nas agências. E melhor: é a linguagem que a imensa maioria dos leitores deste livro usa. Pesquisei isso.

Voltando à comunicação eficaz: ela é fruto de um trabalho profissional, de pesquisa, observação, conhecimento, análise, pensamento criativo, testes, criação e veiculação adequadas aos públicos-alvo.

Comunicação para públicos internos é diferente da comunicação para públicos externos. Mais do que informar, temos que motivar (e saber recompensar a superação de metas, assim como fazer vestir a camisa da empresa).

Aliás, pouca importância se dá, no Brasil, aos públicos internos da empresa. Geralmente as comunicações são apenas as formais e legais, ou são produzidas – com péssima qualidade – pelo Departamento de Recursos Humanos. Uma merda. Ninguém dá valor àquela comunicação mal redigida, mal ilustrada, mal diagramada e mal apresentada. Ou dá?

Poucas, poucas mesmo, são as empresas que têm departamentos de comunicação e que cuidam da importante comunicação com seus públicos internos.

Há alguns anos, um importante cliente meu ia abrir o capital da sua empresa e iria receber uma comitiva de analistas da Bolsa de Valores, para uma apresentação e para conhecerem a empresa. Faltando alguns minutos para a chegada dos importantes visitantes, passei por um dos corredores que davam acesso ao auditório, onde todos seriam recebidos. Para meu espanto e surpresa, no mural havia um terrível cartaz, em cartolina rosa, com o seguinte texto em caneta preta, daquelas tipo marcador de texto:

"ECONOMISE, ESTAMOS EM CRIZE!"

Fora os erros de grafia, imagine que investidor iria comprar ações de uma empresa que tem isso escrito num cartaz de cartolina rosa, com letras terrivelmente grafadas com pincel atômico? Em segundos, fiz soar um alerta vermelho e todos os cartazes que pudessem existir sumiram da empresa. Ufa!

É só um pequeno exemplo, mas a comunicação mal feita pode ser ofensiva aos funcionários, desmotivadora, intimidadora, machista, feminista, chauvinista, mal redigida e perigosa.

Há tantos instrumentos úteis, para uma boa comunicação interna, hoje em dia, que é até preocupante verificar que a imensa maioria ainda não a pratica, nem na rede interna de computadores, nem em newsletters, nem em impressos, nem em cartazes ou jornais murais, nem em eventos, nem em programas de incentivo de motivação/premiação por metas superadas e performance.

Uma pena, por um lado.

Uma grande oportunidade, por outro.

Para os públicos externos, muitas vezes, devemos desenvolver diversas comunicações diferenciadas, para o *trade* (revendedores, distribuidores, atacadistas e varejistas) e para os consumidores.

É diferente anunciar para um atacadista e para um varejista, ou para prestadores de serviços, assim como para os consumidores.

Não é igual anunciar para os consumidores do Sul do Brasil e do Nordeste. Muitas palavras têm significado diferente, muitos costumes são diferentes, muitos hábitos também o são e as percepções idem.

Imaginem em diversos países!

Não é igual anunciar para crianças e para as suas mães, assim como para quem compra ou para quem pode influenciar numa decisão de compra.

**Não existe uma mensagem só
que sirva para todo mundo. Nunca!**

**Nenhuma religião conseguiu isso.
Conseguiu?**

João José Werzbitzki, JJ

Liberdade de anunciar.

Tenho lido, visto e ouvido, muitas vezes, comentários e denúncias culpando a publicidade pelo consumo de álcool, dos cigarros, de guloseimas, de alimentos industrializados e até de medicamentos. Querem limitar até a publicidade para crianças!

Classifico estes comentários como absurdos, irracionais e até imbecis, em alguns casos.

Primeiro, porque se podemos fabricar chicles, biscoitos, bolos, refrigerantes, cervejas, vinhos, uísques, medicamentos e cigarros (entre outros produtos), precisamos vender estes produtos – sob pena de quebrar as indústrias, inviabilizar o comércio e ampliar o desemprego e a pobreza.

O que se vê, hoje em dia, com proibições do tipo não permitir a comercialização de salgadinhos, biscoitos, balas, chicles e refrigerantes nas cantinas das escolas é uma arbitrariedade, por certo ilegal, que vai contra a liberdade de escolher e de consumir das pessoas (mesmo que sejam crianças).

E quem garante a higiene das merendeiras? Ou da comida que elas fazem naquelas cozinhas muitas vezes improvisadas?

É muito mais cômodo culpar a Publicidade e tentar proibi-la, com o apoio dos **ong-chatos** de plantão, do que educar crianças, jovens e adultos a respeito de uma alimentação saudável, dos riscos do fumo e do álcool, assim como da automedicação.

É muito mais cômodo proibir outdoors e mídia exterior, como fez a Prefeitura de São Paulo, no início de 2007, do que estabelecer regras e fiscalizar o cumprimento das mesmas (que deveriam ser estabelecidas em comum acordo entre as partes envolvidas, como convém e se preza numa sociedade democrática). E este abuso de poder é inadmissível, numa sociedade livre e democrática.

Infelizmente, no Brasil, a classe publicitária assiste, calmamente, ao avanço das proibições sobre a nossa atividade, que graves consequências ocasionará – se não impedida – não só ao nosso trabalho, como à economia do País.

Ultimamente, entidades representativas das agências, como a Abap, dos anunciantes, como a ABA, e dos veículos, como a ANJ, a Abert e outras, além do Cenp, têm-se mobilizado para combater esta onda de tentativas de proibição e até de obrigatoriedades de contrapropaganda (para produtos que contenham sal, açúcar, farinha ou gordura... pode?... Se você tomar este achocolatado em excesso poderá ter diabete, cegueira, derrame ou ataque cardíaco!!!! Imbecilidade energúmena!).

Afirmar que nos países mais adiantados, por exemplo, a Publicidade de remédios é proibida é puro desconhecimento. Não é proibida. É administrada. Basta pegar algumas revistas norte-americanas e europeias, como People, Reader's Digest, QG, Esquire, Elle e outras para verificar quantos anúncios de remédios são veiculados.

Com um detalhe: sempre com lembretes para consultar um médico e com a bula na íntegra. Geralmente, são duas páginas: uma com o anúncio, outra com a bula.

E mais: lá não se compra medicamento controlado sem receita médica, **em hipótese alguma**.

Anúncios de bebidas alcoólicas e de cigarros e charutos, nos Estados Unidos e na Europa, vêm com avisos sobre os riscos à saúde das pessoas e a venda é terminantemente proibida para menores de 18 ou até de 21 anos (em alguns Estados) – só que lá a lei é cumprida.

Há milhares de anúncios de refrescos em pó, salgadinhos, biscoitos, chicles (não é chicletes, porque esta é uma marca registrada, sabiam?), balas, gomas, pirulitos e outras guloseimas que fazem a alegria das crianças (não só no Halloween).

Só que agora querem mais é proibir estes anúncios e comerciais no Brasil, como tentam proibir o uso de palavras em outro idioma na Publicidade brasileira...

Ora! Deixem de ser cretinos, esses políticos, que têm coisas muito mais importantes para fazer, neste Brasil de tantas necessidades. A honestidade, para começar.

A maior punição para um anúncio cheio de estrangeirismos é ele não ser entendido pela maioria das pessoas! Quanta gente não sabe o que significa *"Sales"*? E *"Off"*? A boa palavra Liquidação é mais forte.

Se vamos proibir a Publicidade de guloseimas para as crianças brasileiras, que fechem as fábricas!

Isso mesmo!

Se temos o direito de produzir, temos que ter o direito de vender e a Publicidade é um instrumento para ampliar as vendas, ter lucros, reinvestir no negócio, crescer, se desenvolver. Ou não é assim?

O que falta é Educação!

Na escola, em casa, na comunidade.

Este é o grande problema brasileiro. Não é, nunca foi, nem nunca será a Publicidade.

Basta de tapar o sol com a peneira e de promover uma caça às bruxas, culpando a Publicidade, que promove o consumo – pois o consumo é necessário, seja qual for o produto ou serviço (desde, é claro, que seja legalmente admitido pelas leis do País).

Além disso, é importante lembrar, não existirá uma Imprensa livre e forte sem uma Publicidade livre e forte.

São os anúncios e comerciais que asseguram à Imprensa a sua sobrevivência, ativa, independente e acessível. É graças à receita publicitária que ainda temos canais de TV e emissoras de rádio com acesso gratuito, além de jornais e revistas com preços de capa acessíveis.

A venda de jornais e revistas, com seus preços de capa, não é suficiente para as despesas que estas empresas têm e se não fosse a Publicidade, ou estariam todas quebradas ou cobrando mais de 80 reais por uma revista e uns 50 reais por um jornal diário. Você compraria?

Sem a Publicidade, os jornais, revistas, rádios e TVs não sobreviveriam (mesmo aqueles veículos que desfrutam das benesses das verbas governamentais – um puro desperdício de dinheiro público, na minha opinião, pois Governo deveria informar apenas o que é de utilidade pública, não deveria se autopromover). Reduzindo o consumo, haverá menor produção, menos emprego, menor renda, mais desemprego, menor desenvolvimento nacional.

A Publicidade é uma alavanca do desenvolvimento da sociedade moderna, há mais de um século. É a grande impulsionadora do círculo virtuoso do desenvolvimento: maior consumo, maior produção, melhor distribuição de renda, mais empregos, maior justiça social, melhor desenvolvimento econômico, mais venda, maior produção, e assim por diante...

Proibir a Publicidade ou a venda de produtos legalmente produzidos no País, ou mesmo importados, **é um crime contra todos nós.**

Se bem informado e educado eu quero fumar, este é um problema meu. Só meu. Não fumo, mas tenho este direito. Sou bem informado sobre as guloseimas e comidas gordurosas, que aumentam meu colesterol, triglicerídios ou diabetes. Safenado, sei dos meus riscos, mas adoro uma costela assada, um pão com manteiga, ou uma fatia de pudim de leite, de vez em quando. E uns salgadinhos... É o meu direito! Problema meu.

Parece que, no Brasil, estamos voltando aos nebulosos tempos de uma Era que deveria servir de exemplo sobre o que não fazer... como era nos tempos da "Santa" Inquisição.

Na Idade Média, época das trevas, ninguém podia ter ideia ou opinião alguma contra os ensinamentos e dogmas da Igreja Católica, sob o risco de ser torturado e morto numa fogueira, como bruxa ou bruxo herege!

Milhões foram torturados e assassinados pelos padres e seus carrascos, por ousarem ser diferentes. Mais de 4 milhões de mulheres foram queimadas vivas, pela Igreja, acusadas de bruxaria, só na Europa.

Leiam a história de Galileu Galilei, por exemplo, que descobriu que a Terra não era o centro do Universo e que girava em torno do Sol, mas teve que abdicar de suas descobertas para não ser queimado na "santa" fogueira dos bispos da época. Só no Século XX, o Papa João Paulo II admitiu o absurdo daquela perseguição, pediu desculpas e concordou com Galileu.

Será que corremos o risco da fogueira, nós, publicitários? **"Estes agentes do demônio imperialista que só visa o lucro das grandes corporações multinacionais".**

Juro que ouvi algo assim, de um deputado petista, numa emissora de rádio. Ou será que foi o Hugo Chaves? Sobre ele e outros caudilhos latino-americanos vale ler **"A Volta do Idiota"**. É sensacional!

Criar legislações para probir a Publicidade é uma ação terrível e nociva para todos nós, consumidores.

É a imposição de uma terrível ditadura!

Temos direito à liberdade de pensar, de opinar, de comprar, de decidir, de deixar de consumir, de optar, de escolher, de votar, de indicar e de gastar nosso dinheiro como desejarmos.

A liberdade de expressão, como prezam os jornalistas e deve ser assegurada pela nossa Constituição, evidentemente que inclui a liberdade de anunciar.

Ou será diferente, neste "Patropi boní por naturê"?

Mexam-se, publicitários!

Mexam-se, anunciantes!

Antes que os inúteis e dispendiosos políticos de plantão acabem com a nossa importante atividade.

Um diagnóstico correto é essencial.

Quando você vai ao médico, sentindo uma dorzinha incômoda no peito, o médico dá a receita de imediato?

Só se for um charlatão!

Depois de lhe ouvir e de perguntar um monte de coisas, o médico vai lhe examinar, pedir exames, fazer pesquisas, analisar os exames e até, se necessário, pedir a opinião de outros especialistas. Com o diagnóstico completo, ele lhe diz qual é o problema e qual será a solução.

Uma dorzinha no peito pode ser provocada por gases, gastrite, fratura de costela, pancreatite, problemas no fígado, câncer de pulmão, problemas no coração e outras **cositas mas...**

Antes de ganhar 4 pontes no meu coração, passei por dezenas de exames e pesquisas, com uma verdadeira junta médica, com diversos especialistas, antes de me comunicarem o problema e a solução. Ao contrário de muitos anunciantes, não fiquei querendo mexer no layout, no texto, na foto, nem no plano de mídia. E fui pra faca, mesmo com muito medo.

**Um bom anunciante sabe escolher uma
boa agência e bons publicitários.**

É como a gente escolhe um bom médico (pesquisa, referências, indicações, etc.). Não precisa fazer concorrência, nem especulação com o trabalho do profissional dos outros.

Quando um anunciante precisa de pontes de safena escolhe o melhor cirurgião cardíaco e o melhor torácico, além do melhor anestesista e do melhor hospital. Nem pisca, nem titubeia. **Porém, quando precisa de uma campanha publicitária, que pode ser a vida ou a morte para o seu produto, não se comporta da mesma forma.**

Já na primeira consulta, esconde o jogo. Na reunião de **briefing**, não conta tudo que sabe, pode e deve – fatos importantes que, se a agência não descobrir, podem aniquilar o resultado da campanha. Problemas de distribuição, por exemplo. Se a agência não é 100% profissional, contenta-se com o **briefing** dado pelo cliente, cria a campanha e pronto: desastre a vista ou a prazo! Mas o dinheiro entra no caixa da agência antes do desastre consumado...

Tem publicitário que cria campanhas ou anúncios com as próprias palavras do anunciante (juro que já vi isso acontecer), que fica sem jeito de reprovar a tal "criação"... quando na verdade deveria mandar os tais "publicitários" à merda. Não precisa deles para repetir o que disse. Basta comprar um gravador, ou um bom papagaio.

Uma boa agência vai ao mercado ouvir e observar os consumidores, a concorrência, o comportamento, as percepções, as restrições e receios, os interesses e desejos, os pontos fortes e fracos do produto com o qual irá trabalhar e os da concorrência (pelo menos dos 3 ou 4 principais competidores), dialoga com gerentes e vendedores, com concorrentes e se empenha ao máximo.

Realiza pesquisas, mesmo que não sejam bancadas pelo cliente (que deveria sempre fazê-lo, porque, afinal, a agência está pesquisando em benefício do anunciante – ou quando ele vai ao médico não paga pelas ressonâncias magnéticas, raios X e exames de sangue, urina e outros?).

Estuda, analisa e pensa nas alternativas de solução para o problema do cliente.

PENSA!

Esta é a maior dificuldade destes tempos agitados e ditos modernos: **pensar.**

Pensar não dói.

Pensar não custa nada.

Pensar grande custa o mesmo que pensar pequeno.

Quem pensa pequeno não crescerá, nunca fará nada grandioso. É mais fácil lapidar uma ideia grande do que fazer crescer uma pequena.

Como os diamantes. De uma pedra grande faço muitos diamantes, de uma pequena consigo pouco.

É como assar um bolo. Não se consegue fazer crescer um bolo murcho (batumado é a palavra correta), mas dá para fazer dois bolos de um que cresceu muito.

Evidentemente, todos já perceberam que antes de iniciar o processo de pensar nas soluções precisamos ter um diagnóstico preciso, acurado, com a mínima margem de erro. E que:

Diagnóstico é muito mais do que um *Briefing*.

***Briefing* é uma súmula, um resumo de um problema. Diagnóstico é um retrato completo de uma situação, de um problema.**

Como sempre repito:

**A perfeita definição de um problema
representa 50% da solução.**

É meio caminho andado!

Muitas vezes, depois de analisar todo o diagnóstico, as soluções surgem naturalmente. Muitas vezes, parecem óbvias – e o são! É difícil para nós, criativos como somos (ou achamos que somos), perceber o óbvio, assim como aceitar que o óbvio possa ser uma bela solução.

Todo problema tem mais de uma solução.

Provavelmente centenas...

Com exceção, por enquanto, da morte.

Por isso, não podemos nos acomodar com a primeira resposta, com a primeira solução. Devemos e precisamos construir novas alternativas, novos cenários, novas respostas – e analisar os prós e contras de cada uma, assim como os resultados e as reações que cada ação poderá gerar (com nossos públicos e com a concorrência).

Assim, meus caros jovens estudantes e experientes profissionais de Comunicação, **para elaborar um bom Diagnóstico é necessário tirar a bunda da cadeira, porque, desta forma, às vezes o cérebro vai junto!**

E isso vale para o pessoal da criação, também – e muito.

É preciso ir ao mercado, observar os pontos de venda, analisar o comportamento das pessoas, analisar as embalagens (nossas e dos concorrentes), os preços praticados, perceber oportunidades, verificar possibilidades de merchandising, as promoções de outras marcas, conversar com os consumidores, conhecer as suas motivações e receios.

Como criar uma campanha para um refresco, sem experimentá-lo? E os sabores dos concorrentes? Sem ouvir a opinião dos consumidores? Sem saber qual a motivação da compra? Quem consome? Quando? Onde?, Quanto?...

....

Plim, Plim!

Quando criamos, nos anos 80, a Gelatina BabyDisney Nutrimental, mais do que agregar a imagem e o valor dos personagens Mickey, Minnie, Donald, Pluto, Margarida e Pateta enquanto bebês nas embalagens, promoções e publicidade, fomos observar o comportamento das crianças que vão aos supermercados com suas mães e pais. Pois elas catam tudo que querem, gostam ou as atrai – e jogam dentro do carrinho. Tudo que estiver ao alcance das suas mãos.

Assim, quando lançamos este produto no Sul do Brasil, posicionado como "a primeira gelatina só das crianças" e com a ousada afirmação "não deixe a sua mãe comer!", solicitamos aos supermercados que colocassem a nossa nova gelatina nas prateleiras mais baixas, abaixo da Royal, marca líder na época (e, creio, até hoje). O cliente se assustou, mas confiou na ideia.

Foi um sucesso. Além de dois comerciais no ponto certo, linguagem perfeita, (criados pela minha redatora da época, a Cláudia Duailibi), mídia idem (mesmo com pouca verba), as crianças causavam furor no ponto de venda, retirando as gelatinas Royal que as mães colocavam nos carrinhos, para colocar a BabyDisney.

Em alguns meses, a BabyDisney Nutrimental chegou à segunda posição em **market-share**, no sul do Brasil, encostando na Royal – o que nunca havia ocorrido com nenhuma outra marca. Nunca a Royal tinha sido ameaçada, no Brasil.

Infelizmente, mais tarde, já com outra agência, o Gerente de Marketing de então da Nutrimental mexeu no posicionamento e colocou um guri de 14 anos brincando com a gelatina, com o slogan "a gelatina divertida".

Foi o fim da BabyDisney, para a nossa tristeza, porque era um produto posicionado para crianças até 6 anos, no máximo (e isso fazia parte do acordo com a Disney, que o pessoal do marketing do anunciante esqueceu de verificar, lendo o contrato, antes de modificar a linha de comunicação e o posicionamento... pior, esqueceram do público-alvo).

Coincidentemente, quase ao mesmo tempo, no final da vida da Gelatina BabyDisney a Royal surgiu com o personagem próprio "Bocão", posicionando-se mais para as crianças... No que foi seguida pelas outras marcas da época.

Conto este exemplo para salientar, novamente, **a importância que tem ir ver a vida ao vivo, como ela é**, para todos nós, publicitários. Não adianta ficar mergulhando em sites na net, ou ficar desfrutando de uma cadeira ergonômica frente ao Mac, no ar-condicionado, se enchendo de café, pizza e Coca (o refri, *please!*).

A vida está lá fora, os consumidores e seus comportamentos estão lá, no ponto de venda, no shopping, no supermercado, na loja, no campo. Vá até lá, antes que o seu concorrente o faça. Como dizia Mr. Gordon, um veterano da II Guerra e meu professor de inglês no Georgia Southern College:

"Move you ass!"

Que traduziriam, nos cinemas, como: "Mexa-se!" – mas eu traduzo diferente:

"Tire a bunda da cadeira!"
(para ser comedido).

Vá lá, onde as coisas estão acontecendo. Você perceberá as coisas de uma forma diferente (do que perceberá apenas lendo um pedido de trabalho ou um site, ou uma pesquisa). A pesquisa não é tudo. Vá verificar e verá.

Briefing

Mais adiante, apresento um Modelo de Briefing, desenvolvido por mim, para uso na JJ Comunicação – com base em outros modelos, da CBBA, da Ogilvy e da MPM, nos anos 80 e 90, além da experiência de sua aplicação, melhoria e comprovação de eficiência.

Mas ele, repito, não basta. É preciso possuir um pouco de informação prévia, antes da entrevista de briefing, assim como é vital se aprofundar no assunto, através das mais diversas fontes de informação (infinitas, hoje, no mercado, para qualquer assunto, produto, público, etc.).

Sem ir ao mercado, para olhar, ver, observar, perceber os fatos, atitudes e diferenças, mesmo um belo briefing pode não ajudar muito.

Mas tem muita gente que tem que criar sem briefing mesmo! E aí a chance de dar merda é imensa.

Dica Bem Importante:

Evite gravar reunião de Briefing. Primeiro porque a maioria dos clientes não gosta e não se sente à vontade. Segundo porque se você gravar não vai prestar atenção à entrevista, nem ao cliente. E muitas perguntas novas podem surgir ao longo da conversa. Não precisa aplicar o questionário inteiro, pergunta por pergunta. Tome notas, abrevie palavras e não fique pedindo para repetir ou para falar mais devagar (isto irrita o cliente e atrapalha o seu raciocínio).

Seja um bom ouvinte. Atento. Crie um código para anotar tudo que for importante, com palavras-chave, números e símbolos. Uma boa ideia é fazer a lição de casa, antes de ir ao Briefing, o que significa ler tudo que puder a respeito do cliente, seu produto, mercado, concorrentes e públicos. O *homework* ajuda bastante.

A importância do conhecimento.

Quando você vai ao médico, já vimos que não adianta só o seu *briefing*, pois o médico irá pedir uma série de exames para analisar, antes de definir claramente o diagnóstico. Talvez lhe interne, para observações.

Pois é. Tanto para definir o diagnóstico como os remédios, ou a solução do problema, os médicos (e os publicitários), precisam conhecer profundamente as técnicas e instrumentos colocados à sua disposição, para a análise de problemas, alternativas, caminhos e melhores soluções.

Sem conhecer teoria, técnica e prática, não dá.

O que significa, amigos, que temos que estudar. Mesmo!

Temos que conhecer a teoria da comunicação e, mais do que isso, todos os instrumentos disponíveis no mercado, para realizar uma comunicação realmente eficaz.

Isto significa conhecer não só a sua área desejada e de sonhos ou a atividade, seja ela redação, direção de arte, produção gráfica, mídia, atendimento, planejamento, *webdesign*, ou outra.

Significa conhecer todo o arsenal, com ou sem mídia, que pode, ou não, ser utilizado. Significa conhecer todos os instrumentos que podem, ou não, ser eficientes.

Só um excelente médico, que domina seu campo na Medicina e toda a Farmacopeia, pode dar receitas precisas para cada caso, ou determinar os exames mais adequados para cada situação, ou as práticas médicas mais eficientes, ou que instrumentos utilizar numa cirurgia.

Se não sabe, é um péssimo médico.

Publicitário que não sabe nada sobre Relações Públicas, *Design*, Patrocínio, *Merchandising*, Promoção, Internet/E-Business, *PodCast*, *Sites*, Blogs,

Redes Sociais, Endomarketing, Iluminática, Marketing de Aromas, Marketing Social, Assessoria de Imprensa, Marketing Direto, Eventos, Marketing Cultural, Feiras e Exposições, Marketing Esportivo, Marketing Ecológico e Mídia, por exemplo, não tem ferramentas à sua disposição para oferecer comunicação total, integrada e eficaz. Não é um bom publicitário.

É um profissional incompleto, se não for incompetente. Não tem conhecimento, não tem cultura, não tem informação.

É um daqueles publicitários "das antigas", tirador de pedidos, "fazedor de anúncio", que nunca vai passar disso.

Não tem domínio das possibilidades de cura para os problemas do anunciante. Só conhece Aspirina e Engov. Vive de ressaca.

Para realizar comunicação eficaz, hoje, é preciso cada vez mais informação, preparo, cultura, interesse, dedicação, busca e fome de saber e de fazer acontecer.

Ninguém consegue planejar ou executar comunicação eficaz sem conhecimento.

Um conhecimento amplo, adquirido com estudo, observação, pesquisa, busca, erros e acertos – a respeito de todo o amplo e cada vez maior instrumental que está à nossa disposição, publicitários de futuro. Os outros, que continuarão fazendo só anúncios e comerciais, não têm um grande futuro pela frente, porque:

O futuro pertence aos novos publicitários, aqueles que já compreenderam que publicitar é criar e veicular mensagens de vendas eficientes, para públicos selecionados. Todas as mensagens. De todos os tipos, nas mais diversas formas.

Publicitários de futuro que também já compreenderam que o processo de comunicação dos anunciantes é bem mais amplo, exigindo uma comunicação muito mais pensada, planejada, integrada e total. Muito mais do que só anunciar na TV, nas revistas e nos jornais...

E isso requer um amplo conhecimento de vida.

Não só de Comunicação, como de Psicologia, Sociologia, Economia, Antropologia, Administração, Marketing, etc...

Dia desses, no Orkut, um jovem publicitário criticava o ensino de Psicologia, Sociologia, Administração e de outras matérias, tidas como "teóricas", no Curso de Publicidade, afirmando que "nunca serviram para nada, depois de formado".

Ou ele era um péssimo aluno ou os professores é que eram ruins.

É impossível trabalhar em Publicidade sem conhecimentos de Psicologia, Sociologia, Antropologia, Administração, Economia e outros campos do conhecimento humano, como História das Artes ou mesmo de Tendências de Futuro, por exemplo.

Quem leu "**A Escalada do Homem**", de J. Bronowski? É um livro raro e valioso, que conta e analisa a evolução da Humanidade. Leiam, inteirinho!

Ou "**Uma Breve História do Mundo**", de Geofrey Blainey.

Leiam livros como "**Relatório Popcorn**", "**Click**" e "**O Dicionário do Futuro**", da Faith Popcorn, "**O Choque do Futuro**" e "**A Terceira Onda**", de Alvin Tofler (o primeiro, escrito há mais de 30 anos, mas ainda intrigante e atual como poucos), "**MegaTrends 2000**", de John Naisbitt, "**A Estrada para o Futuro**", de Bill Gates, "**Re-Imagine!**", do Tom Peters, ou ainda "**SIGA – As tendências que regerão as vidas no futuro**", de Ira Matathia e Marian Salzman, lançado em 1988 nos Estados Unidos e só em 2005 no Brasil.

Não podemos prever o futuro, mas temos a obrigação de estar antenados nas ideias, pensamentos, análises e opiniões a respeito das tendências que, muitas vezes, se tornarão realidade. Afinal, somos construtores de futuro... e conhecer a história e as tendências ajuda muito.

Podemos ser especialistas em Comunicação, ou numa parcela dela, mas temos que ser generalistas sobre todos os assuntos que dizem respeito aos nossos clientes e aos clientes deles, ao mercado, à mídia e aos instrumentos de comunicação cada vez mais numerosos dos quais dispomos – assim como a respeito dos consumidores, os nossos alvos a serem atingidos, em precisão. Na mosca.

Informação & Análise.

Uma das questões mais frequentes dos estudantes de Comunicação (e de muitos publicitários) é:

Onde consigo informações, além do *briefing* do cliente, para elaborar este tal de Diagnóstico?

Novamente, querem tudo mastigado e não querem pensar, nem um pouco.

Bom, vamos por partes.

O primeiro passo, em Planejamento de Publicidade, **é saber tudo sobre o Produto.** Determine, primeiramente, tudo que você já sabe sobre o **Produto.**

Geralmente, você sabe muito pouco. Confesse!

Você precisa determinar o que sabe, para depois ir buscar o que não sabe. Você precisa elaborar uma Análise da Situação, à qual chamo de Diagnóstico, e isso pode ser iniciado antes do Briefing – aliás, deve, para não chegar no cliente completamente ignorante sobre o produto dele. Pega mal. Faça uma pesquisa inicial antes de ir para o briefing.

Além do briefing do cliente, devemos ir ao mercado, observar e analisar o produto no ponto de venda, a sua distribuição, exposição, visibilidade, embalagem, preços, serviços, diferenciais, mais que pudermos observar – com isenção e profissionalmente.

Converse com consumidores sobre qualidade, preço, embalagem, vantagens e desvantagens, diferenciais, benefícios, pontos positivos e negativos, comportamento de compras, sazonalidade, que comunicação os alcança, quando, onde, como, quais são os concorrentes importantes, preferências, críticas e sugestões.

Converse com o trade, os atacadistas, varejistas, vendedores. Descubra como eles vendem, como podem vender mais e melhor, quais são as suas dificuldades, o que eles percebem sobre os nossos produtos e os concorrentes, que benefícios ou vantagens adicionais buscam.

Observe os concorrentes, veja as embalagens, descubra como eles fazem a comunicação deles, as promoções, o trade, como se comportam no PDV... Não dá para enfrentar os inimigos sem conhecer as forças e as fraquezas deles.

Além disso, **existem muitas outras fontes de informação** sobre o produto (ou categoria dele) na mídia, em revistas especializadas, na leitura diária de jornais e revistas (organizando as informações num centro de informações, catalogando por produto, serviço, mercado, concorrência, público, etc.).

E mais: **provavelmente existem pesquisas** a respeito do produto no mercado, ainda mais se for um produto de varejo. Produtos industriais também possuem muitas pesquisas, regionais, nacionais e internacionais, dados, estatísticas, informações de produção e consumo, etc.

Basta saber procurar – e pensar um pouco a esse respeito.

Claro que na Internet há um mundo de informações disponíveis, mas ela não basta para um bom pesquisador.

Há muita informação interessante que não está lá, assim como há muita informação não-confiável. Busque nas associações de setores da produção e do comércio, nos institutos de pesquisa públicos e privados, nas empresas governamentais de pesquisa e planejamento e **nas bibliotecas!**

Sim, nas bibliotecas se encontra, por exemplo, o processo de fabricação de gelatinas, a importância do cromo na alimentação humana, o processo de degradabilidade das embalagens e o tempo que leva a Natureza para absorver o plástico, o vidro, o isopor, a madeira, o papelão e o papel, estudos de Agronomia, tratados sobre transgênicos, psicologia infantil e juvenil, necessidades de classificação, rotulagem e embalagens de frutas, verduras e legumes, históricos da produção nacional de produtos dos mais diversos, censos, estudos amplos sobre o comportamento do consumidor, da mídia, análises sociológicas e psicológicas úteis, fórmulas testadas, receitas, atlas, mapas para o futuro...

Nas bibliotecas se descobre a história de produtos, a história do consumo, o comportamento dos consumidores no mundo todo em qualquer época, a evolução dos produtos (como a Moda), sucessos e fracassos de produtos, serviços, marcas e empresas.

Nas bibliotecas se aprende tudo sobre teoria e prática de Administração, Marketing, Comunicação, Filosofia, Psicologia, Sociologia, Design, Arte, Diagramação, Mídia, etc.

Nas bibliotecas podemos descobrir o passado e o presente, além de vislumbrar o futuro.

Mas, cá entre nós...quem passa tempo suficiente numa biblioteca?

É muito mais fácil e cômodo sentar na frente do computador e pesquisar só aquilo que lá estiver. Pode ser muito, pode ser pouco, pode ser nada... mas toma menos tempo.

E é essa preguiça em pesquisar, em ir mais a fundo, que gera diagnósticos incompletos, quando não superficiais, que podem levar ao fracasso da comunicação – e do produto.

Quanto ao **Mercado** e à **Concorrência**, todas as fontes já citadas são úteis, porém existem pesquisas específicas sobre segmentos de mercado e produtos específicos que podem ser adquiridas ou obtidas sem custo, das mais diversas fontes.

Exemplos?

Associação Brasileira de Supermercados, Revistas Supermercado Moderno, SuperHiper e Distribuição, Censos, IBGE, Ibope, Marplan, Monitor, Nielsen, Latin Panel, Anuários e outras pesquisas tradicionais, revistas regionais de supermercados e de varejo, Federações e Associações do Comércio, da Indústria e da Agricultura, cooperativas e suas associações, Ministérios, Secretarias de Estado, organismos do governo federal, estadual, municipal e regionais, bancos de desenvolvimento, revistas técnicas, catálogos, folders da concorrência, jornais diários e de negócios, como o Brasil Econômico, Valor Econômico, além das revistas de assuntos gerais (como Veja, IstoÉ, Época e outras), de negócios (como Exame, IstoÉ Dinheiro, Época Economia, Pequenas Empresas e outras) e especializadas (como Globo Rural, Gula, Viagem e Turismo, Próxima Viagem, Revista da Carne, Bares & Restaurantes, Distribuição, Celulose e Papel, Embanews, DBO, etc.).

Publicações nacionais e estrangeiras. Sobre Moda, Decoração, Eletrônica, Automóveis, Embalagens, Culinária, Turismo, Agropecuária, Comportamento e tantos outros assuntos, são milhares as opções de leitura em revistas, hoje em dia. Além dos livros, que podem ser encontrados nas boas livrarias e nas bibliotecas...

Querem mais?

E a **Comunicação da Concorrência**?

Não podemos desenvolver uma campanha, sem conhecer a comunicação da concorrência, podemos?

Assim, além de sempre colecionar as peças de comunicação da concorrência (eu coleciono também as dos meus *prospects*), devemos pesquisar tudo que pudermos encontrar.

Onde?

Nas publicações de Publicidade e de Marketing, como About, Meio & Mensagem e Caderno de Propaganda e Marketing, revistas Propaganda, Marketing, Exame e outras nacionais, regionais (como a ótima Advertising, do Rio Grande do Sul) e internacionais (como Advertising Age, Business Week, Business 2.0, o New York Times (que compro sempre que posso e leio na Internet, quase todo dia) e as revistas de interesse geral, moda, culinária, cinema, etc., onde muitas vezes os anúncios são mais importantes do que as matérias (pelo menos para nós, publicitários).

Além disso, temos todos os Anuários, o Arquivo da Propaganda (ops), os sites jornalísticos, das agências e dos concorrentes (no mundo todo!). Eu, por exemplo, coleciono anúncios da People, há anos, além das minhas revistas italianas e americanas de culinária e turismo (Gourmet, Cucina Italiana, Sale & Pepe, Gente Viaggio e outras).

E assino e leio, pela Internet, Advertising Age, AdForum, AdWeek, New York Times e The Daily (no iPad), além de ter me cadastrado como associado, para livre acesso, na **American Advertising Agencies Association** (4As) e na **Business Marketing Association** (BMA). Há muitos, muitos anúncios, muitas ideias e novos produtos sensacionais, em outros países/mercados.

Quem procura, acha!

Quem fica restrito ao seu ar-condicionado, cadeira macia e computador não descobre nada disso... e fica para trás – mesmo.

Jim Avery, em seu excelente livro *"**Advertising Campaign Planning**"*, ainda não traduzido no Brasil, apesar de editado no ano 2000 nos Estados Unidos, destaca que a Análise da Situação passa por 7 Segmentos:

1. Usuários atuais
2. Ênfase geográfica
3. Sazonalidade
4. Ciclo de compras
5. Requerimentos criativos
6. Vendas (nossas e da concorrência)
7. Mídia (nossa e da concorrência)

Os primeiros 4 segmentos lidam com o público que já usa o produto, assim como com os públicos que poderão vir a usar. Os 3 segmentos finais tratam da informação e do conhecimento a respeito da história e das perspectivas do nosso produto e da concorrência. Um **background.**

O formato que prefiro, e que engloba os segmentos de Avery, é o seguinte:

1. O problema
2. O produto
3. Os objetivos
4. O mercado
5. Os públicos-alvo
6. A concorrência
7. Os meios disponíveis
8. As questões do cliente

O **problema** que a comunicação deverá resolver pode tanto ser definido de cara, pelo cliente, como ser definido no final do diagnóstico (dependendo das informações que reunirmos).

O **produto** deverá trazer todas as informações possíveis e imagináveis – e úteis – a respeito do nosso produto, da sua produção à venda e pós-venda. Ou dos serviços que iremos publicitar.

Os **objetivos** são, quase sempre, determinados pelo anunciante. Mas sempre podemos acrescentar algo, em comum acordo com ele.

O **mercado** é a região geográfica onde iremos atuar com a nossa comunicação (Cidade, Região, Estado, País, Continente, Mundo), mas também é o segmento de mercado onde iremos disputar os consumidores (mercado de iogurtes, de automóveis, de chicles de bola, de massas grano duro, de chocolates, e assim por diante).

Os **públicos-alvo** são os nossos públicos internos (equipe da empresa) e externos (compreendendo o *trade* e os consumidores, em todas as suas segmentações).

A **concorrência** são os nossos 3 ou 4 principais adversários, na luta pela conquista dos consumidores e do mercado. Suas forças e fraquezas, seus produtos, suas vantagens competitivas e desvantagens, seu preço, sua comunicação, sua história, sua participação de mercado, suas perspectivas, seus segredos.

Meios disponíveis são os meios que o anunciante disponibiliza para o nosso trabalho – *budget* (orçamento), equipe própria de repositores e promotores, frota, site, etc. Mas podem também, quando o cliente está buscando um mercado novo, ser análises de mercado e da mídia disponível naquele mercado. Se um cliente vai entrar em Curitiba, a sua agência precisa ter a competência de elaborar um retrato acurado sobre os meios de comunicação disponíveis naquela praça, só como exemplo.

E em **Questões do Cliente** deveremos conhecer as recomendações, restrições, observações do cliente, como: não usar apelos eróticos, observar a sazonalidade ou a safra, ser politicamente correto, evitar comparativos raciais ou de marcas, respeitar a religiosidade, não usar determinada cor, ou não modificar marcas ou embalagens (ou fazer isso). Devemos conhecer também se há aspectos legais a serem observados, em nossa comunicação, e se há alguma espécie de restrição. O desconhecimento ou a não-observância de questões como estas podem fazer com que todo o trabalho seja perdido.

O importante é salientar que eles não são uma camisa de força, mas sim um requerimento mínimo e obrigatório para uma boa análise da situação.

Menos do que isso é pouco.

Todavia, se cada capítulo deste Diagnóstico não for elaborado com o máximo de empenho, com o máximo de informação útil possível, não adianta nada.

Uma vez, diversas equipes de alunos me entregaram um *briefing* muito semelhante. Todos quase iguais. Era um trabalho bimestral, de planejar ações de comunicação para aumentar o fluxo de curitibanos nos parques da cidade.

Quase todos os alunos **se limitaram a copiar o site da Prefeitura de Curitiba**, que descreve os parques. Raras equipes foram aos parques, observar as suas qualidades e defeitos, suas vantagens e desvantagens, quem eram realmente os seus usuários, quantas vezes por semana iam ao parque e o que gostavam de fazer lá.

Nenhuma equipe entrevistou usuários, vizinhos do parque, comerciantes do parque e das redondezas, checou que linhas de ônibus serviam cada parque, quais eram os dias da semana e horários de maior frequência, se havia policiamento, banheiros, assistência médica, programas com treinadores, lanchonetes, bares, confeitarias (vários parques de Curitiba são dotados de todas estas facilidades, mas em alguns falta muita coisa).

Se tivessem feito um Diagnóstico mais aprofundado, do que simplesmente copiar o site da Prefeitura – o qual, por sinal, estava desatualizado e incompleto há pelo menos dois anos – **teriam compreendido que o público-alvo principal estava nas vizinhanças dos parques, e que seria fácil alcançá-los, inclusive, com panfletagem porta a porta ou com malas diretas. Talvez nem mídia de massa fosse necessária...**

Teriam percebido que praticamente não existe comunicação alguma da Prefeitura, ou da administração dos parques, com os seus usuários e com os vizinhos dos parques (público-alvo de maior potencial). Que as promoções e ações esportivas, artísticas, culturais e sociais são muito mal divulgadas. E que isso tudo era uma tremenda oportunidade de comunicação e de envolvimento comunitário, além do desenvolvimento da cidadania.

Numa concorrência de verdade, no mercado de trabalho, ia ficar lindo copiarem o site da Nestlé, da Danone, do Matte Leão, da Parmalat, da Fiat, da Caterpillar, da Kraft Foods e apresentarem isso como "**Análise da Situação**".

Pois acreditem, amigos, tem agência que faz quase isso, naquilo que chama Análise da Situação. E muitas outras nem isso fazem. Bem, tem agência que nem Pedido de Trabalho, um Job, decente sabe fazer...

Mas não queremos trabalhar nelas, queremos?

João José Werzbitzki, JJ

O "X" da questão: Pesquisas.

Infelizmente, mesmo, só os maiores anunciantes têm o ótimo costume de comprar, encomendar e pagar por pesquisas, sejam elas estatísticas, sejam de opinião, de percepções, de comunicação da concorrência, de mercado. E isso não acontece só no Brasil.

Quando vão ao médico, todos os anunciantes pagam por todos os exames, radiografias, tomografias, ultrassonografias e até por aquele famoso exame de toque na próstata... Mas quando o assunto é a Publicidade, rateiam, não querem comprar, acham caro e aí é foda, mesmo!

Temos que ter, como objetivo de nosso trabalho, anunciantes profissionais, sérios e competentes, ao tratar deste capítulo tão importante, que é sobre as Pesquisas.

Sem pesquisas, trabalhamos no escuro. Este é um fato. E que deve ser seriamente discutido com cada anunciante. Evidente que um pequeno varejo não vai investir 30 mil reais numa pesquisa de percepção de marca junto aos seus prováveis clientes. Porém empresas de médio e grande portes não podem atuar em seu Marketing e em sua Comunicação sem o respaldo de muitas pesquisas.

Não que o resultado das pesquisas deva ser considerado como lei – porque, convém ressaltar, nenhuma pesquisa é absolutamente correta e de resultados conclusivos e permanentes.

Por quê? Porque Marketing não é ciência exata. Porque as opiniões das pessoas se modificam. Porque dependendo da metodologia, das perguntas e dos entrevistadores, do momento, poderemos ter desvios nas respostas (erros). Porém, mesmo assim, as pesquisas ajudam muito, muito mais do que atrapalham.

São, na verdade, uma grande vantagem competitiva – se profissionalmente realizadas e analisadas.

Como vamos saber se o que estamos dizendo, em nossa Comunicação, está funcionando e sendo bem aceito pelos nossos públicos-alvo (*targets*)?

Como vamos saber se as imagens que usamos estão mesmo funcionando, ou irão funcionar?

Como saber se a utilização de um astro das novelas vai ou não atrair a atenção das consumidoras e alavancar as nossas vendas? Ou se aquela estrela é a preferida? Ou se "casa" bem com a nossa marca e os nossos prospects?

Como vamos saber se a nossa Publicidade está funcionando?

Como vamos saber se a mídia que utilizamos é mesmo a mais eficiente junto aos nossos *targets*?

Como vamos saber se estamos sendo percebidos como desejamos?

Como vamos saber se as nossas mensagens de vendas irão mesmo promover vendas?

Com a Internet, as pesquisas quantitativas sofreram uma revolução – especialmente nos Estados Unidos, Japão e Europa. Quando numerosas opiniões são necessárias, para opinar sobre um roteiro, layout, ideia ou campanha, a web passou a substituir parcialmente as pesquisas por *focus groups*.

Claro que, na maioria das vezes, com respondentes devidamente cadastrados e selecionados de acordo com as necessidades de cada pesquisa e suas características sociais e demográficas.

O uso das imagens, as facilidades de acesso, as possibilidades de instrumentos como o MSN e o Skype (que permitem interação por texto, voz e imagem, via Internet) e a agilidade fazem com que mais e mais empresas optem pelas pesquisas quantitativas via web. Conseguem-se resultados espetaculares, num período de tempo tão longo como uma tarde.

Só uma empresa norte-americana, a **Harrys Interactive Research**, possui mais de 7 milhões de pessoas cadastradas, em seu database. A **Decision Analyst** tinha mais de 4 milhões de consumidores cadastrados (isso em 2003) e classificados demográfica e sociologicamente.

Volta e meia recebo solicitações de participação em pesquisas, pela Internet, de empresas nas quais me cadastrei. Participo, para aprender.

É impossível pesquisar em universos tão amplos, pessoalmente, em entrevistas personalizadas ou por telefone, ou por outro método qualquer, concordam?

A Internet oferece alternativas inesgotáveis, como apresentar aos entrevistados opções como layouts, spots e jingles, comerciais e conceitos, e até campanhas inteiras.

Infelizmente, no Brasil, a Internet ainda atinge só pouco mais de 43% da população (em 2012) e talvez não represente um perfil de audiência adequado a todos os produtos e interesses de pesquisa. Nos Estados Unidos, hoje, mais de 93% da população estão conectados, o que permite qualquer tipo de estratificação, ou de perfil.

Pesquisas paralelas comprovaram que, nos Estados Unidos, os resultados obtidos em pesquisas quantitativas pela Internet foram exatamente iguais aos resultados em pesquisas feitas com entrevistas pessoais.

Logo, logo – espero – chegaremos lá. Já temos, no Brasil, pesquisas online feitas com palm-tops, que possibilitam grande agilidade na obtenção de resultados.

Independentemente de que método você irá preferir para obter informação de pesquisas, existem basicamente três tipos de Pesquisas de Publicidade:

- As **Pesquisas Estratégicas**, que auxiliam a identificar ideias vendedoras e estratégicas, definindo a audiência dos nossos públicos, antes do início do processo criativo.

- As **Pesquisas de Teste,** que permitem examinar as mensagens e as suas possibilidades de funcionar ou não, na transmissão do que desejamos aos nossos targets

- As **Pesquisas de *Recall*** (ou ***In-Market***), que permitem rastrear a eficiência de uma campanha, através do tempo e junto aos mais diversos segmentos de público.

Pesquisas Qualitatitas e Quantitativas possuem regras diferenciadas.

As **Pesquisas Qualitativas** podem auxiliar a definir claramente o posicionamento de um produto, gerar hipóteses, captar percepções quanto à marca e ao produto, identificar idéias potencialmente mais vendedoras, perceber a importância e a percepção dos concorrentes, analisar a eficiência da comunicação da nossa marca e dos concorrentes, e definir nossos públicos-alvo com maior precisão (assim como seus interesses, desejos, necessidades, receios, restrições, sonhos, ideais, etc.).

As **Pesquisas Qualitativas** podem também auxiliar, e muito, na definição de conceitos, slogan e ideias criativas, assim como nos rumos a serem seguidos ou modificados numa campanha publicitária.

A forma mais utilizada de desenvolver **Pesquisas Quali** é através de Grupo de Foco (*Focus Group*), selecionados de acordo com as necessidades de cada pesquisa, de cada produto, com entrevistas individuais (one-to-one) ou em grupos, feitas em profundidade.

As **Pesquisas Quantitativas** confirmam hipóteses com o peso dos números, de uma quantidade maior de opiniões. Você pode usar pesquisas quantitativas para decidir pela fabricação de um produto, oferta de um serviço, aprovação de um anúncio ou de uma campanha, assim como para rastrear e analisar os efeitos, o *recall*, as percepções de uma campanha junto aos seus targets.

A **Pesquisa Estratégica** é fundamental para um bom processo de planejamento – de um produto, serviço, ou campanha de comunicação. É melhor investir na frente, em pesquisas, antes do processo criativo se iniciar, do que depois – quando muito dinheiro já foi gasto e, talvez, algum erro crucial tenha sido cometido.

A **Pesquisa Estratégica** não deve ser iniciada – como geralmente ocorre – com a mensagem, ou com o produto, mas, sim, com os consumidores em potencial.

Quem são os nossos *prospects* de maior potencial?

O que estes *prospects* pensam do nosso produto? Do nosso serviço? Da nossa campanha?

Que necessidades e interesses devem o nosso produto, serviço ou campanha preencher? Como nos encaixamos nas vidas dos nossos consumidores em potencial?

Quando você decide quem são seus melhores *prospects*, como o seu produto tem o melhor apelo para eles, é bem mais fácil decidir o que dizer...

Claro que este é um trabalho extremamente profissional, que depende de profissionalismo, correção, isenção e ética. Claro que não basta elaborar um questionário e sair por aí, aleatoriamente, com um bando de estudantes, perguntando a quem se encontrar na rua, o que pensa, o que acha, o que prefere...

Acreditem: tem agência que faz isso.

Sem metodologia científica, sem controles, sem análise profissional, podemos distorcer completamente uma pesquisa, acabando por trilhar caminhos completamente equivocados.

Mesmo para produtos de consumo de massa (como de higiene e limpeza, alimentos industrializados e cosméticos, por exemplo), existem diversos segmentos de consumidores, que se fragmentam em nichos, cada um com as suas características.

As pessoas não são todas iguais, são? Mas muitas têm características e reações semelhantes, em situações semelhantes. E podemos agrupá-las, de acordo com estas características, reações e percepções, assim como classicamente se fazia apenas com sexo, idade e classe social (o que já não basta).

Volta e meia encontro, mesmo em trabalhos de agências de publicidade, marketing direto, relações públicas ou promoção, a velha e inútil classificação por sexo, idade e classe social...

Muitos veículos também fazem assim, ainda, na tentativa de demonstrar o quão interessantes são como alternativa de mídia para as agências e seus anunciantes. É muito simplista!

Serve pra nada!

Hoje, sistemas de análise geodemográfica e psicossocial chegam a identificar mais de 62 estilos de vida diferentes, nos Estados Unidos, para determinados produtos, como destacou Ken Roman, em **"How to Advertise"** (um livro que todos deviam ler).

Estes **clusters (nichos)** podem ser alcançados pelos seus códigos postais, tamanho o avanço dos institutos de pesquisa norte-americanos (que, na minha opinião, só perdem para o profissionalismo de marketing, pesquisa e comunicação dos ingleses).

Estes nichos ou **clusters** podem ganhar nomes como **golden coast urbans, yuppies, youngsters, oldies, blue bloods,** etc. Algo como urbanos da costa ensolarada (típicos da Califórnia), jovens executivos ambiciosos, adolescentes deslumbrados, velha guarda, sangue azul/tradicionalistas, tribos jovens, comunidades e outras classificações.

É bem diferente o comportamento de um jovem de classe média da cidade do Rio de um paulistano, de um curitibano, de um recifense, um manaura (de Manaus), de um jovem do interior de Minas Gerais ou do Maranhão, não é? Como é diferente de um carioca do morro, de um paulista do interior, e assim por diante.

Idem com gente de todas as idades, sexos e classes sociais. Por isso este tipo de análise simplista de idade, sexo e classe social de targets é tão insuficiente.

Diversos institutos de pesquisa brasileiros possuem classificações e nomenclaturas para os nichos que encontram – infelizmente, ainda, concentrados em resultados de pesquisas nas maiores cidades brasileiras – e, ao que parece, nas classes sociais mais ricas.

Até parece que pobre não compra...

Poucas são as pesquisas realizadas no meio rural ou nas cidades menores do Brasil, ainda. Talvez porque os anunciantes e as empresas de pesquisa não acreditem no potencial de consumo destes mercados com menos brilho. Só como informação útil: o Interior de São Paulo é o segundo maior mercado do Brasil, pelo Índice de Potencial de Consumo, faz anos...

Mas, voltando às pesquisas, às segmentações e aos nichos...

Podemos segmentar os consumidores por atitudes (**Values and Life Styles/VALS** ou **Valores e Estilos de Vida/VEV**)**,** metodologia que foi desenvolvida, originalmente, pelo Stanford Institute. É um meio de definir segmentos e nichos em oito diferentes grupos, cada um de acordo com atitudes psicológicas, recursos financeiros, visão da vida e outros. Auxilia, e muito, a definir nossos consumidores de maior potencial – nosso target.

Obter uma visão geral dos sentimentos, percepções, opiniões e expectativas dos nossos targets pode nos auxiliar em muito no nosso trabalho e a alcançarmos nossos objetivos com sucesso.

Quando os recursos financeiros são limitados, podemos obter informações gerais através de pesquisas que são veiculadas na mídia, parcialmente (mas é melhor do que nada), complementando-as com pequenas pesquisas qualitativas, bem curtas e específicas (nas indagações).

Feita esta lição de casa, estamos prontos para o próximo passo, que é **decidir o que dizer**. Se já sabemos o que as pessoas querem ouvir, fica muito mais fácil, não é?

O trabalho com grupos de foco pode auxiliar – e muito – na identificação e na definição de caminhos, de posicionamentos, de mensagens de vendas, de slogans, de melodias, de cores, de ambientações e até proporcionar um bom conhecimento a respeito da linguagem que poderá ou deverá ser usada em nossa comunicação.

Com uma moderação experiente e equilibrada, grandes ideias podem surgir para o desenvolvimento de campanhas, em discussões de grupos de foco.

Bons criativos e planejadores idem devem saber disso.

Nas agências, por muitos anos, cultivou-se o hábito de *brainstormings*, de desenvolver **"tempestades de ideias"** provocadas pela participação ativa e sem censura do pessoal da agência, na obtenção de caminhos para a solução de um problema de comunicação de um anunciante.

Pode até ser válido, mas continua sendo apenas uma visão do próprio umbigo, uma visão interna, do pessoal da agência. Não é uma visão, ou percepção, dos públicos-alvo daquela campanha a ser planejada e criada.

Provavelmente, *brainstormings* podem até ser úteis, depois da posse de dados de pesquisa e de observações de campo.

Os especialistas recomendam que – se você tem tempo e dinheiro – sempre faça pessoalmente as discussões de foco (pessoalmente... não pela Internet).

A maioria das pessoas ainda fala melhor do que escreve. E a observação atenta do comportamento, das expressões corporais, a linguagem do corpo, geralmente proporcionam caminhos aproveitáveis e mais seguros.

Porém, ao mesmo tempo, as pesquisas qualitativas via Internet vêm crescendo rapidamente, pela sua agilidade, quantidade de pessoas que respondem (dentro do target desejado) e reduzidas margens de erro.

O anonimato garantido liberta as pessoas a responderem sem maiores receios – e com maior veracidade.

As discussões em grupos de foco podem ser transmitidas por vídeo-conferência, pela TV e mesmo pela Internet, para que todos os envolvidos no trabalho possam pessoalmente assistir ao desenvolvimento das discussões. E isso pode ser feito com uma facilidade imensa, transmitindo, por exemplo, para Curitiba, uma discussão de grupo feita em Fortaleza ou em Buenos Aires ou Hong-Kong. Em qualquer lugar, para qualquer lugar.

Também se usa – e é aconselhável – gravar as pesquisas em videotape, ou DVD, para rever posteriormente, quantas vezes for necessário, para atentar aos detalhes.

O recrutamento das pessoas, do target desejado, para os grupos de foco é um trabalho cada vez mais sofisticado e detalhista – para ser feito por especialistas, por profissionais, não por amadores neste assunto (como eu e a maioria dos meus leitores).

Como eu já frisei: não bastam indicadores de renda, sexo, idade e classe social dos participantes. O perfil psicossocial e por atitudes é muito mais eficiente.

Questões antropológicas e étnicas podem ser também fundamentais, na seleção dos participantes das discussões. Nos Estados Unidos, por exemplo, as questões étnicas e antropológicas são tão fundamentais que lá existem agências de publicidade especializadas em públicos hispânicos, em comunicação só para negros, para mulheres, para gays e outros grupos.

E grandes anunciantes fazem campanhas em espanhol para os latinos, ao mesmo tempo em que desenvolvem mensagem especialmente criadas para negros, públicos GLS, só mulheres, e assim por diante.

No Brasil, felizmente, ainda não temos (muito) este tipo de preocupação, mas alguém discorda de que a ampla maioria da nossa comunicação é desenvolvida para uma elite? Para os que têm mais dinheiro? Brancos, AB, urbanos... E que há muitas oportunidades, junto à imensa maioria da população que tem menos dinheiro, mas também consome – e muito?

Vejam o exemplo do Sílvio Santos, com o SBT.

E o das Casas Bahia? Vende para quem tem nome na Serasa, não tem cheque, nem comprovante de renda. Loucura, diriam os norte-americanos e os europeus. Vejam o resultado que tem dado!

Já pensei, mais de uma vez, em criar uma agência de publicidade especializada em produtos populares.

Ou outra, especializada no público-alvo mulher...

Voltando ao trabalho com grupos de foco, é preciso tomar cuidado, pois grupos segmentados étnica e antropologicamente não representam a população em geral. Representam aquele grupo de pessoas, no máximo. Por isso, tudo depende de que públicos-alvo você tem por objetivo. Com quem quer se comunicar. Certo?

O trabalho com discussões em grupos de foco pode previnir desastres, mas não assegura o sucesso.

As ideias, caminhos e percepções obtidas precisam ser, ainda, validadas através de pesquisas quantitativas. Sempre!

Com pesquisas quantitativas, podemos elaborar estudos e projeções percentuais. Com as qualitativas, não.

Testes de promessas ou de benefícios são um exemplo de ação quantitativa válida e de baixo custo.

Que benefício ou promessa é mais importante?

Aquilo que interessa ao consumidor! Sempre! Não o que os criativos ou gerentes de marketing inventaram. Nem o que o anunciante acha que é. É bom lembrar sempre disso.

> **O mais importante é o que os nossos públicos querem ouvir.
> Não é o que queremos dizer.**

Promessas devem ser apresentadas, nas pesquisas (e na comunicação), em **statements** (afirmações) simples. Sem o uso de imagem.

Já os testes de conceitos podem ser mais elaborados e devem utilizar imagens ou ilustrações que reforçam estes conceitos, além de descritivos do produto/serviço.

Como deveremos posicionar esta marca? Como ela se ajusta ao estilo de vida, necessidades, interesses e desejos dos nossos consumidores?

Estas e outras questões pré-veiculação são vitais para o sucesso de uma bela campanha.

Infelizmente, como vocês perceberão (se ainda não o fizeram), no Brasil são raras as agências que realizam estes testes de promessa, benefício ou conceito – simplesmente porque a maioria, a absoluta maioria, dos nossos anunciantes não quer "gastar dinheiro" com estas pesquisas.

Pesquisar e testar anúncios e comerciais também é algo raro. Muitas vezes, boas agências o fazem – mesmo sem cobrar por isso dos clientes (pelo menos oficialmente).

O objetivo destas pesquisas é observar como a mensagem comunica o que desejamos realmente comunicar (depois de haver definido isso nas pesquisas anteriores, no planejamento e na estratégia de comunicação).

Novamente (e infelizmente, de novo), nossos criativos tiram soluções da cartola, justificam e vendem soluções milagrosas de comunicação – sem pré-teste das mensagens. Talvez até porque o que criaram não passaria no pré-teste...

Existem muitas formas de pré-testar anúncios, comerciais e mensagens publicitárias. Uma boa empresa ou um bom profissional de pesquisas poderá identificar que método é o mais adequado para cada situação.

Geralmente, no entanto, as avaliações mais usadas são relacionadas à comunicação das ideias principais, a atenção obtida pela mensagem, a persuasão efetiva e a intenção de compra.

Estes métodos buscam comprovar se a audiência entenderá a mensagem, se estamos realmente dizendo o que pretendíamos dizer, se as pessoas gostaram da forma e do conteúdo da mensagem, se a mensagem conquistou a atenção da audiência. Os consumidores leriam o anúncio? Ou assistiriam ao comercial inteiro? A audiência seria persuadida a comprar o produto que publicitamos?

É bom lembrar:

As pessoas compram benefícios. Não compram produtos ou publicidade.

Por isso é importante perceber se a comunicação está realmente transmitindo os benefícios que fazem as pessoas comprar o nosso produto.

Resista em mudar suas campanhas, se elas estiverem dando resultado positivo. Muitas vezes, publicitários e profissionais de marketing se cansam de suas campanhas e querem mudar. Não deixe! Se estiver dando certo, não mude. Vamos relembrar que a nossa opinião é bem menos importante do que a dos nossos consumidores. OK?

Uma outra coisa importante deve ser dita e repetida mil vezes: não confie cegamente nos números de uma pesquisa. Eles podem interpretar um momento, ou representar uma resposta a uma pergunta inadequada, ou até transmitir uma dimensão maior ou menor do que a realidade.

Em dezembro de 2003, li um livro muito interessante, que destaca a importância do envolvimento total do publicitário com os seus clientes e os produtos e mercados deles – pois com mais informação, as decisões não se fundamentam só nos números frios de uma pesquisa.

O livro se chama "**Verdades, Mentiras e Propaganda** (sic) – **A arte do planejamento**" e foi escrito por Jon Steel em 2001. O nome, no original em inglês, é *"Truth, Lies and Advertising – The Art of Accounting Planning"*. Vale ler este livro, que foi relançado com o nome de "**A Arte do Planejamento**", em 2006.

Use bom-senso, pois você irá perceber que algumas vezes os dados da pesquisa não batem com a realidade... ou mesmo que as respostas não foram 100% honestas e verdadeiras.

Pesquisas, ressalto, são muito importantes. Mas não são tudo, nem infalíveis. Por isso o julgamento isento e profissional de todos os dados é que é mais importante.

E a experiência nos dá uma sensibilidade muito importante, que nos permite uma percepção acima da média (porque trabalhamos com centenas de produtos, mercados e públicos).

Um bom briefing sempre ajuda...

Não existe remédio eficiente sem um bom diagnóstico.

Não há planejamento possível sem a clara definição do problema a solucionar e dos objetivos a alcançar, sem o conhecimento das nossas possibilidades, forças e fraquezas, sem conhecer o mercado, os concorrentes e, principalmente, os nossos públicos-alvo.

Para desenvolver um diagnóstico acurado, o primeiro passo está no **briefing**, que é o resultado de uma ou mais entrevistas com o clinete (anunciante), que permitem iniciar a formação de um retrato da situação.

Lembrem-se:
O briefing é uma súmula do problema, mas não é o diagnóstico.

Além de elaborar o briefing, precisamos adicionar informações importantes, a serem buscadas no mercado, com os nossos públicos em potencial, a respeito do mercado, da concorrência, dos meios disponíveis, etc.

A seguir, apresento um **Modelo Básico de Briefing**, que pode ser bem útil – mas pode ser alterado, de acordo com a situação ou necessidade. Na verdade, um bom entrevistador percebe a oportunidade de outras perguntas, no decorrer de uma entrevista – e as faz.

O modelo que se segue não é uma camisa de força, muito pelo contrário, é um caminho inicial para um bom e útil diagnóstico.

Briefing (Modelo Básico JJ)

A. O PROBLEMA

1. Qual é o problema de comunicação que deveremos solucionar?
   (Lembre-se sempre de que a clara definição do problema é 50% da solução).

B. O PRODUTO

1. Qual é o produto – ou serviço – que iremos vender?
2. Para que serve?
3. Quem usa?
4. Como usa?
5. Quando compra?
6. Como compra?
7. Quanto compra?
8. Qual é o principal benefício do produto, para o consumidor?
9. Qual é o principal diferencial, em relação à concorrência?
10. Quais são os seus pontos mais positivos?
11. E quais são os negativos?
12. Como é produzido o nosso produto?
13. Como é distribuído e vendido?
14. Que ações de comunicação, publicidade e promoção já foram realizadas? Podemos receber cópias?
15. Qual é o posicionamento do produto?
16. Qual é o posicionamento existente, ideal ou desejado?
17. Qual é a percepção que os nossos clientes têm do nosso produto?
18. Qual é o *market-share* (participação de mercado) do produto?
19. Qual é o *share-of-mind*? (se houver pesquisa a respeito).
20. Comente os nossos preços, em relação aos concorrentes.
21. Outras questões...

C. OS OBJETIVOS

1. Quais são os objetivos de Marketing e de Comunicação, neste projeto? Ou deste produto?

D. A CONCORRÊNCIA

1. Quais são os nossos principais concorrentes? (3 ou 4)
2. Comente a política de distribuição dos concorrentes.
3. Comente a política de preços dos concorrentes.
4. Comente os pontos fortes e fracos da concorrência.
5. Quais são os diferenciais da concorrência?
6. Quem é o concorrente principal? Quais as vantagens competitivas e diferenciais dele?
7. Comente os esforços de comunicação da concorrência (publicidade, mídia utilizada, promoções, relações públicas, eventos, design, merchandising, ações do PDV, sazonalidades, campanhas mais importantes, etc.).
8. Comente a percepção que os consumidores têm sobre os concorrentes.

E. O MERCADO

1. Qual será o mercado onde iremos atuar? (região geográfica)
2. Quais são as regiões de maior potencial de consumo e de vendas?
3. Onde temos melhor distribuição e/ou melhores vendas?
4. Onde a nossa concorrência é mais forte?
5. Qual é a divisão de mercado (*market-share*), nossa e dos concorrentes?
6. Existem sazonalidades nos nossos mercados.
7. Há questões étnicas, religiosas, geográficas ou culturais que mereçam a nossa atenção?
8. Defina o mercado por volume de vendas possíveis – em unidades e dólares (ou reais).
9. Quais são as perspectivas do nosso mercado?

F. O PÚBLICO-ALVO

1. Defina quem compra e quem consome o nosso produto.
2. Defina hábitos, costumes e atitudes do nosso público.
3. Defina periodicidade (frequência) de compras.
4. Defina aspirações, expectativas, desejos, interesses e necessidades dos nossos públicos-alvo.
5. Defina hábitos de mídia dos nossos públicos.
6. Defina o nosso **target**, quanto à idade, sexo e classe social.
7. Defina a quantidade de pessoas que integram o nosso público, no nosso mercado.
8. Defina as principais motivações racionais e emocionais que levam o nosso público a comprar e/ou a consumir o nosso produto.
9. Que tipo de promoções já funcionaram, para este tipo de produto, junto ao nosso público?
10. Quem pode influenciar a decisão de compra, ou o consumo?
11. Que fatores são decisivos para a compra?
12. Quais são as reações principais do nosso público à nossa marca e ao nosso produto?
13. Qual é o índice de lembrança da nossa marca?
14. O que a nossa marca lembra?
15. Qual é a marca preferida dos consumidores, no nosso mercado, para esta categoria de produtos?
16. Existem pesquisas a respeito do comportamento, das percepções e das preferências do nosso público?
17. Qual é o nosso público interno? (equipe e trade)
18. Quais são as expectativas, interesses e necessidades do nosso público interno?
19. Que podemos fazer para ampliar a produtividade do nosso público interno? (produção, atendimento, vendas e pós-vendas, por exemplo).

G. QUESTÕES DO CLIENTE (E MEIOS DISPONÍVEIS)

1. Comente as suas expectativas e necessidades, suas recomendações e restrições, quanto ao conteúdo básico da comunicação.
2. Qual é a grande promessa que deveremos apresentar ao nosso público?
3. Quais são os prazos de criação, produção e veiculação da ação a ser planejada?
4. O que deve ser ressaltado? E o que deve ser evitado?
5. Há questões de ordem moral, ética, religiosa ou pessoal que devam nos ser informadas?
6. Há alguma recomendação ou negociação prévia de mídia?
7. Na sua opinião, que esforços de mídia podem ser mais eficientes?
8. Existem recursos financeiros já determinados para a comunicação que se pretende realizar? Quais são?
9. Como é determinado o orçamento para comunicação? Percentual sobre as vendas, por objetivos, por causa da concorrência ou outros?
10. Existe alguma data-limite ou deadline para a realização do projeto?
11. Comente que outras ações de merchandising, promoção, eventos, assessoria de imprensa e outros instrumentos de comunicação podem ser eficazes, na sua opinião – ou que já deram bom resultado.
12. Existem pesquisas de mercado, opinião, audiência, concorrência e outras que possam ser cedidas para uma análise mais completa da situação?
13. Que outras pessoas podem ser entrevistadas, para complementar este briefing?
14. Acrescente outras informações (e estudos) que julgar necessário para uma melhor compreensão da situação na qual iremos atuar.

É evidente que você não precisa ficar fazendo todas estas perguntas, mecanicamente, nem deve se limitar a elas. Com informação prévia, bom-senso, interesse em aprender e atenção ao cliente, pode-se evoluir muito nesta tarefa inicial – a ser complementada com lições de casa, pesquisas, etc.

Também lembre-se de que o Briefing é a visão que o anunciante/cliente tem do seu negócio, do produto ou serviço dele. Não é necessariamente a realidade, nem a visão do mercado.

Por isso, este Briefing é ponto de partida, não de chegada.

É ponto de partida para pesquisas, observações, análises, comparações, busca de informações adicionais que permitam traçar um diagnóstico completo – e que pode, muitas vezes, impressionar o anunciante de forma positiva (pois demonstra o seu interesse no negócio dele).

A Matriz de Planejamento.

Existem centenas de formas e fórmulas para elaborar um planejamento. Com base na experiência e no conhecimento de diversas alternativas, desenvolvi esta forma simples, objetiva e eficiente:

Planejamento de Comunicação (Matriz JJ)

1. DIAGNÓSTICO

a) O Problema

Clara definição do **problema de comunicação** a ser resolvido. Ressalto o problema de comunicação, pois este é o nosso negócio.

b) O Produto

Definição precisa de todas as características do produto e/ou serviço, conforme descrito no briefing e percebido no mercado.

c) Os Objetivos

Definição dos objetivos a serem alcançados, com os esforços de comunicação a serem desenvolvidos.

d) Mercado

Apresentação de todas as principais e importantes características do mercado, conforme solicitado no briefing, acrescentando as informações adicionais relevantes que forem obtidas de outras fontes e pesquisas.

Mercado, repito, é a área geográfica onde iremos atuar, assim como é o segmento de mercado no qual o produto está inserido.

e) Os Públicos-Alvo

Análise de todas as informações pertinentes ao nosso trabalho de planejamento, que pudermos obter. Tanto para os públicos internos, como para os externos. **Especialmente as percepções dos nossos públicos quanto aos nossos produtos.**

f) Meios Disponíveis

Análise de todos os meios disponíveis para o nosso trabalho. Além das disponibilidades do cliente, muitas vezes, em mercados novos, convém analisar os veículos ou a mídia existente naqueles mercados.

g) Questões do Cliente

Registro de todas as questões, informações, restrições e recomendações do cliente, para esta tarefa.

2. SOLUÇÃO

a) Estratégia

Definição do melhor caminho a percorrer, na comunicação, para chegarmos aos destinos objetivados, analisando profundamente o diagnóstico – criando cenários de futuro e prevendo as reações do mercado. Se possível, em 8 a 10 linhas. Mais do que isso, é encher linguiça...

b) Táticas

Definição e descrição de todas as iniciativas a serem desenvolvidas, para transformar a proposição estratégica em realidade.

Descrição de ação por ação, com um cronograma de desenvolvimento, com definição de Posicionamento, USP (se houver), diferencial e vantagens competitivas, roteiros, criações e ações táticas e de mídia. Apresentação do material criado.

Descrição do Planejamento de Mídia – e sua justificação de meios selecionados, de estratégia e táticas de veiculação.

Defesa dos meios selecionados, através de pesquisas de audiência e segmentação dos veículos, programações ou segmentações (em pasta anexa).

c) Contribuições ao Marketing

Apresentação de contribuição ao marketing, se houver.

Por exemplo: novas ideias promocionais, de distribuição, de merchandising, de design de embalagens, novas alternativas de comercialização e de consumo, etc.

d) Investimentos

Apresentação dos investimentos necessários, com cronograma de investimentos e de pagamentos, negociações realizadas e descontos ou reaplicações obtidos, para criação, produção, mídia e outras ações de comunicação (como eventos, assessoria de imprensa, design, merchandising, patrocínio e outros).

OBSERVAÇÃO:

Recomendo apresentar os investimentos em pasta separada, para evitar que o cliente vá direto aos custos – o que pode prejudicar a apresentação das ideias propostas.

Além disso, primeiro apresente o Planejamento e a Campanha. Só depois entregue as pastas para o cliente. Ele tem a mania de ficar folheando e lendo à frente do que você estará apresentando.

Só atrapalha. E muito.

....

É como uma sinfonia!

Há diversas definições de **Comunicação Integrada de Marketing**. A que, creio, é a mais objetiva é a do professor Don Schultz, da NorthWestern University, mente brilhante que tive a oportunidade de conhecer em São Paulo e que assim define:

> **Comunicação Integrada de Marketing
> é a gerência de todos os contatos da marca,
> com todos os seus públicos, o tempo todo.**

Isto significa, obviamente, muito mais do que anúncios e comerciais, não é mesmo? Significa cuidar de todo e qualquer contato que o consumidor possa ter com a sua marca, para que não se decepcione, não se confunda, não se perca.

Sempre cito como exemplo de comunicação integrada o McDonald's – no mundo todo.

Em qualquer lugar do mundo, há uma filosofia de comunicação comum, há um cuidado com a imagem muito zeloso e que pode ser percebido nos mínimos detalhes. É que nós, como consumidores de Big Macs, não prestamos muita atenção às coisas, além dos sanduíches, fritas, sundaes e cocas.

Pare um pouco. Segure a saliva, ou coma antes... tudo bem. Comeu? Agora saia da loja e entre de novo, observando tudo, detalhe por detalhe, da fachada aos banheiros.

Tudo tem design, tudo tem uma comunicação visual para estimular o consumo, fazendo você se sentir bem e perceber as ofertas, os sanduíches e sobremesas sem fazer esforço. Olhe os uniformes, a forma de dialogar com os fregueses, a solução de problemas, as embalagens, os cartazes, as lixeiras, os canudinhos, os guardanapos, as toalhas de papel, as bandejas, os copos com marcações para diet ou não, a forma de expor as batatas fritas (é difícil resistir). Ouça o som ambiente. Sinta o aroma. Perceba a iluminação. Veja as sinalizações em braile. Vá aos banheiros. Vá ao estacionamento. Tudo é diferente da concorrência. Tudo é bem McDonald's. Limpo, organizado para você se sentir bem, para funcionar bem, para você consumir mais.

A isso se somam a comunicação na fachada, os comerciais na TV, as campanhas beneficentes do McDia Feliz, o treinamento de jovens para a sua mão de obra (no Brasil, o McDonald's é um dos maiores empregadores, formando profissionais bem treinados não só para fritar hambúrgueres ou batatas, mas para bem atender o consumidor).

Isto é Comunicação Integrada de Marketing.

Outro exemplo?

Você vai ao supermercado, para comprar uma lasanha congelada. Chegando lá, tem 8 marcas diferentes, com recheios à bolonhesa, de frango, 4 queijos, de peru com ervilhas, light com chester e outras.

Você nunca comprou lasanha congelada. Não sabe se a melhor é a da Sadia, da Perdigão, da Batavo, da Nonna, da Tia Clara, do Zeca, ou outra.

E você quer comer uma boa lasanha, é claro. Dinheiro não é problema, por isso você não vai decidir com base única e exclusivamente no preço. OK?

Como é que você decide? Como é que escolhe?

Pela embalagem? Pela foto da embalagem? Pelo tamanho da embalagem? Pela publicidade que assistiu na TV, ontem à noite? Pela promoção leve 3, pague 2? Pela degustação realizada no ponto de venda? Pelo folheto que uma promotora lhe deu, no supermercado? Por um comentário de um amigo? Por uma recomendação da sua mãe? O preço é muito atraente? Você não andou lendo uma reportagem no jornal a respeito das novas lasanhas da marca tal? Uma colunista não escreveu que são deliciosas? A marca do fabricante é de confiança? Havia degustação no PDV?

Como você se decide?

Provavelmente por mais de uma destas alternativas.

Quase todas elas são importantes, o que demonstra que a comunicação a respeito da lasanha X não deve estar presa a um só aspecto, deste mix de comunicação.

Buscando simplificar o entendimento a respeito do funcionamento da Comunicação Integrada de Marketing, tomei emprestado da Ogilvy um termo:

Orquestração

A Comunicação Integrada é como uma sinfonia.

Temos a melodia na partitura, com o arranjo elaborado pelo compositor, que pode ou não ser o maestro. A partitura nada mais é do que o planejamento, pois detalha o que vai acontecer e quando, com que intensidade.

O maestro rege a orquestra.

A orquestra pode ser uma sinfônica, completinha. Teremos na primeira fila os violinos e os violoncelos, seguidos dos baixos, das flautas, oboés, metais, as tubas, a percussão e até coral.

Conforme a partitura, o maestro exige da orquestra um comportamento. Parte da orquestra executa a música, enquanto os outros aguardam o seu momento.

Há momentos para solos.

Há momentos para a combinação de diversos instrumentos, muitas vezes tocando linhas melódicas diferentes, mas que se combinam em harmonia.

Há momentos de apoteose, com todos juntos, com força total. Até canhões podem ser usados, como na "1812" de Tchaikovski (uma das minhas preferidas).

Um bom planejamento de comunicação sabe usar, na hora certa, cada músico e cada instrumento, na medida exata. Muitas vezes, mais de um. Algumas vezes, todos. Porém, sempre com base na partitura do planejamento.

É evidente que há espaços para improvisações. Mas só faz jazz quem sabe muito de música, não é mesmo? Duro é ver gente improvisando, quando não sabe tocar nada direito... **"Only plays jazz who knows and feels the** *soul of the music"*, "só consegue fazer jazz quem conhece e sente a alma da música", disse B. B. King.

A parte mais difícil deste processo todo é, vocês já perceberam, elaborar o arranjo musical, a partitura, desenvolver o planejamento.

Requer, repito, conhecimento, dedicação e talento.

Dias desses, ouvi o Derico, o famoso saxofonista do Jô Soares (dizem que o Jô se parece comigo, só que sou uns 30 quilos mais magro, mas ambos temos bom humor), dizendo que **aprendeu a tocar todos os instrumentos, para poder trabalhar como maestro e arranjador.**

Um bom maestro, asseguro a vocês, não precisa ser um exímio executor de todos os instrumentos, mas sabe e conhece muito bem o que pode extrair de cada um deles.

Conhece a potencialidade e as limitações de cada um deles – e dos seus músicos – para poder fazer a sua orquestra render ao máximo.

Um bom planejador de comunicação conhece as vantagens e desvantagens de cada instrumento, suas potencialidades e limitações.

Sempre digo: podemos escolher, no mundo da Comunicação moderna, dois caminhos – ser maestros ou músicos.

Os dois são importantes e fundamentais.

Maestros criam caminhos para o futuro e orientam sua execução.

Músicos executam, seguindo a orientação do maestro ou da partitura planejada.

Claro que existem os que tocam de ouvido... mas só alguns poucos, que são geniais, conseguem sucesso...

Todos os anos, com meus alunos, realizei uma aula prática de orquestração, executando com eles um arranjo do imortal Ray Conniff (que eles acham detestável, coisa de "coroa" da "velha guarda", mas todos conhecem de cor).

Executamos **"Besame Mucho"**.

Primeiro, divido a sala em grupos. Um grupo será o coral, outro os violinos, outro os metais, outro a percussão, e assim por diante. Em seguida, cada grupo "executa" a sua parte. Executam mesmo, pois assassinam a música... Uma tragédia. Ensaiamos um pouco, grupo a grupo. Eu regendo cada um, depois alguns grupos e finalmente o todo. Aos poucos, vou unindo os grupos (instrumentos) e em menos de 20 minutos a coisa funciona.

Geralmente o inspetor do corredor vem ver o que é aquela bagunça... mas garanto a vocês que o *"**Besame Mucho**"* sai afinadinho, com diversas vozes, tons e linhas melódicas compondo um dos melhores arranjos do velho Ray. (Ray Connif faleceu no final de 2002, mas tive a oportunidade de dançar com minha mulher, ao som da sua inesquecível orquestra, numa ocasião que, pelo menos para nós dois, será sempre inesquecível... *"***Love is a many splendored thing***"*).

Maestros são generalistas especiais.

Músicos são especialistas.

Boa música é divina.

A boa música precisa dos dois, do maestro e dos músicos.

A boa comunicação idem.

Lendo o livro *"The Future of Advertising"*, de Joe Cappo, editor-chefe de **Advertising Age**, lançado em 2003 nos Estados Unidos e no final de 2004 no Brasil, como **"O Futuro da Propaganda"** (ops), encontrei uma outra analogia interessante, sobre o nosso trabalho de planejamento.

É a Arquitetura de Comunicação.

Os planejadores são os arquitetos, que criam uma casa com base num briefing e num diagnóstico, correto? Analisam as necessidades e interesses do cliente, o terreno, o orçamento, etc... e planejam o futuro, ou a futura casa.

Aprovado o projeto, entram em cena os especialistas para fazer a limpeza e preparação do terreno, as fundações, as liberações legais e documentações, os marceneiros, os carpinteiros, os pedreiros, e daí por diante, até chegar aos pintores, colocadores de mármores e granitos, carpetes e aos decoradores...

É o mesmo trabalho nosso.

Só que, infelizmente, muita gente ainda anda construindo casas de comunicação sem planejamento, sem fundações ou fundamentos...

Um dia, a casa cai.

Quando atendíamos a Encol, recebemos grandes lições de marketing imobiliário.

Era impressionante como tudo era pesquisado, analisado, pensado bem antes de se planejar um novo empreendimento. E antes de uma nova campanha de lançamento.

Podíamos saber quem seriam os futuros compradores, o que eles iriam desejar nos seus apartamentos ou escritórios, assim como o que seria relevante na comunicação ainda na fase de briefing...

E isso proporcionava grandes resultados, em vendas, em comunicação eficiente, em maximização de recursos, em eliminação de desperdícios, em bons resultados.

Os arquitetos já sabiam, antes de desenharem seus projetos, se o prédio deveria ter varanda, quantos quartos, quantas suítes, se haveria lareira, se necessitariam de dependências de empregada, quantos elevadores, se na varanda ou na cozinha haveria uma churrasqueira, quantas vagas de garagem, etc.

Com o projeto pronto, éramos chamados para o briefing de campanha, onde nos eram passadas as informações mais importantes para a nossa comunicação (localização, preço, facilidades de pagamento, metragem, descrição do imóvel e da vizinhança, áreas de lazer e comuns, etc.).

Dificilmente poderia haver erro, pois sabíamos o que dizer. E era justamente o que os compradores de maior potencial (que já haviam sido identificados e pesquisados) queriam ouvir.

Chegamos a ter uma média de 1.200 visitas aos estandes da Encol, só em Curitiba, por mês. E a uma média em vendas de 120 imóveis por mês. E em todas as cidades a construtora operava da mesma forma. Com sucesso.

E com um bom lucro, para um sistema de administração e construção dos mais modernos e eficazes que já vi. Porém resolveram construir shoppings e hotéis, que não são assim tão geradores de lucros a curto prazo e houve um descompasso no caixa. Recorrendo aos bancos, a Encol se endividou. Daí para a falência foram apenas alguns meses.

Pena, para muita gente. Mais de 36 mil clientes perderam muito dinheiro com seus imóveis inconcluídos. Mais de 10 mil operários perderam seus empregos. E o mercado perdeu um exemplo de marketing fantástico.

OS INSTRUMENTOS DE COMUNICAÇÃO

Nas próximas páginas, apresento um pequeno guia comentado dos principais Instrumentos de Comunicação, utilizados para o Planejamento de Comunicação Integrada de Marketing, atualmente.

E explico: instrumentos são táticos, não são estratégia, como alguns pensam, por exemplo, ao dedicar todos os seus esforços e investimentos a um instrumento só, como as redes sociais (que estão no auge da moda).

Usar o Facebook, o You Tube, o Orkut ou o Linkedin são ações táticas, integradas necessariamente num pensamento estratégico mais completo – que já chamei, aqui, de orquestração (mas pode ser chamado de construção de imagem de marca, de memorização e de vendas).

Bem, vamos aos instrumentos (ou aos principais deles, pelo menos):

PUBLICIDADE

Publicidade é a criação e a veiculação (ou distribuição) de mensagens de vendas eficientes, para públicos selecionados.

Não é a tradução de **Publicity**, que significa Assessoria em Imprensa, uma das atividades de Relações Públicas. Infelizmente, no Brasil, este termo é traduzido de forma equivocada, como Publicidade. Pior, ainda frisam que é "uma forma não-paga de comunicação".

Se Publicidade é não-paga, avisem à Globo! Ela cobra!!! E bem.

Vale a pena ler, entre tantos livros maravilhosos: **A Ciência da Propaganda**, de Claude Hopkins; **Confissões de um Publicitário** e **A Publicidade Segundo Ogilvy**, de David Ogilvy; **Bill Bernach's Book**, de Rob Levenson; *Tested Advertising Methods*, de John Caples; *The Art of Writing Advertising* (uma coleção de entrevistas com Bill Bernach, Leo Burnett, George Gribbin, David Ogilvy e Rooser Reeves); *The Leo Burnett Book of Advertising*; **Propaganda de A a Z**, de Rafael Sampaio; *Kleppner's Advertising Procedure*, de J. Thomas Russel, Glenn Verril e W. Ronald Lane – uma verdadeira bíblia); **Propaganda**, de Armando Sant'Anna; o delicioso **Abóboras ao Vento**, de Evandro Barreto, e **A Publicidade como Negócio**, de John Philip Jones (felizmente editado no Brasil pelo grupo de Mídia de São Paulo), e o ótimo "**The Fundamentals of Advertising**", de John Wilmshurst e Adrian Mackay, editado pela **ISBA** (Associação Inglesa de Anunciantes), entre outros.

PROPAGANDA

Propaganda é a criação e a veiculação (paga ou não) de mensagens doutrinárias de cunho político, religioso ou ideológico.

No Brasil, se confunde o uso da palavra Propaganda com Publicidade, o que é um equívoco histórico. No mundo todo, exceto em nosso País, Propaganda é comunicação política, ideológica ou religiosa. Podem conferir.

Olivetto faz Publicidade. Goebbels fazia Propaganda.

Vale a pena ler a biografia de Joseph Goebbels e livros sobre comunicação e política como **"O Estado Espetáculo"**, de Roger Wchawrtzenberg; **"Minha Luta"**, de Adolf Hitler (aquele mesmo, o baixinho de bigodinho ridículo que colocou a Alemanha em guerra contra meio mundo); **"Vende-se um Presidente"**, de Joe McGinnis, e a biografia **"Doutor Goebbels"**, mentor da propaganda nazista, de Roger Manvel e Heinrich Fraenkel. Ou ainda assistir ao filme **"O Triunfo da Vontade"**, de Leni Riefenstahl, feito em 1934, antes da II Guerra Mundial, retratando em documentário um grande congresso e toda a parafernália de Propaganda total que Goebbels desenvolvia para o nazismo e para Hitler. Tenho uma cópia em DVD deste filme histórico sobre o fanatismo que levou os alemães aos horrores do nazismo. Leiam, também **"1984"**, de George Orwell. Li bem antes de 84, mas ainda hoje impressiona, pelo controle da informação, manipulação e poder que um governo pode ter, sabendo usar a Propaganda (além de outros instrumentos de controle e de subordinação como o Big Brother).

PROMOÇÃO

É promover a ação para vendas, principalmente. São ideias e ações para estimular o consumo, que devem ser realizadas por tempo limitado.

Não é eficiente fazer promoção o tempo todo, como se vê por aí. Quem faz promoção o ano todo devia mais é baixar os preços, não acham?

As formas mais usadas de Promoção são os descontos, liquidações, sorteios, concursos, cupons, degustações e demonstrações.

Faltam cursos, no Brasil, de aprimoramento neste importante instrumento, e há poucos bons livros disponíveis a respeito. A maioria dos profissionais da área aprendeu fazendo, errando e acertando.

Vale a pena ler o livro *"The Best Sales Promotions"*, de Bill Robinson (que tem tradução no Brasil, mas para variar é uma tradução equivocada e incompleta); *"Choosing the Right Sales Promotion"*, de Alan Toop; *"Promotion Management and Marketing Solutions"*, de Terence Shimp; *"Your Advertising is Great... How's Business – The Revolution in Sales Promotion"*, de Bud Frankel e H.W. Philips, e **Promoção de Vendas**, do dinâmico amigo João De Simoni, além do novo livro *Elements of Sales Promotions,* de Don Schultz.

MERCHANDISING

É colocar a mercadoria em destaque, para alavancar vendas. *Merchandise* significa mercadoria, ou, se quiserem, produto. Merchandising é colocar o produto em evidência, no ponto de venda, na mídia, no ambiente. Ou colocar o produto em movimento – vendendo.

Merchandising não é aquilo que fazem na TV, no Brasil, quando anunciam um produto ao vivo. Aquilo é apenas um comercial ao vivo, chamado de merchandising apenas para burlar a legislação que só permite 15 minutos de publicidade por hora... É o *Merchan* (criação brasileira).

Merchandising, no Primeiro Mundo, abrange também a ciência e a arte de desenvolver o produto, desde a sua concepção, design, desenvolvimento, formulação, embalagem, embalagens de transporte e armazenagem, logística, preço, custeio, etc.

Os grandes estúdios norte-americanos têm adicionado, digitalmente, produtos em filmes antigos, como forma de arrecadar dinheiro para viabilizar a reedição de muitos clássicos do cinema. Não estranhe, por isso, se no clássico **"Casablanca"** surgir uma garrafinha de Coca-Cola na mesa do Humphrey Bogart.

Há poucos livros bons a esse respeito, no Brasil, porém recomendo ler o excelente **"Merchandising no ponto de venda"**, de Regina Blessa; **"Além das Gôndolas"**, de Maurício Alarcon e **"Merchandising no Varejo de Bens de Consumo"**, de Joaquim Caldeira da Silva.

MARKETING DIRETO

Marketing Direto é o desenvolvimento de ações de comunicação dirigida, com o uso de mídia ou não, para públicos selecionados e conhecidos, com grande possibilidade de mensuração rápida de resultados.

Os meios mais utilizados são os Correios (com malas-diretas), a Internet (com databases e ações customizadas), o telefone (telemarketing) e a televisão (com os infomerciais), mas também se pode utilizar o jornal, o rádio e as revistas, com cupons de desconto ou apelos para ligações telefônicas ou para sites da Internet, entre tantas alternativas.

Acredito que o grande problema do Marketing Direto esteja na necessidade de resposta imediata por parte do consumidor.

Se você deixar para responder depois, dificilmente o fará.

Além disso, em alguns casos, os custos de Correios tornam algumas ações muito onerosas.

De acordo com diversos especialistas norte-americanos, os índices de resposta de mensagens de Marketing Direto são da ordem de 5%, naquele país, chegando a 8% se a oferta for irresistível. Minha fonte desta informação é da IBM.

Vale a pena ler **O Poder do Marketing Direto,** do meu amigo Ray Jutkins; **Marketing Direto,** de Bob Stone; **Beyond Maximarketing** e **Maximarketing I e II,** Stan Rapp e Collins, e *Direct Marketing Handbook,* de Edward Nash, entre outros livros importantes.

Com o desenvolvimento da Internet, devem crescer – e muito – as ações de marketing direto e de vendas online (como já se pode verificar nos países mais adiantados).

INTERNET (Webvertising)

Quando termino este livro, em 2012, cerca de 43% dos brasileiros têm acesso à Internet (rede mundial de computadores), o que significa, é claro, que 57% ainda não têm. É muita gente!

No mundo todo, os números mais recentes são da ordem de 70% dos habitantes sem computadores, sem Internet, sem redes sociais... É bom pensar nisso.

Nossa realidade, nas faculdades, nas agências, no nosso trabalho e no nosso dia a dia não é igual à de bilhões de pessoas no mundo (praticamente 2/3 dos habitantes do planeta não vivem a chamada inclusão digital) e à de milhões no Brasil (cerca de 110,6 milhões dos 194 milhões de brasileiros não têm computador).

Mas, é claro, vão me corrigir, muitos têm celulares e smart-phones e podem acessar a web nos seus telefones. Todavia, só uma minoria o faz, asseguram as mais recentes pesquisas. Nem 10% dos donos de celular navegam na web, muito além de enviar e receber torpedos (se isso pode ser chamado de navegação).

Hoje, a Internet cresce de forma galopante, como veículo, como mídia, como possibilidade de investimentos publicitários. Já chega, no Brasil, a mais de 4,6% do bolo publicitário (contra mais de 69% da TV!).

É uma possibilidade de comunicação selecionada, dirigida, personalizada e de baixo custo – e é aí que reside um belo problema: **publicidade se compra pelo resultado positivo que ela gera e não por custo**.

Sei que minha voz vai de encontro e se choca à de muitos, do mercado, mas penso que a *webvertising* (publicidade na web) ainda precisa evoluir muito.

Ainda engatinhamos na web, mesmo com anúncios interativos no iPad, no iPhone e nos nossos Macs, PCs, notebooks, smartphones e tablets.

Imaginem um mundo de comunicação muito além de clicar em banners, em links, de patrocínios e promoções, como as do Groupon e do Peixe Urbano, por exemplo.

Legal a empresa entrar nas redes sociais, mas não basta postar alguma coisa, alguma notícia, por exemplo, do interesse da minha indústria de azeitonas (quando deveria estar me comunicando com os consumidores e desenvolvendo uma relação de duas vias com eles, fundamentada nos interesses deles e não só nos da indústria).

A Internet possibilita o diálogo, a interatividade, o entretenimento, a informação, a troca de ideias, a correção de rumos, a proposição de novos estilos e posturas, o treinamento, a exposição de produtos, serviços e tendências, pesquisas e uma infinidade de atividades. Mas a maioria não faz 1/100 disso.

O que mais vemos são sites estáticos, com monólogos, com aquilo que o anunciante quer dizer, ao invés daquilo que o leitor gostaria de ler, ver ou ouvir. Não há diálogo, na maioria dos sites (que são meros catálogos ou folhetos transportados do papel para a telinha).

Não há movimento, ação, demonstração, quando isso hoje é tão fácil!

É facílimo acrescentar diálogos, blogs, games, vídeos, links, atualidades. Fácil ouvir e responder. A tecnologia nos permite isso, com baixo custo e grande eficiência – mas tem que se atualizar sempre e estar atento todos os dias do ano.

É fundamental saber o que falam e escrevem de você, na web, não é? Com os instrumentos de buscas e empresas especializadas é fácil detectar problemas, corrigir rumos e dialogar. Basta querer.

Em nenhum instrumento de comunicação você fica sem mudar a mensagem por anos. Na Internet, por incrível que possa parecer, algumas empresas pensam que podem. Montam um sitezinho, que fica lá (até com o telefone antigo) por uma década (e não estou exagerando).

Nos sites, como na publicidade tradicional, possuímos diversos targets (públicos-alvo), nunca um só.

Uma empresa de alimentos, por exemplo, pode ter como alvos o trade (supermercadistas. atacadistas, distribuidores), a Imprensa (especializada no trade ou em alimentação, ou em economia e negócios), os consumidores (por segmentos, como as crianças, as mães e outros), públicos influenciadores importantes (como médicos, pediatras, nutricionistas), seus próprios funcionários (diferentes como peões de fábrica a vendedores qualificados e administradores dedicados, todos desejando sentir o maior orgulho da empresa onde trabalham, além de terem no site um instrumento de apoio fundamental).

Há ainda os investidores, os bancos, os políticos, lideranças da comunidade e todos que possam se interessar pela empresa, pela marca e pelos produtos e seus benefícios.

Para o público infantil, cada vez mais ativo na web, um bom site de alimentos (com produtos para crianças) precisa ter um canal, um hot-site, uma conexão com um mundo todo dedicado às crianças, com estórias, games, curiosidades, personagens e outros atrativos.

Da mesma forma, os públicos teens e mais jovens têm outras aspirações, interesses e necessidades, por isso música e games podem ser caminhos bem-vindos.

Para o trade, mais do que um sistema de informações estático, podemos desenvolver e-commerce para clientes com crédito pré-aprovado, com negociações online (com menor custo de vendas).

Desenvolver receitas pode ser um serviço útil e interessante não só para as mães, como para Grandes Consumidores (Food Service/Cozinhas Industriais) e para a Imprensa que busca novidades para suas páginas de gastronomia e culinária.

Investimentos, ações sociais, ambientais, educacionais, esportivas e culturais, melhorias comunitárias, treinamentos, eventos, lançamentos de produtos interessam a muitos dos públicos e podem ser comunicados via blog, no site, mais newsletters e email marketing (desde que se criem e se mantenham mailings amplos e atualizados).

Há vários livros muito bons sobre comunicação de marketing na web, que podem ajudar a vocês mais e melhor do que eu.

Só quero deixar um ensinamento que considero básico: **na Internet, quanto mais simples melhor funciona**. Não compliquem. Não queiram vender todos os produtos e serviços num website. Use o site para atrair, construa caminhos paralelos, segmente, personalize, simplifique, seja atraente e útil. Se for útil, a metade do caminho (ou mais) estará percorrida.

Recomendo ler: **"How to Advertise"**, do Kenneth Roman (só em inglês, mas barato e essencial); **"Biblioteca de Gestão de Marketing"**, de vários autores especialistas (capítulo sobre a Internet); **"Google Marketing"**, de Conrado Vaz; **"Marketing 3.0"**, de Philip Kotler; **"O Poder to Twitter"**, de Joel Comm; **"Click"**, de Bell Tancer; **"Blog Marketing"**, de Jeremy Wright; **"Estratégias de Email Marketing"**, de Murilo Gun e Bruno Queiroz; **"Buzzmarketing"**, de Ben McConnel e Jack Huba; **"Blog – Entenda a Revolução"**, de Hugh Hewitt, e o excelente **"Sundae com Almôndegas"**, de Seth Godin, entre tantas outras opções que há nas livrarias e bibliotecas, no iPad, no Nook, no Kindle...

RELAÇÕES PÚBLICAS

É a atividade que planeja, administra e executa toda a comunicação de uma empresa, com todos os seus públicos (internos e externos).

Por isso, requer um amplo conhecimento de todos os principais instrumentos de comunicação utilizados. Na verdade, seria a "mãe" da Comunicação Integrada de Marketing.

Todavia, no Brasil, novamente, não é bem assim. Com exceção das multinacionais e das grandes corporações, as funções de Relações-Públicas são malcompreendidas e na ampla maioria das vezes o que se faz nada tem a ver com a essência desta profissão tão importante.

Fui professor de Relações Públicas, da Universidade Federal do Paraná, por 4 anos – e dos mais de 250 alunos de então, de 1983 a 1986, creio que só 2 ou 3 continuam exercendo a profissão como deveria ser.

Qual é o problema? É a falta de cultura e de conhecimento do empresariado, que não sabe o que é Relações Públicas, nem para que serve. Acreditam que é para organizar festinhas de aniversário, recepcionar visitantes, participar em feiras e exposições, organizar jantares... o que uma mocinha bonita, com o Segundo Grau, resolve (aliás, vejam os anúncios pedindo Relações-Públicas: Precisamos de moças de 18 a 21 anos de boa aparência, para atuarem como Relações-Públicas de nossa empresa... nada mais é do que moças bonitas para vendas externas, ou outras atividades menos nobres).

Relações-Públicas é uma função essencial, na vida de uma boa empresa, no seu relacionamento com todos os seus públicos: funcionários, fornecedores, parceiros, acionistas, vizinhos, comunidade, políticos, imprensa, clientes, consumidores, etc.

Não é um serviço de bombeiros, para ser usado só quando acontece um grande problema, ou uma crise – como pensam e agem muitos empresários, que esperam milagres dos profissionais de RP e da assessoria de imprensa, nestas horas. É um trabalho contínuo, planejado, de relacionamento, de construção de laços de relacionamento da empresa e dos empresários com todos os seus públicos.

Há muitos livros a respeito, porém o mais completo é **Relações Públicas** (2 volumes), de Bertrand Canfield, que é difícil de ser encontrado. Mas é a Bíblia das Relações Públicas, há décadas. Creio, até, que serviu de inspiração para os criadores de novas nomenclaturas, como Comunicação Integrada, Marketing Social, Marketing Cultural, Marketing Esportivo, Marketing Ecológico, Endomarketing e outros. Procurem em sebos... Se acharem, comprem. Se não puderem comprar peçam emprestado e pelo menos leiam. Boas universidades têm estes livros nas bibliotecas.

Em julho de 2003, a revista Relações Públicas definiu RP assim: "**tem por princípios promover a eficácia, a eficiência e a produtividade, colaborando para a consciência do lucro, da livre iniciativa e do adequado relacionamento com o público**".

Creio que voaram, um pouco demais, apesar da louvável lembrança de que lucro é um objetivo saudável (no Brasil, muitos ainda pensam que é pecado!).

Relações Públicas é planejar e executar comunicações eficientes, com todos os públicos, o tempo todo. O resto, amigos, é modismo...

MARKETING ECOLÓGICO, CULTURAL, ESPORTIVO...

Na verdade, instrumentos hoje muito difundidos como Marketing Ecológico, Ambiental ou Verde, Cultural, Esportivo, Educacional e outros nada mais são do que ações de Relações Públicas – como pode ser percebido na leitura do livro do Canfielfd (já citado em RP), ou mesmo em publicações do Kotler, como **"Marketing para Instituições sem Fins Lucrativos"** ou **"Marketing Educacional"**.

São atividades de RP segmentadas de acordo com interesses de algumas empresas ou públicos, que têm, no fundo, o mesmo objetivo: conquistar a opinião pública (para a empresa, sua marca, seus produtos e/ou serviços).

MARKETING DE RELACIONAMENTO

Idem com "Marketing de Relacionamento" e **"CRM/Costumer Relationship Management"**. Não é nada mais do que RELAÇÕES PÚBLICAS (mas nem os profissionais de RP sabem disso, em sua maioria, pois se soubessem estariam ocupando posições-chave, da maior importância, nas empresas brasileiras).

Idem com **Programas de Fidelização**. Nada além de RP, bem feitinha e aliada com vendas e promoção. Requer organização, procedimentos, processos e, claro, a informática – mas é mais do que compilar dados: é compreendê-los e agir com eles.

Há algum tempo, reclamei, por escrito, junto ao Presidente do WalMart sobre alguns problemas que julguei poderiam ser solucionados em suas lojas. Dias depois, recebi um telefonema dele, pedindo desculpas, agradecendo minhas críticas e sugestões e afirmando que estavam corrigindo as falhas.

O falecido fundador e presidente da TAM, Comandante Rolim, também agia assim e criou uma forma de relacionamento tão diferenciado que a sua empresa cresceu a ponto de conquistar a liderança do mercado brasileiro da aviação comercial. Não é verdade?

MARKETING SOCIAL

Também é Relações Públicas, pura e simples.

No entanto, reproduzo – mais adiante – artigo que escrevi em 1999, a esse respeito – quando pouco se falava no Brasil sobre Marketing Social (ou Marketing de Causas Sociais/MCS), que não é caridade, é ação social para formar opinião favorável, ampliando vendas e lucro para quem o pratica com profissionalismo e sabedoria.

O Instituto Ethos, que valoriza a ética e a ação social nas empresas brasileiras há alguns anos, divulgou uma pesquisa, em 2002, que revelava dados importantes:

- "51% dos consumidores brasileiros julgam a qualidade das nossas empresas pelo tratamento dispensado aos funcionários e conduta ética nos negócios.
- 31% alegam já ter prestigiado ou punido empresas de acordo com o desempenho delas no âmbito da responsabilidade social.
- 24% dos consumidores procurariam comprar produtos de empresas com bom desempenho no âmbito da responsabilidade social.
- 19% dos consumidores declararam que deixariam de comprar produtos de empresas que não consideram socialmente responsáveis.
- 53% boicotariam produtos de empresa que se utilizasse de trabalho infantil.
- E 73% deixariam de comprar de empresa suspeita de corrupção."

Como se percebe, o Marketing Social, ou MCS, é amplo campo de trabalho para Relações Públicas.

ASSESSORIA DE IMPRENSA *(PUBLICITY)*

A Assessoria de Imprensa é o trabalho de construir relacionamentos entre a empresa (empresários) e a Imprensa (jornalistas), através da facilitação de acessos, montagem e coordenação de entrevistas (individuais ou coletivas), produção de artigos, notas (exclusivas ou não), matérias e press-releases, organização e realização de eventos, com o objetivo de transformar os empresários em fontes dignas de crédito para a Imprensa (jornalistas), gerando um saudável fluxo de informações para o público. O Governo e outras instituições também se utilizam destes serviços.

Não é – ao contrário do que muitos pensam, e até praticam – redigir *press-releases* e enviar esses *releases* para os jornais, revistas, TVs e rádios. *Release*, aproveitando, quer dizer liberado (informação liberada).

Notícia é informação de interesse público. Não é autopromoção, não é badalação em coluna social, nem *release* promovendo produtos – só se houver uma novidade de interesse público.

Infelizmente, muitos jornalistas jogam *releases* **no lixo, sem ler – quando os** *releases* **podem até ser origem para boas reportagens. Hoje em dia, deletam as mensagens, sem ler...**

É que muitos jornalistas, por incrível que possa parecer, odeiam os publicitários e os relações públicas, sem perceber que o pagamento dos seus salários depende da plena satisfação dos anunciantes.

Sei que o tema é polêmico e não desejo polemizar muito, neste momento – mas ativar a economia, estimular o consumo e valorizar as indústrias e o comércio não fazem mal algum ao bom jornalismo. Ou fazem?

Todos os leitores dos jornais adoram ler sobre lançamentos de novos produtos, novos sabores, novas receitas, novos tratamentos, novas curas, novas tecnologias, novos ganhos em produtividade, etc... E cada vez mais querem ler menos sobre problemas, crises, mortes e tragédias. Estou errado?

Recomendo ler, novamente, o livro "Relações Públicas", do Canfield, assim como *Public Relations & Publicity,* **de Dorothy Doty (um handbook com tudo sobre o assunto) e o excelente "Assessoria de Imprensa e Relacionamento com a Mídia", organizado por Jorge Duarte, com a participação de 23 especialistas (é ótimo). Em 2008, o jornalista e historiador Heródoto Barbeiro lançou o livro "Mídia Trainning", que ensina aos simples mortais como "enfrentar" os jornalistas. Vale ler, ainda, os livros do Mário Rosa, "A Era do Escândalo" e "A Reputação na Velocidade do Pensamento" e o "Mídia Trainning" de Nanci Assad.**

A Assessoria de Imprensa só é condenável e repreensível quando não atua de acordo com a ética e a lei, quando tenta atuar como censora ou impositora, quando é tendenciosa ou mentirosa e quando é corruptora –

mas, a partir daí, não é mais profissional, é picaretagem... o que é outro assunto.

Uma boa assessoria merece – sempre – o respeito dos bons jornalistas, assim como dos publicitários.

ILUMINÁTICA/MARKETING DE LUZES

Iluminática é a construção de valores e brilhos, através da exploração das sombras e das luzes, no ambiente. É o uso técnico das luzes – e das sombras.

Como me disse Theo Kondos, "é o drama e a luz, é a tristeza que faz a alegria ter valor. Só existe felicidade, porque existe tragédia. Só existe a beleza do brilho do dia, porque existe a escuridão da noite. Sabendo harmonizar drama e brilho, construímos uma harmonia que impressiona, entusiasma e motiva!"

Theo Kondos é nova-iorquino e um dos maiores especialistas em Iluminática do mundo. Entre outras obras, realizou EuroDisney de Paris, Rockfeller Center, de New York, Epcot Center, em Orlando. E o conheci quando dos projetos de iluminação do Crystal Plaza Shopping Center, em Curitiba. Um gênio.

Tire algum tempo de folga e vá ao shopping, com os colegas. No início da noite. Observe as vitrines. Quais têm jogos de luzes e sombras, que valorizam os produtos?

E na Praça de Alimentação. Sente-se e olhe com calma, loja por loja. Você perceberá quem é profissional, quem não é.

Adivinhem qual é, disparada, a melhor loja?

Passeie pelo **mall**, que é o corredor do shopping. Olhe com outros olhos, vendo, observando e percebendo. Faça isso no início da noite, especialmente.

Veja a diferença entre uma Fast Shop e uma Casas Bahia, no mesmo shopping. Veja a diferença entre a Fnac e outras livrarias. Veja a diferença da L'Occitane com as outras lojas de perfumaria e cosméticos.

Há raros livros sobre o assunto e dá para achar alguma coisa no **Google**. Sugiro buscar em livros de arquitetura, shopping centers e iluminação de ambientes.

Em Marketing, Comunicação e Publicidade, provavelmente vocês não encontrarão um livro sequer – apesar da importância que tem a luz, na vida das pessoas e no consumo. Apenas algumas publicações europeias, de marketing e comunicação, tratam deste assunto.

Pense: A que horas do dia você tira melhores fotografias?

Não é ao meio-dia, com o sol a pique. É no final do dia, depois das 16 horas, quando o sol vai ficando alaranjado, quase vermelho, as luzes idem, quando se ampliam as sombras e os contrastes... tudo fica mais bonito, não é mesmo?

Experimente fotografar um belíssimo filé-mignon frito, com tomates e batatas fritas, com luz branca, e depois com luz amarela. Verifique a diferença. É brutal! A luz branca tira o apetite. Meu amigo e grande fotógrafo Sérgio Sade (ex-editor-chefe de fotografia da Editora Abril) concorda comigo.

E como tem restaurante com luz branca! Supermercado com luz branca! Equipamentos para supermercados são com luz branca e fria, que "preteia" a carne... e deixa os clientes com olheiras.

Uma perguntinha básica: A cozinha da sua casa é iluminada com luz branca?

Bom, eu acho que arquitetos – generalizando – não entendem nada de cozinha. Nem de projeto de cozinhas, nem de iluminação de cozinhas, tanto que colocam luzes brancas nelas, extraindo todo o **appetite appeal** (apelo de apetite) da refeição em elaboração.

No meu prédio, só a minha cozinha tem luzes amarelas.

Intervalo... Para comentário crítico e polêmico:

Aliás, também não entendo arquitetos elaborando programação visual de empresas, pois eles não entendem nada de **comunicação** visual.

Daí surgem barbaridades, que ninguém consegue ler a 2 metros de distância, combinações de cores extravagantes, preto sobre preto, branco sobre branco, falta de contraste, tipologias inadequadas e pequenas, textos na vertical...

Mas isso é assunto para outro momento, talvez até para um outro livro... Design e comunicação visual são comunicação, não são Arquitetura. Pode haver semelhanças, mas é muito diferente.

MARKETING DE AROMAS

Marketing de Aromas é o uso de aromas, para estimular o consumo e o bem-estar no ambiente.

Na verdade, é uma terapia usada pelos orientais, há milênios, para a meditação, o relaxamento e o repouso, que ganhou novos contornos e objetivos nas últimas décadas, com a descoberta de aromas que incentivavam o consumo.

No Reino Unido, em 2002, uma pesquisa, apresentada pela BBC, chamada **"Consumer Behaviour"** ou "Comportamento do Consumidor" comprovou que os homens que entravam numa loja de roupas masculinas, com aroma de baunilha, não compravam nada e tinham pressa de ir embora.

Porém, quando o aroma era de rosas, os homens não só compravam, como voltavam no dia seguinte, para comprar mais.

Quem já foi à Disney, em Orlando, pode sentir, em cada loja, em cada lanchonete, em cada restaurante, em cada ambiente, um aroma diferenciado, que cria o clima, que estimula os sentidos, que dá vontade de comer ou até de comprar.

Nos shopping centers e grandes lojas norte-americanas e europeias, é fácil perceber o uso dos aromas – assim como das luzes – para motivar as compras. É só observar. Ver é bem mais do que olhar... e sentir é mais do que cheirar.

Já existem, no Brasil, empresas especializadas em aromas, não só para o mercado de alimentos, como para ambientes. O Park Shopping Barigui, de Curitiba, o Iguatemi e outros trabalham com aromas (pena que muitas das suas lojas ainda não). O Boticário, é claro, trabalha excepcionalmente bem com aromas em suas lojas franqueadas, no Brasil e no exterior.

Há bons livros, sobre aromas e terapias com aromas, que podem ser úteis. Basta pesquisar, nas livrarias ou na biblioteca mais próxima.

PATROCÍNIO

É o desenvolvimento de ideias, ações e investimentos em eventos ou causas, para os propósitos corporativos de uma empresa, tais como melhorar a imagem de marca e reputação, com o objetivo de um maior reconhecimento e simpatia para a marca/produto – para ampliar as vendas.

Viram? Patrocínio que não ajuda a vender é dinheiro jogado fora (e, no Brasil, a maioria das ações de patrocínio é dinheiro desperdiçado).

É um campo no qual, infelizmente, proliferam o amadorismo, a picaretagem, achologia, a filantropia (isso não é profissional), a amizade e os favores, ao invés da análise profissional de que retornos estas ações podem gerar.

Na Europa e na América do Norte, há empresas de **sponsorship** (patrocínio) há mais de 15 anos, desenvolvendo projetos grandiosos como os da NBA, do futebol americano (aquele que eles jogam com as mãos, apesar de se chamar **football**), do box, do tênis, do automobilismo, dos esportes em geral, dos lançamentos cinematográficos (são belos exemplos) e imobiliários (Donald Trump é o campeão), dos parques temáticos (Disney, Epcot, Universal, MGM, Busch Gardens e tantos outros) e de produtos de consumo.

Foram os patrocínios de empresas de alimentos e higiene e limpeza que viabilizaram a televisão nos Estados Unidos, criando, produzindo e veiculando programas, novelas, shows e filmes, por décadas.

São os patrocínios, como os da Coca-Cola, Kodak, Fuji, IBM, Marlboro, Exxon, Shell, McDonald's e outros, que viabilizam eventos como as Olimpíadas, a Copa do Mundo, a Fórmula-1 e a Indy.

São os patrocínios, como os da Ambev, Coca-Cola, Fiat, GM, Tim, Vivo, Correios, Embratel, Banco do Brasil, Caixa e outros que viabilizam o Campeonato Brasileiro e os regionais, como viabilizam o vôlei, o basquete, a natação, o judô e outros esportes, no Brasil, assim como o Carnaval no Rio, em Sampa e no Nordeste, que são os mais badalados.

Pena que muitos deles levam mais em conta a exposição da marca na mídia do que todos os benefícios que estas parcerias podem desenvolver, na conquista e na fidelização dos públicos envolvidos. Desta forma, se esgotam rápido demais.

A Coca-Cola Company, por exemplo, tem um projeto de parceria e patrocínio com os parques da Disney que dura há décadas, porque é permanentemente repensado e renovado.

Ações de patrocínio podem (ou não) envolver mídia, mas isto não significa que elas serão mais ou menos importantes. Patrocinar um campeonato de golfe, no clube mais VIP da cidade, pode ser interessantíssimo para um banco, ou uma construtora de qualidade, ou um bom vinho. O Boticário patrocina o Jardim Botânico de Curitiba.

Para a Copa do Mundo da Alemanha, de 2006, os investimentos iniciais previstos dos anunciantes brasileiros superavam os 3 bilhões de reais (em ações de patrocínio, promoção, merchandising, publicidade e outras). Mas os 15 patrocinadores oficiais investiram mais de 600 milhões de euros na Copa da Alemanha, segundo o jornal inglês The Times.

Em 2008, as Olimpíadas de Pequim conseguiram cerca de 840 milhões de dólares, com seus 12 patrocinadores principais, além do que patrocinadores não-oficiais, como a Nike, investiram em atletas de ponta ou na mídia.

É difícil encontrar bons livros no Brasil sobre patrocínio.

EVENTOS

A idealização, o planejamento e a execução de eventos podem ser entendidos como uma ação de Relações Públicas, como pode ser de Promoção, ou mesmo de Merchadising, ou de Assessoria de Imprensa.

Geralmente, um evento é a criação de uma situação diferenciada, para atrair clientes, prospects, formadores de opinião e a mídia, com o objetivo de anunciar uma novidade ou de valorizar uma marca, produto ou serviço – com aquela ação diferenciada.

Festas, coquetéis, lançamentos, desfiles, entrevistas coletivas, exposições, feiras, shows, sorteios, concursos, vernissages, cafés da manhã, almoços e jantares, viagens, conferências, congressos, seminários, inaugurações são algumas das ações mais usadas hoje em dia.

Ações que, além do acontecimento em si, podem envolver iniciativas de Publicidade, RP, Assessoria de Imprensa, etc., numa orquestração que pode ser poderosa – se bem planejada e realizada.

Ações de alta eficiência em mercados com públicos segmentados e conhecidos. *"Event Marketing"*, como os americanos as chamam, são formas cada vez mais poderosas de atrair, persuadir e conquistar clientes, na arena da comunicação e do marketing atuais – porque possibilitam uma ação direta, impactual e personalizada, principalmente.

Porém, tudo tem que correr de forma perfeita, 100% perfeita, para que o encantamento seja total, completo. Qualquer falha, erro ou acidente pode pôr tudo a perder – e quebrar o fascínio que o evento deve exercer entre seus participantes.

De um campeonato de golfe a um torneio de vôlei na praia, a um lançamento de um perfume ou de um shopping center, os clientes e prospects têm que ser completamente encantados pelo fascínio do evento (com seu tema, objetivo, desenvolvimento, atendimento e serviços).

De acordo com Alfred Schreiber, as corporações norte-americanas investiram mais de 3 bilhões de dólares em eventos, por ano, nos anos 90. E estes números estão se ampliando substancialmente, após o ano 2000.

Seja pelo cada vez mais elevado custo da mídia, seja pela eficiência comprovada dos eventos e seus contatos mais próximos, personalizados e eficazes, o número de eventos cresce em grandes proporções no mundo todo – e não é diferente no Brasil.

Por isso, Eventos são um instrumento de alta eficiência, que requerem o mais elevado profissionalismo para o seu planejamento e execução.

Nos últimos anos, por exemplo, planejei e coordenei os eventos de lançamento e de inauguração para 5 shopping centers (Crystal Plaza, Palladium/P. Grossa, Itajaí, Mueller Joinville, Palladium/Curitiba), cada um com as suas características, mas que envolveram mais de uma centena de ações a serem planejadas, contratadas, conferidas, checadas e executadas conforme o planejado.

Tudo teve que ser planejado nos mínimos detalhes: definição do local do evento, contratação de bufê, definição de menu e de bebidas, número de garçons, maîtres e auxiliares, mailing de convidados, distribuição de convites, seleção e treinamento de recepcionistas, seleção de fornecedores diversos, música ambiente, orquestra, show, vídeos, fotos, segurança interna e externa, iluminação, sonorização, estacionamento, vallets, roteiro, discursos, assessoria de imprensa, press-kits, credenciamento, mestre de cerimônias, cachês, pagamentos, recibos e notas, decoração do ambiente, mesas e palco, púlpito com iluminação, painéis e banners, folhetos ou folders, sala Vip e para a Imprensa, flores e outras ações. O que listei aqui é apenas um exemplo.

A montagem de uma arena, na praia, para vôlei ou futebol, requer tantos cuidados e ações como os descritos acima, para que nada aconteça de errado.

Um erro, um acidente, um imprevisto e toda a ação e todo o investimento podem ser perdidos. Por isso, a realização de Eventos não é também trabalho para amadores.

Existem poucos livros disponíveis, no Brasil, a respeito deste assunto, mas creio que posso recomendar **"Marketing de Eventos"**, de Francisco Paulo de Melo. Aprendi muito com duas raridades, que adquiri em minhas viagens: *"**The Complete Guide to Special Event Management**"*, organizado pelos especialistas da **Ernst & Young** (que foram consultores das Olimpíadas de Los Angeles, de 1984) e *"**Lifestyle & Event Marketing – Building a New Costumer Partnership**"*, de Alfred Schreiber (especialista norte-americano com clientes como AT&T, Coca-Cola, Miller, Newport Festival e outros) – que também é um bom livro sobre **"Sponsorship"** (Patrocínio).

O Mix de Comunicação... e o futuro.

O Marketing clássico e tradicional ensina que o Mix Promocional (ou, digamos, de Comunicação) é composto por:

Publicidade	*Advertising*
Promoção	*Sales Promotion*
Marketing Direto	*Direct Marketing*
Relações Públicas	*Public Relations*
Vendas Pessoais	*Personal Sales*

Praticamente todos os livros de Marketing (do Kotler, do Armstrong, do Baker, do Levitt e outros) tratam do Mix de Comunicação desta forma, como tratam do Mix de Marketing tradicional com os famosos 4Ps:

Produto	*Product*
Preço	*Price*
Praça (Distribuição)	*Placement*
Promoção	*Promotion*

Assim, como parece evidente, para qualquer pessoa razoavelmente bem informada, que **os 4Ps são incompletos, porque falta o quinto P, de Público** (pois de nada nos adianta ter produto, preço, distribuição e promoção adequados, se não houver pessoas para comprar e consumir), é evidente, também, que o Mix Promocional clássico está defasado.

Como os 4Ps já evoluíram para os 4Cs, de:

Consumidor	*Consumer*
Custo	*Cost*
Conveniência	*Convenience*
Comunicação	*Communications*

O Mix Promocional também evoluiu muito nos últimos anos, pelo desenvolvimento frenético de novas tecnologias e instrumentos/ferramentas de comunicação.

A orquestra ganhou novos instrumentos, se bem que alguns são apenas nomes novos, ou modismos, para antigas técnicas e instrumentos, como por exemplo o endomarketing, que nada mais é do que uma ação de Relações Públicas e Promoção com os públicos internos da empresa.

Marketing Social, Cultural, Ecológico, Esportivo, Educacional e outros nada mais são também do que técnicas de Relações Públicas, para criar, desenvolver e manter *good-will* (boa-vontade) com diversos públicos que, de alguma forma, se relacionam com a empresa. Geram opiniões positivas, que podem se transformar em consumo...e em lucro.

Outra característica interessante, no Mix de Comunicação moderno, é que algumas ações se misturam, podendo utilizar mais de uma técnica ou instrumento – e, algumas vezes, até se confundem, sempre em harmonia, porém.

Uma ação no ponto de venda, por exemplo, pode ser promoção de preços ou de degustação, mas pode ser relações públicas distribuindo receitas culinárias ou informações úteis sobre o produto aos consumidores. Pode ser merchandising, se ampliar a visibilidade do produto – porém, neste caso, pode também ser uma ação de design...

A assessoria de imprensa pode ser parcela de uma ação de relações públicas, mas também pode acontecer sozinha (visando apenas a divulgação de informações, de forma gratuita, na mídia – ao invés de ampliar relacionamentos com a Imprensa e a comunidade).

Promoção pode ser feita sem ou com mídia (publicidade, no caso), com ou sem assessoria de imprensa, com ou sem ações de merchandising ou de design.

Marketing Direto idem, pode ser realizado através da mídia, ou não, assim como pode utilizar ferramentas promocionais ou de relações públicas. Aliás, no Brasil, usamos muito pouca mídia (publicidade) em marketing direto, o que é uma pena – pois amplia a visibilidade, com menos custo, e não se perde a possibilidade de mensuração rápida.

O que é CRM, ou fidelização, senão uma combinação de relações públicas, promoção, vendas e marketing direto?

No mix clássico (relembrando: Publicidade, Promoção, Relações Públicas, Marketing Direto e Vendas Pessoais) onde entraria a Internet? Talvez em todos os casos, menos em Vendas Pessoais – que se transformam em Vendas Virtuais.

A Internet, dizem os futurólogos, será a união ou convergência de todas as mídias. Será? Pode ser, mas provavelmente elas – as outras – continuarão sobrevivendo e vivendo com e/ou sem Internet.

Claro que a TV Digital (HDTV – High Definition Television) irá permitir, wireless (sem fio), a comunicação mais ampla, jamais vista neste início de século XXI, unindo na tela a TV, o rádio, o jornal, a revista, os telefones, o celular e o computador, o que irá transformar radicalmente a Publicidade (como ela hoje existe), ampliando as ações de Promoção, Marketing Direto e Patrocínio, on-line/on HDTV (esta é a minha visão de futuro).

Com o controle remoto por voz, numa TVComputador sem fios (na qual podemos escolher e/ou programar o que quisermos assistir, quando e onde quisermos), provavelmente os formatos tradicionais e atuais dos comerciais de TV serão deletados. Concordam?

E que dizer do iPhone? Esta maravilha lançada em janeiro de 2007, pelo Steve Jobs, da Apple, reúne num celular um incrível número de funções de mídia, como telefone, iPod, câmera fotográfica e de vídeo, acesso à Internet e computador...

Chegou ao Brasil em setembro de 2008. Como chegaram celulares que têm acesso à TV!

O iPad chegou em 2010 e o iPad Mini em 2012, revolucionando a comunicação entre pessoas e empresas – e valorizando uma nova base para a leitura de livros, revistas e jornais, com vídeos e filmes (inclusive com outros tablets, como o Kindle e o Samsung Galaxy), com um futuro promissor.

Em breve as emissoras de TV digital e as operadoras de celulares possuirão um enorme e valiosíssimo banco de dados, sobre cada um dos membros das suas audiências, o que permitirá o marketing direto one-to-one (que hoje é mais imaginação do que realidade), promoções personalizadas, patrocínios idem e muito mais publicidade ao vivo (o que hoje, no Brasil, chamamos equivocadamente de "merchandising").

O patrocínio do conteúdo ganhará campo, com a criação **taylor-made** (sob medida) de programas e informação, de acordo com os interesses de cada público. Nos primórdios da TV, as grandes marcas patrocinavam os programas que as famílias gostavam de assistir, como **"Papai Sabe Tudo"**, **"I Love Lucy", "Rin-Tin-Tin", "Lassie"** e tantos outros (só os mais idosos vão se lembrar destas séries, que tanto sucesso fizeram).

Perguntem aos pais e avós de vocês... Vamos voltar àqueles tempos, vocês verão. Só que com programas na medida certa do desejo de cada grupo de telespectadores. E com uma tecnologia jamais vista. Logo, logo.

Esta nova realidade está chegando rapidamente.

Em Londres, no Reino Unido (que gostamos de chamar de Inglaterra, mas é mais do que isso), mais de 40% dos domicílios já possuíam HDTV, em fins de 2002. Mais de 60% em fins de 2004.

Em Londres, os consumidores podem comprar sua Pizza Hut através do controle remoto das suas televisões (digitando pedidos e o número do cartão de crédito, mais senha). Podem assistir aos programas que quiserem, na hora que quiserem – e sem intervalos comerciais. Isso já é realidade.

Nos Estados Unidos a tecnologia do **TiVo** – que é um serviço de programação eletrônico atualizado via Internet, que permite gravar o programa desejado com o uso de apenas um clique no seu controle remoto, sem digitar datas, horários, etc., além de permitir localizar filme através das mais diversas referências (título, ator, diretor, etc.), ou encontrar programas através de palavras-chave, ou ainda gravar tudo sem intervalos comerciais, ou ainda permitir *replays* em programações ao vivo, entre outras funções digitais – já é um sucesso, com 1,5 milhão de usuários no final de 2004.

O criador do **TiVo** – que um dia chega ao Brasil –, Mr. Michael Rumsay, destaca que o sistema é muito fácil de usar e relativamente barato (em dezembro de 2004, custava 299 dólares o aparelho e a assinatura mensal apenas 13 dólares).

Criado em 1977, o **TiVo** revolucionou o mercado de entretenimento digital, rompendo com a lógica de assistir TV, que convencionalmente vivenciamos nas últimas décadas. Deixando de ser passivos, podemos assistir ao que quisermos, quando quisermos, da forma que quisermos, no idioma que desejarmos, com legendas nas mais diversas línguas – e sem intervalos comerciais.

Vejam quanto tempo esta tecnologia demora para chegar ao Brasil! Lá se vão mais de 12 anos!

E esta tecnologia está chegando aos computadores, desde 2004, com o *TiVo to Go*, que permite levar para notebooks e computadores de mesa o conteúdo desejado da TV, aberta ou paga.

As empresas de TV a cabo e satélite dos Estados Unidos e Europa já começam a fabricar seus próprios aparelhos de DVR (***Digital Vídeo Recorder***).

A **TiVo**, em 2004, se associou com Bill Gates, da Microsoft, para desenvolver novas tecnologias, canais e as possibilidades ilimitadas de conexão entre a TV e os computadores. Em fins de 2006, a holandesa Philips apresentou a TV3D, isso mesmo: televisão em terceira dimensão, sem necessidade de óculos especiais.

A CNN já disponibiliza suas transmissões de TV aos celulares dos norte-americanos e em 2008, durante as eleições norte-americanas, usou pela primeira vez a holografia na TV!

Em 2011, a saudosa Hebe usou holografia na RedeTV! E as TVs digitais com 3D invadiram o mercado – mesmo que a disponibilidade de programas e vídeos em 3D seja ínfima, ainda.

É o futuro, meus caros amigos, que já chega – mesmo com o Governo do Brasil atrapalhando...

No Brasil de 2006, o Governo brasileiro aprovou o desenvolvimento de um sistema misto japonês e tupiniquim de televisão digital... ao invés de optar por um dos três sistemas já desenvolvidos e em uso no mundo... Perdemos mais de 10 anos nesta indefinição.

E corremos o sério risco de desenvolver uma HDTV incompatível com as demais HDTVs do mundo... Em 2007, o Ministério das Comunicações aprovou este sistema novo: o híbrido, em nome do nacionalismo. Agora é rezar para dar certo... Mas ainda creio que estamos brincando com coisa séria, que envolve bilhões de reais... No início de 2011, a TV Digital no Brasil é uma falácia. Um conto de fadas. Não existe. Quase ninguém a tem.

Bom, foi assim também nos anos 50, quando definiram que o sistema de TV do Brasil seria e foi o Palm-M, enquanto os americanos optaram anos antes pelo NTSC e os europeus pelo Palm-G. Resultado? Só o Brasil e Angola, no planeta Terra, têm este sistema de televisão arcaico.

Provavelmente, com o avanço da globalização, o Brasil terá a única TV Digital incompatível com os outros sistemas televisivos do mundo – e isso poderá ser um grande problema. Tomara que eu esteja enganado. Com a palavra a "burrocracia" do Governo brasileiro, ou os nossos políticos maravilhosos.

Alguém, certamente, ainda vai ganhar muito com isso, enquanto que a maioria dos brasileiros vai perder, de novo – com decodificadores que funcionarão por pouco tempo, com TVs de plasma ou de LCD que se dizem HDTV mas não podem ser, se o sistema não está bem definido e nem funcionando... Vamos ver!

Voltando aos instrumentos de comunicação...

Como já frisei, muitas vezes estes instrumentos se misturam e até se confundem, mas, convenhamos, não dá para sobreviver na selva da comunicação e do marketing modernos, sem conhecer todos eles.

No novo Mix de Comunicação estão:

- **Publicidade**
- **Promoção**
- **Relações Públicas**
- **Marketing Direto**
- **Design**
- **Marketing de Incentivo**
- **Merchandising**
- **Assessoria de Imprensa**
- **Endomarketing**
- **Patrocínio**
- **Eventos**
- **Feiras e Exposições**
- **Internet/e-Commerce**
- **Marketing de Relacionamento/CRM/Fidelização**
- **Iluminática/Marketing de Iluminação**
- **Marketing de Aromas**
- **Marketing Social**

- **Marketing Ecológico**
- **Marketing Esportivo**
- **Marketing Cultural**
- **Vitrinismo**

E outros.

Neste ponto, você deve estar se perguntando: será que o JJ esqueceu das **Vendas Pessoais?**

Não, não esqueci – mas devo colocar uma questão que gera controvérsias, especialmente com os profissionais de marketing:

Vendas Pessoais, geralmente, não envolvem o pessoal da Publicidade.

Verdade ou mentira?

Se Publicidade é criar e veicular mensagens de vendas, parece ser mentira, mas, falando bem a verdade, na imensa maioria dos casos nem as agências se envolvem com as vendas pessoais, nem os anunciantes deixam ou querem que elas o façam.

Parece um tabu. Besta, mas existe.

"Vendas? Deixem com a minha área comercial, porque eles é que entendem desse assunto", dizem os anunciantes.

O que seria um insulto aos publicitários – se eles não estivessem, ainda, mais preocupados em fazer anúncios e comerciais, para ganhar dinheiro veiculando e recebendo suas comissões, do que em auxiliar os anunciantes a gerar vendas crescentes e lucro.

Raras – repito, raras! – são as agências e os publicitários que realmente se envolvem com as vendas do anunciante, com as suas equipes comerciais, tentando informar e motivar estes profissionais, para que rendam mais e melhor.

O que é uma lástima, pois os anunciantes têm a nítida impressão de que as agências e os publicitários não querem mesmo é se envolver demais com os problemas da empresa. Só querem o glamour da criação, dos prêmios e o faturamento das comissões de mídia.

Sei que ouvirei protestos, receberei críticas, mas jurem para mim (e para os meus leitores) que não é bem assim que acontece! Não é? Vamos elaborar uma revista, um folder mais completo ou um instrutivo audiovisual de 12 minutos?

"Pelo amor de Deus, dá um trabalhão e pouca receita... vamos deixar a grana na Mídia" (de preferência com anúncios com pouquíssimo texto). Já ouvi isso, de grandes agências brasileiras.

Se ainda não repararam, reparem: a maioria dos criativos das grandes agências só sabe criar anúncios de página dupla para revistas – a Veja (quando não páginas sequenciais) – e comerciais de 30 ou mais segundos para o horário nobre da Globo.

Claro! As chances de ampliar a visibilidade para os criativos é maior do que se tiverem que pensar em marketing direto bem elaborado, ou na criação e desenvolvimento de um programa de TV patrocinado (por exemplo, culinária para um fabricante de alimentos, ou nos mínimos detalhes de eventos de qualquer porte), ou num merchandising no ponto de venda, ou uma promoção com uma cozinha itinerante, ou mesmo trabalhar bem na Internet (muito além de só fazer sites).

Simplesmente "esquecem" ou terceirizam. Ou, pior, passam o job para os jovens e inexperientes estagiários, ou para os juniores – que mais tarde farão o mesmo, quando "crescerem".

A maioria dos redatores publicitários não sabe criar materiais para o rádio – que é um veículo da maior importância e eficiência, não só no Brasil, como no mundo todo. Ou é jingle (que uma produtora cria), ou é meramente informativo, ou – pasmem – usam o mesmo material da televisão, esquecendo que o rádio não tem as imagens que a TV tem!

Mas o assunto é Vendas!

Infelizmente, a consciência real do negócio da Publicidade é assim mesmo. Praticamente não existe. Poucos são os publicitários mais preocupados com os resultados (vendas) dos anunciantes do que com os deles mesmos.

Talvez, por isso, a Comunicação Integrada de Marketing não seja, ainda, uma realidade para a ampla maioria das agências, que se resumem a uma bandinha de pífanos, com bumbos e flautas (de publicidade e promoção), ao invés de uma orquestra de verdade (apta a compreender o problema e utilizar na solução dos instrumentos mais eficazes, e de menor custo).

O que é uma pena. Uma perda enorme de tempo e de dinheiro. Uma perda de oportunidade de crescimento. E de conquista de um respeito maior, por parte dos anunciantes. Vai mudar, um dia, eu sei... mas não precisava demorar tanto.

Eu vendia e praticava este conceito de comunicação integrada, ou total, lá em 1986 (quando criei a JJ, já no seu primeiro anúncio). Não tínhamos computador, nem fax, nem Internet, mas já sabíamos que poderíamos e deveríamos potencializar a comunicação dos nossos clientes, com mensagens de vendas que não se limitavam a anúncios e comerciais...

E continuam sendo raras as agências e os publicitários que compreendem, assimilam e realmente praticam uma comunicação mais eficaz, com um mix de instrumentos mais completo e mais eficiente.

O que mais me entristece é que nas faculdades, nos cursos de Comunicação, o que mais se ensina, ainda, é criar e veicular anúncios e comerciais, ao invés da ampla gama de ações que desenvolver eficientes **mensagens de vendas** abrange...

É importante salientar que uma estrutura de comunicação integrada de marketing não precisa ser enorme e onerosa, como vão justificar muitos empresários da Publicidade. Basta possuir alguns profissionais de primeira linha, aptos a planejar com conhecimento esta comunicação e a gerir sua execução com competência (terceirizando algumas ações ou não).

Meus amigos da INBA (International Network of Business Advertising Agencies) possuem agências com 10 a 15 profissionais, em sua maioria. Só cobrões ou craques, nada de meias-bocas. Planejam e criam, além de terceirizar com parceiros de reconhecida competência o que necessitam.

Aliás, na Europa, com o advento dos birôs de mídia, as agências estão se transformando em butiques (no bom sentido) de ideias – do planejamento à criação e à produção.

Não cabe mais ter custos elevados, com equipes grandes e modelos burocráticos e superados como os que copiamos dos americanos. Quanto custa uma agência com 200 profissionais, por mês? Vocês têm ideia?

Uma agência de um amigo meu, numa ótima posição no ranking brasileiro, entre as 30 maiores, com mais de 150 funcionários, tem um custo mensal superior a 1,5 milhão de reais! Ou seja: tem que faturar 6 milhões de reais por mês, ou 72 milhões de reais/ano, para empatar. É fácil?

A minha agência, em 1997, custava 100 a 120 mil reais por mês – e era um Deus nos acuda, muitas vezes, para empatar (eu tinha 52 funcionários, matriz em Curitiba, e filiais em Joinville, Florianópolis e Blumenau). Loucura minha.

Só hoje percebo que poderia atender aos meus clientes da mesma forma com muito menos gente – e com muito menos custo.

A solução? Leiam Joe Cappo, em "**O Futuro da Propaganda**" (ops!).

**O futuro estará nas mãos de profissionais
cada vez mais competentes.**

Meias-bocas só terão um caminho curto pela frente.

E um salário idem.

O mercado vai exigir cada vez mais profissionalismo e especialização. Não há caminho de volta.

O nosso grande desafio.

Sabem qual é o maior desafio da Comunicação e do Marketing modernos, hoje em dia?

Não, não é conseguir se diferenciar, nem mais audiência, nem é apenas vencer a concorrência na corrida pelo consumidor...

O nosso grande desafio é:

Conseguir fazer mais e melhor, com menos.

Isso mesmo!

Com a globalização, o acirramento da competição, a semelhança entre produtos e serviços, graças à tecnologia de produção e de informação, as margens de lucro estão ficando cada vez menores. Evidentemente, como consequência desta queda de rentabilidade, os orçamentos para Marketing e Comunicação também estão sendo reduzidos. Nada mais é como era, há 10 anos.

Não se soluciona mais a Comunicação só com anúncios ou comerciais. Alguém ainda duvida disso? Parece que só os publicitários duvidam, pois teimam com as suas antigas fórmulas simplistas de comunicar.

E o que vemos no mercado?

A cada ano, reduzem-se os investimentos dos anunciantes em Publicidade, e ampliam-se os realizados em outros instrumentos, como a Promoção, Eventos, Marketing Direto, Merchandising, Internet e até mesmo em Marketing Social (que parece ser a magia do início do Século XXI, quando nada mais é do que inteligência empresarial, com a aplicação das velhas técnicas de Relações Públicas, que Canfield e mesmo Kotler defendiam nos anos 60).

Em julho de 2003, Meio & Mensagem publicou uma pesquisa sobre os investimentos dos anunciantes brasileiros no ano anterior. O trabalho **"Tendências do Mercado Brasileiro"**, desenvolvido pelo Instituto Interscience analisou detalhadamente a realidade e a evolução do uso das ferramentas de Comunicação e Marketing no Brasil.

Os resultados percentuais dos investimentos foram os seguintes:

Publicidade 48,1%
Promoção 16,0%
Eventos 7,5%
Merchandising 6,7%
Marketing Direto 6,0%
Pesquisa de Mercado 5,3%
Patrocínio 4,5%
Internet 3,1%
Marketing Social 2,3%
Outros 0,5%

E isso não mudou muito nos últimos anos.

A reportagem destaca que **"as agências precisam encontrar uma maneira melhor de se reposicionar diante das mudanças no cenário da comunicação, no qual a propaganda (ops!) perde cada vez mais espaço para outras ferramentas de Marketing"**.

O mesmo estudo mostra que, nos grandes anunciantes brasileiros, o uso das ferramentas demonstra esta nova realidade. Vejamos:

Publicidade .... 100% utilizam
Eventos .... 90% utilizam
Pesquisa de Mercado ...... 89% utilizam
Promoção de Vendas .... 88% utilizam
Merchandising .... 77% utilizam
Internet .... 77% utilizam
Marketing Direto .... 69% utilizam
Patrocínio .... 65% utilizam
Marketing Social .... 54% utilizam!

Dá para concentrar todo o nosso conhecimento e ações de comunicação só em Publicidade convencional? Ou só na web? Só em anúncios e comerciais?

Parece evidente que não!

Acredito que o mundo da Publicidade vai mudar, rapidamente, até 2020 (olha eu aí, dando uma de Nostradamus). Não só por causa da HDTV, da IPTV, da TV no celular e pela Internet, da tecnologia e da globalização, mas e principalmente porque **os anunciantes estão percebendo a eficiência de outras formas de remuneração para as agências** – substituindo as tradicionais comissões de mídia por remunerações fixas mensais (fees mensais), por percentuais de ganho vinculados ao faturamento, por fees mais comissões, fees por tarefa (job) e por percentuais sobre vendas da marca.

Viu? Chegamos nas Vendas!

Num estudo da Interscience, 39% dos anunciantes brasileiros já remuneravam suas agências por fee mensal, 34% com um percentual sobre o faturamento, 24% com fees por job, 10% por fee mais comissão e 4% com percentuais sobre as vendas da marca.

Nos grandes anunciantes brasileiros, 31% ainda remuneram com fee mais comissão, mas 22% já pagam só um fee mensal. Cerca de 16% pagam um percentual sobre o faturamento, 15% um percentual sobre as vendas da marca e 10% remuneram com fee por job.

Complementando o estudo: **36% dos anunciantes têm como determinante principal para a escolha da agência o comprometimento dela com o cliente e com os resultados.**

Mais?

Leia bem: 27% exigem foco no planejamento, enquanto que 22% buscam criatividade estratégica.

Só 15% buscam um bom negócio – isto é, provavelmente, o menor custo possível, na remuneração.

Percebe?

Os anunciantes mais profissionais querem comprometimento com as vendas, planejamento sério e criatividade pertinente.

E ainda tem publicitário que nunca leu um livro sequer sobre Vendas.

João José Werzbitzki, JJ

Numa agência inglesa, a verdade.

Numa agência que visitei, em Londres, havia um cartaz bem grande, na frente da porta de entrada, que dizia (em inglês, é claro):

PREÇO, PRAZO, QUALIDADE.
ESCOLHA SÓ DOIS!

Nada mais coerente.

Se você tem um trabalho para fazer, é impossível exigir preço baixo, prazo curto e qualidade máxima. Impossível.

Você terá que escolher:

Se quer preço baixo e qualidade, abra mão do prazo.

Se deseja qualidade máxima e prazo curto, esqueça o preço baixo.

E quem precisa de preço baixo e prazo curto terá de abrir mão da qualidade máxima.

Pense nisso. É uma boa forma para definir e vender os seus serviços.

Como cobrar e quanto?

Uma das perguntas mais frequentes de jovens publicitários e agências novas é quanto e como cobrar pelos seus serviços.

Quanto vale? Quanto cobro? Quanto?

Primeiro, defendo nunca dar de graça (sem interpretações escusas, por favor). Tem que cobrar, sim. Sempre. Caso contrário, nunca lhe valorizarão.

O problema é que o mercado está cheio de agências e de publicitários que dão de graça ou cobram quase nada pelo seu trabalho (desde que haja como ganhar em mídia ou em produção). Isso é caminhar para o abismo.

Pior é que algumas grandes agências também fazem isso. É a tal da concorrência predatória (só para quem dá, nunca para quem ganha).

Tem muita gente não cobrando mais nada, para ficar com os 20% da veiculação. Vinte? Muitos se contentam com 5%. Daí tem BVzinho daqui, dali e acolá. Tem mais mídia do que seria preciso, negociação de menos... e vão levando o barco.

A grande dificuldade dos jovens publicitários e das agências menores é conseguir cobrar um valor digno e justo pelo seu bom trabalho. Creio que é, por certo, das agências maiores, também.

Em tese, todos deveriam cobrar pelo menos o que prevê (como base) a tabela do Sindicato das Agências do seu Estado... Mas muitos não cobram nada. E quem vive de nada? Sem lucro, as agências ficam cada vez mais pobres, medíocres e fracas. E os profissionais idem.

Sempre disse aos meus alunos: se vocês não se valorizarem, quem fará isso? Criar para formar portfólio é ok, mas não é legal dar trabalho de graça – nem como experiência. Não dê de graça.

Nunca! Podem acreditar que bons clientes, satisfeitos com as suas agências e seus publicitários, pagam a eles o que eles merecem.

Sei que alguns vão dizer que são outros tempos, mas nos 13 anos em que tive a minha agência, nenhum cliente deixou de pagar criação, planejamento, os 20% da mídia e os 15% da produção.

Havia uma exceção: um cliente com ótimo fee mensal.

Hoje, o que mais vejo e ouço é cliente forçando concorrência de preços (o que é ilegal no nosso negócio), obrigando a redução de comissões (o CENP existe pra quê?) e solicitando "serviços de cortesia".

Valorizem-se, pequenos, médios, grandes, novatos, novos e antigos publicitários!

Quanto vale uma boa ideia?
Nosso produto principal é a ideia que ajuda a vender!

No planejamento, na criação, na criatividade em mídia, na produção, na comunicação toda.

Devemos ser pagos pelas ideias que temos. Criamos por encomenda. Não podemos entregar a encomenda de graça. Podemos?

Se vocês não souberem cobrar, deixarão que os seus "consumidores", os seus clientes, determinem o preço pelo serviço que vocês prestam...

Perguntem a eles que empresa deixa que os seus consumidores estabeleçam os preços dos seus produtos e serviços? Nenhuma. Muito menos a deles. Nunca!

Por isso eles, os clientes, não podem fazer isso com vocês. Podem? Podem. Se vocês permitirem.

Um dia, ouvi e registrei uma história bem interessante:

Um grande computador, de uma grande empresa, travou. Chamaram um técnico, que logo chegou, olhou, observou, abriu uma tampa, trocou e apertou um parafuso e o computador voltou a funcionar.

Ato contínuo, o técnico entregou a conta: 10 mil e 5 dólares.

O empresário reclamou no ato. "Você está louco? Dez mil e cinco dólares por 2 minutos de serviço?"

Ao que o técnico respondeu: "Senhor, são 5 dólares pelo parafuso e 10 mil por saber que parafuso trocar e apertar".

É isso! Nossos conhecimentos, experiência, técnica, dedicação, capricho e talento não podem ser dados de graça.

Nem um parafuso...

O nosso negócio é assessorar o anunciante em toda a sua comunicação – muito além de criar e veicular anúncios, ou de ganhar a comissão dos 20% da mídia. Mas é fato que a maioria das agências e dos publicitários não vai além disso : criar e veicular, para ganhar os 20%.

Daí, concordo com os anunciantes: **fica caro.**

Segundo estudos que já citei, publicados em Meio & Mensagem, nos últimos anos o maior problema da relação entre anunciantes e agências não é a remuneração: **é a falta de envolvimento dos publicitários e das agências com os negócios do anunciante!**

É assim mesmo. A maioria não tira a bunda da cadeira para ir ao ponto de venda para ver a vida como ela é (não é aquilo, do ar-condicionado, telinha do Mac, Google... e livros de referência).

E isso vale para atendimento, planejamento, criação, mídia e produção.

Cansei de ver publicitários – e anunciantes – planejarem o futuro e suas campanhas sem sair da sala, com ar-condicionado, cadeiras confortáveis e seu Mac.

Este é o pecado mortal, da ampla maioria dos publicitários e profissionais de marketing (e anunciantes), no mundo todo. Publicitários que não se envolvem com os negócios do cliente, criam mensagens criativas que geralmente esquecem o produto ou as vantagens dele.

Não adianta ser só engraçadinho... tem mais é que vender os benefícios do produto. É isso que o povo compra (e isso não é só preço). Nem é atributo. É vantagem mesmo. Diferencial. Benefício, cara!

E mais:

Muitos publicitários não vendem mais ideias, soluções criativas, para alavancar vendas. Tentam vender mídia para ganhar comissão, nem que para isso tenham que dar seu bem mais precioso e a ideia criativa, de graça.

Um imenso número de agências brasileiras dá a criação de graça. Isso não acontece – mesmo – na Europa, na América do Norte e na Ásia. Não mesmo!

Pense bem! O que será do futuro quando o volume de mídia for diminuído, substituído pelas ações no-media?

Dia desses, jantei com diversos donos de boas agências de publicidade. Todos eles com larga experiência no mercado, anos de janela e de luta. **Levantei o problema da remuneração, cada vez menor, das agências, e disse que a culpa era das próprias agências, por terem aberto demais a negociação, dado criação de graça, reduzido honorários e comissões.** Todos concordaram com isso, e mais:

Concordaram que os anunciantes não valorizam as ideias.

Nem as próprias agências!

Quanto vale uma ideia, como:

"Não é nenhuma Brastemp"?

Ou "Brahma, a cerveja número um"?

Ou "Omo lava mais branco"?

Ou "American Express. Não saia de casa sem ele"?

Ou, ainda, "O tempo passa, o tempo voa, e a poupança Bamerindus continua numa boa"?

O banco nem existe mais, mas a ideia ficou. Parecem ideias simples, óbvias, mas alavancaram vendas de forma sensacional.

Por que não pagar por isso?

Por que não cobrar pelas ideias, pela criação, pelo planejamento?

Este é o nosso trabalho. E não é fácil!

Os 20% da mídia são assunto de lei (mesmo que nem agências, nem anunciantes a respeitem, ou respeitem as normas do Cenp – que foi criado para moralizar nosso negócio). Os 15% de honorários sobre serviços de terceiros idem.

Sei, vão dizer: ninguém mais paga os 20% da mídia, ou ou 15% sobre a produção. Culpa de quem? De quem cedeu!

Se todos se mantivessem fiéis às regras e aos princípios, estariam ganhando mais dinheiro, investindo mais na melhoria dos seus serviços e estruturas, tendo lucros e chorando nada. Hoje, é só lamentação. **Hoje é só concorrência em cima de concorrência, especulando com o trabalho das agências, sem remuneração alguma pelo trabalho todo.** E, como todos sabem, a maioria das concorrências são frias. Servem só para homologar a marmelada, ou para engordar o bolso do coordenador da concorrência.

Todos sabem, mas ninguém fala nada – por medo.

Não temos que ter medo. Temos mais é que ter a coragem de valorizar o nosso trabalho e a nós mesmos. Se nos comportarmos como vagabundas de rodoviária, que topam um programa por qualquer preço, como e quando seremos valorizados?

Desculpem, novamente, a comparação – mas é o que vemos, no mercado brasileiro. Uma prostituição de ganhos ridícula, nociva, aviltante e nojenta. Entendo os anunciantes, mas eles devem nos entender também – e nos respeitar. Agência que não ganha o suficiente para evoluir perece. Publicitários também.

Pense nisso:

"Podemos semear o que quisermos, mas temos que colher o que plantamos".

Velho provérbio chinês. Nada mais correto.

O bom uso da mídia.

Como vocês sabem, a evolução tecnológica tem ampliado as alternativas e a velocidade da informação de uma forma incrível. Uma rapidez realmente inacreditável.

Evoluímos mais em conhecimento, volume de informações e em tecnologia, nos últimos 20 anos, do que evoluímos nos últimos 4 mil anos de História conhecida.

Para atuar profissionalmente com a Publicidade, é indispensável e vital conhecer a fundo todas as alternativas de mídia – e no-mídia – para poder decidir quais serão mais eficientes, para cada problema.

Cada caso é um caso. Como dizia Confúcio: **"Each one, each one"**...

Evidente que ele não disse isso, ainda mais em inglês, mas tentem falar rapidamente, para ver como parece ensinamento da sabedoria chinesa. "Cada um, cada um".

Ou: **"cadum, cadum".** Seria isso Latim, mestre?

Não há fórmula pronta. Não há um plano que sirva para todos os problemas. Não há mensagem que funcione com todo mundo, assim como não existe uma verdade válida para todas as pessoas.

"Cada um tem direito à sua opinião e a fazer dela um direcionamento do seu padrão de vida", dizia George Gallup – de quem possuo uma raridade, um livro capa dura, editado em 1941, pela Princeton University.

Intitulado *"**Public Opinion**"*, é uma obra rara e até hoje útil, escrita por um dos mais importantes pesquisadores da opinião pública do planeta (e sobre o qual, pasmem, muitos alunos de Publicidade nunca ouviram falar!).

Hoje em dia, início do século XXI, dispomos de várias alternativas de mídia no mercado, algumas em evolução, outras em decadência, outras surgindo e algumas meio perdidas no tempo e no espaço.

Basicamente, os publicitários trabalham – em se tratando de Mídia – com a televisão (a paixão maior), as revistas, os jornais, as rádios, outdoors/ mídia exterior, cinema e Internet.

Vou tentar analisar os prós e contras de cada um, assim como traçar uma breve análise de tendências para o futuro destas Mídias.

Primeiro: o que é Mídia?

Responda sem ler as próximas linhas...

Mídia pode significar várias coisas.

O primeiro significado é derivado de "Media", do inglês, que significa "meios de comunicação".

Numa forma aportuguesada, "media" virou mídia.

E pode ser:

1. **O conjunto dos veículos de comunicação à nossa disposição, num determinado mercado, ou mesmo um veículo apenas.** "A televisão é a mídia mais adequada para esta campanha", por exemplo. Ou: "A mídia em Curitiba é composta por 7 emissoras de TV aberta, 2 a cabo, 2 por satélite, 8 jornais locais diários, 30 emissoras de rádio, 6 revistas regionais, 30 cinemas, 1.650 pontos para a exibição de outdoors e veículos que lá circulam, vindos de outros mercados."

2. **O profissional de Publicidade que trabalha no planejamento, compra, checking e análise das veiculações, seja na agência, no anunciante, no veículo.** "A Carol e o Beto são mídias da agência".

3. **Ou o departamento da agência que trata das relações com a mídia, do planejamento à compra, cheking e análise.** "O Rubinho é o diretor do Departamento de Mídia".

Um bom mídia, não faz média... brincam alguns profissionais da Publicidade, pelo fato de que um bom profissional de mídia precisa ser eminentemente técnico, analisando profundamente cada veículo, para encontrar a programação ideal para cada mensagem, para cada público.

Existem bons livros de mídia, hoje, no mercado, graças, principalmente, a uma ação importante do Grupo de Mídia de São Paulo, que editou diversas publicações norte-americanas nos últimos anos, traduzidas para o Português. Mas, ainda assim, na imensa maioria das agências (principalmente fora do eixo Rio-São Paulo) **são poucos os bons e verdadeiros profissionais de mídia.**

A grande maioria é marcadora de "X" em planilha e "fazedora" de mídia da mãe, o que significa anunciar na Globo, na novela das 20 e no Jornal Nacional, anúncios na Veja e na Cláudia, resolvem quase tudo... até frieira... São os X-Mídias!

Parece brincadeira, ou implicância minha, mas juro que não é. A ampla maioria dos profissionais de Mídia não sabe trabalhar, por exemplo, com o rádio, limitando-se aos comerciais de 30 segundos, quando poderia criar programas especiais, patrocínios, promoções, sorteios de brindes, depoimentos de apresentadores/animadores, shows, gincanas e tantas outras alternativas que este veículo oferece, trabalhando com a audição e – mais importante do que tudo mais – com a imaginação das pessoas.

Em jornal, a única forma de veicular está nos anúncios? É claro que não! Há patrocínios, encartes, meias-capas, cadernos especiais, selos, invólucros, cintas e dezenas de outras alternativas, para se diferenciar e atrair a atenção, ampliando a eficiência da ação.

Na TV, também não se esgotam as alternativas de veiculação nos comerciais de 15, 30 ou mais segundos. Podem ser analisados patrocínios, merchandising, depoimentos, shows, eventos, marketing direto e tantas outras alternativas.

O problema, claro, não é só dos mídias. É da Criação também. E dos planejadores.

Mas quem disse que a Mídia não tem que ser criativa?

Bons profissionais de mídia sugerem alternativas para a Criação. Ou não podem fazer isso?

Aliás, todos, numa agência, do badalado diretor de criação à moça do cafezinho, têm que ser criativos. Foi-se o tempo no qual um atendimento era um mero ***office-boy* de luxo,** carregando artes e autorizações para cima e para baixo. Foi-se, também, o tempo no qual criação era exclusividade dos diretores de arte e redatores.

Todos têm a obrigação de criar, de serem criativos no seu trabalho, a serviço do cliente. Inclusive o profissional de mídia.

....

Contam uma história, no Mundo da Publicidade, que uma grande agência norte-americana estava seriamente ameaçada de perder um grande cliente, de pasta de dentes, se não encontrasse uma fórmula para aumentar as vendas do dentifrício em 10%.

É, lá tem disso... querem vendas!

Agência toda reunida, **brainstormings**, pesquisas, etc. e tal e nada de uma ideia genial para ampliar as vendas em 10%. Nisso, lá no fundão da sala, a mulher do cafezinho, vendo aquele desespero coletivo, disse apenas uma frase: "Vocês podiam aumentar o buraco por onde sai a pasta, não podiam?".

Eureka!

A ideia foi apresentada, junto com uma boa campanha, o cliente comprou a ideia, as vendas subiram mais de 20% e a mulher do cafezinho ganhou um prêmio, em dinheiro. Não, não a mandaram para Cannes.

Moral da estorinha: nem sempre a solução para aumentar as vendas de um anunciante está nos anúncios e comerciais da Criação...

....

Os profissionais de Mídia também podem e devem ser criativos.

Ou devem limitar-se a calcular o custo, encher de "x" numa planilha, negociar de vez em quando, além de saber somar, diminuir, multiplicar, dividir e calcular percentagem?

Alguns não conseguem nem isso, sem usar o Excel, acreditem.

Podem sobreviver mídias que sequer leem as pesquisas dos veículos? E aqueles que não entendem/compreendem os dados Marplan? Ou o Ibope? Ou só sabem mal e mal calcular o **GRP**? Ou que nem imaginam como calcular a frequência ideal? Nem sabem o que é **TARP**...

(**GRP** é *Gross Rating Points* ou Audiência Bruta Acumulada e **TARP** é *Target Rating Points*, ou Audiência Acumulada no Target, ou no público-alvo).

Destaco que usar apenas **GRP** é uma mensuração inexata para o planejamento de mídia, pois é fundamentada na audiência do passado, de audiências verificadas anteriormente. É um parâmetro, mas não é uma garantia de audiência.

Uma programação num bom filme de um domingo pode não render a mesma audiência nos domingos seguintes, se a programação não for da mesma qualidade. Um jogo na quarta-feira pode ser um Corinthians x Flamengo, ou Atlético Paranaense x São Paulo... na outra pode ser um Ipatinga x Coritiba (não vai dar a mesma audiência, vai?).

Por isso, bons profissionais de mídia são muito bem informados, não só sobre tabelas, audiência, circulações, tiragens e números de assinantes (entre outros dados), como devem estar acompanhando os acontecimentos de programação, eventos, etc., para poder fazer o planejamento de veiculação render ao máximo.

Evidente que os bons profissionais de mídia vão muito além das descrições dos parágrafos acima, mas a maioria, creiam, nem o que citei faz direito – e o dono da agência ou o cliente ainda têm que negociar com os veículos e conferir os cálculos...

É preciso destacar que o Ensino – assim como o interesse pelo aprendizado – em Mídia é muito fraco, no Brasil. Os professores de mídia (na sua maioria) não são, nem nunca foram bons profissionais de Mídia, e os bons, infelizmente, não desejam ensinar nas faculdades. Não dá para ensinar ou aprender Mídia só com teoria. Por isso é que **é preciso ter muita informação e muito conhecimento, quando você for planejar comunicação, para poder fazer a diferença com a sua mensagem.**

No meio de milhares de mensagens, é muito difícil se destacar.

Diferenciar não significa agredir, nem ser de mau gosto, muito menos apenas criar um formato diferente, como um anúncio redondo ou oval – tem gente que acredita que a forma é mais importante do que o conteúdo. Ainda. Diferenciar significa que além de chamar a atenção do consumidor, a mensagem que você desenvolveu precisa ser recebida e aceita – e gerar um retorno positivo, em vendas.

E ainda ser memorável. Há comerciais de 30 segundos memoráveis, que a gente vê uma só vez e nunca mais esquece. Outros podemos ver dezenas de vezes, que somem da nossa lembrança.

Anúncios impressos memoráveis? Olhe para o anúncio reproduzido abaixo. Você nunca mais vai esquecer dele, criação de Bill Bernach. Simples e genial.

Ponha a mão sobre os cabelos grisalhos e veja o quanto pareço mais jovem

Porém, como já vimos, a criação da mensagem é só parte da solução. O envio da mensagem e a sua recepção efetiva, com reação positiva, são os problemas seguintes – e talvez mais complicados.

Adianta anunciar rações para gado no Cartoon Network? Ou anunciar pirulitos com figurinhas no Globo Rural? Adianta anunciar um automóvel Volvo de 180 mil reais em outdoor? Ou veicular comerciais de comida para gatos no Jornal Nacional? Adianta veicular anúncios de motel na Seleções Reader's Digest?

Estas perguntas são temas para um debate rápido, em sala de aula, ou mesmo na sua mente.

Claro que são alguns exemplos extremos, mas alguns deles já aconteceram, como os outdoors da Volvo, oferecendo o carro "por apenas R$180.000,00" (vocês acham que quem compra um carro deste valor o faz motivado por um outdoor?), ou mesmo as rações para gatos no JN (quantos telespectadores do JN têm gatos em casa? Quantos compram rações? Não há forma mais racional, eficiente e de menor custo para esta tarefa?).

Ouvi, dia desses, de um planejador de uma agência renomada de Santa Catarina, a defesa de veiculação de um comercial de alimentos infantis no Jornal Nacional, no mercado da capital paulista, como "forma de atingir os supermercadistas de maneira impactante".

Sabem o custo disso? Dava para enviar um caminhão de biscoitos de presente para cada dono de rede, que saía mais barato...e teria mais impacto.

O mesmo personagem queria veicular comerciais de biscoitos nos intervalos de um desenho animado finlandês que ensina as crianças a comerem cenouras e verduras... e a evitar biscoitos, balas, chicles, chocolates e outras guloseimas... Pode?

....

Aliás, esta "Inquisição" contra as guloseimas que fazem a alegria das crianças é uma sacanagem, apoiada pela Imprensa e falta absoluta de mais informação.

A obesidade infantil é provocada por diversos fatores, como hereditariedade, sedentarismo e, é claro, alimentação inadequada.

Proibir a venda de biscoitos e balas nas lanchonetes das escolas é uma arbitrariedade ditatorial. Temos o direito de consumir o que quisermos – desde que não sejam drogas ilícitas.

E os anunciantes têm o direito de anunciar todo e qualquer produto que fabricam de acordo com a lei.

Proibir a veiculação de Publicidade é, na minha opinião, falta de competência – dos governantes, dos parlamentares e das entidades que admitem isso passivamente.

Mesma coisa com a absurda proibição, ocorrida em janeiro de 2007, pela Prefeitura de São Paulo, de outdoors e de painéis naquela cidade. Por absoluta falta de competência para regularizar e fiscalizar, São Paulo é a única grande cidade do mundo que proibiu a veiculação da mídia exterior (exceção a um monopólio a ser instalado depois da batalha, que certamente não será vencida pela municipalidade, contra os expositores, produtores, agências e anunciantes).

....

Voltando à criatividade em mídia...

Quantos criadores em potencial de avestruz assistem a um programa de esportes na TV, em horário de almoço? Pois a ave esteve na mídia, pra valer, em 2005 e em vários Estados.

A tarefa de elaborar Mídia bem planejada é cada vez mais difícil, pela infinidade de meios disponíveis no mercado, hoje em dia.

De acordo com diversos estudos de mídia de 2010 e de 2011 no Brasil existem aproximadamente:

- 55,4 milhões de domicílios com TV
- TV em 94,7% dos domicílios brasileiros (em 1970 eram 24%)
- 2 milhões de domicílios com TV digital (HDTV)
- 9,7 milhões de domicílios com TV por assinatura
- 32 milhões de pessoas com TV por assinatura
- 402 emissoras de TV (abertas)
- 136 canais de TV paga
- 91% dos domicílios com rádio *(em 1970 eram 58%)*
- 9.184 emissoras de rádio
- 4.193 emissoras comunitárias de rádio
- 2.602 emissoras de rádio AM
- 1.322 emissoras de rádio FM
- 465 emissoras educativas de rádio
- 15.000 rádios piratas (estimativa do Ministério da Justiça)
- 3.785 jornais (diversas periodicidades)
- 682 jornais diários
- 95 jornais auditados pelo IVC (apenas)
- 17.639 títulos de revistas
- 378 revistas auditadas pelo IVC
- 17,7 milhões de exemplares de revistas (IVC)
- 40.550 pontos de outdoor (sem contar os mobiliários urbanos), em 22.784 locais (capitais e interior)

- 231,5 milhões de sites nacionais e internacionais
- Cerca de 83 milhões de usuários, no Brasil
- Cerca de 115 milhões de brasileiros sem-web
- Ou 41,7% de domicílios com Internet
- Numa população total de 194 milhões de brasileiros
- Que vivem em 58,4 milhões de domicílios
- Com 3,3 habitantes por domicílio, em média.

Fontes: Mídia Dados 2010, IVC, Ibope, Abert, ANER, ANJ

QUANTO VALE UM PONTO NO IBOPE?

Em SÃO PAULO .... 177.018 pessoas
No RIO DE JANEIRO .... 103.468 pessoas
Em PORTO ALEGRE .... 26.696 pessoas
Em FLORIANÓPOLIS .... 7.255 pessoas
Em CURITIBA .... 27.295 pessoas
No RECIFE .... 33.932 pessoas
Em BELO HORIZONTE .... 45.733 pessoas
Em SALVADOR .... 33.848 pessoas

Cada domicílio, no Brasil, tem 3,3 pessoas, em média, segundo o IBGE.

E o Brasil tem, estimam-se, 194 milhões de habitantes, em 2012, que vivem em 58,5 milhões de domicílios

No mercado NACIONAL, um ponto de audiência (PNT) equivale a 569.259 pessoas. (Fonte: Rede Globo, 2012)

Perceberam quantas alternativas e dados há?

Para cada cliente, para cada público, para cada objetivo de marketing e de comunicação há dezenas de alternativas de mídia. Além das alternativas sem mídia. No-media.

Saber escolher as melhores opções é um trabalho delicado, sério e que precisa ser profissional.

Não sou especialista em Mídia, por isso recomendo – para quem se interessar – ler os livros editados pelo Grupo de Mídia de São Paulo, que são extremamente interessantes (mesmo que os exemplos, em sua maioria, sejam do mercado norte-americano). Para quem deseja aprender, é um bom caminho.

Recomendo ler, e estudar muito, para poderem compreender e utilizar informações úteis e necessárias para comprar o melhor mix de mídia, definir targets demográficos, desenvolver estratégias e criatividade em mídia, conhecer os prós e os contras da frequência, poder avaliar índices de audiência, promover maior alcance, analisar pesquisas, compreender a dinâmica da mídia e trabalhar para definir melhor os investimentos a serem feitos em Publicidade – entre outros requerimentos.

ESTUDO COMPARATIVO DE MÍDIA

Apenas como informação adicional e bem útil, vejam este comparativo entre os principais veículos de comunicação, que utilizamos na Publicidade, hoje em dia:

JORNAL

Vantagens:

- Liberdade em termos de tempo de leitura.
- Conteúdo considerado vital e muito importante para os leitores.
- Grande alcance, nas mais diversas classes sociais.
- Circulação localizada, geograficamente.
- Seletividade de audiência.
- Cobertura ampla (quase todo mundo lê).
- Atinge diversas faixas etárias e todos os sexos.
- Pode combinar anúncios e notícias.

- Proporciona resultados ágeis.
- Atrai clientela.
- O leitor controla a exposição (ao contrário da TV e do rádio).
- Pode incluir muitos itens num só anúncio.
- Medidas padronizadas.
- Uso de cores.
- Crescimento da leitura do jornal na Internet (online).
- Circulação auditada (IVC).

Desvantagens:
- Vida curta. Jornal de ontem é muito velho.
- Alcance. Raros são os jornais com cobertura regional ou nacional.
- Leitura rápida.
- Custo para os leitores.
- Grande variação na qualidade de produção.
- Muitas diferenças de formatos e de padrões gráficos.
- Dificuldade com cores, em muitos veículos.
- Queda nos índices de leitura dos jornais impressos.

Comercialização:
- cm/col (centímetros por colunas) e módulos.
- Custo por mil: Elevado.
- Seletividade da audiência: Boa, razoável.

....

REVISTA

Vantagens:
- Portabilidade.
- Flexibilidade para a leitura.
- Leitura mais aprofundada, com mais tempo.
- Leitura ávida em revistas especializadas.

- Baixos índices de distração durante a leitura.
- Vida útil mais longa para os anúncios (e reportagens).
- Seletividade geográfica e demográfica dos leitores.
- Apelos sob medida, de acordo com o target da publicação.
- Segmentação facilitada.
- Dados mais precisos sobre os leitores.
- Maior lembrança para a mensagem publicitária.
- Anúncio em revista confere status/prestígio ao anunciante.
- Flexibilidade de programação.
- Adequação editorial, na seleção de públicos objetivados.
- Circulação controlada (IVC).
- Flexibilidade criativa: uso de cores, aromas, personalização...

Desvantagens:
- Desperdício na circulação (especialmente em revistas de interesse geral).
- Facilidade do leitor para ignorar anúncios.
- Datas muito adiantadas de fechamento (em muitos casos).
- Desconhecimento editorial.
- Muitos anúncios de empresas do mesmo segmento, em revistas segmentadas ou especializadas.
- Desconhecimento editorial.
- Circulação limitada.
- Custo elevado (circulação nacional e grandes mercados).

Comercialização:
- Página, ½ página, ¼ e módulos.
- Custo por mil: Médio.
- Seletividade de audiência: Ótima.

RÁDIO

Vantagens:

- Flexibilidade e liberdade do uso do tempo.
- Multiplicidade de emissoras e targets.
- Custo baixo, para ações locais.
- Penetração em todos os domicílios e dependências (quarto, sala, cozinha, banheiro, área de serviço), assim como nos veículos, em parques, academias, etc.
- Uso massificado (atinge milhares de ouvintes, com custo baixo).
- Resultado imediato, ágil, rápido.
- Uso e exercício da imaginação.
- Força notável da memória auditiva (a mais forte das memórias).
- Ótimo para merchandising e promoção ao vivo.
- Perfeito para públicos em trânsito (nos veículos).
- Tem grande força com testemunhais (dignos de crédito).
- Impacto, com reforço de música.
- Bons resultados com jingles bem cantantes e memorizáveis.
- Impacto sem concorrência, sem competição.
- Penetração nos subúrbios.
- Permite continuação diária (cara demais nos outros veículos).
- Celebridades aumentam audiência e resultado.
- Complementa outros meios de comunicação (reforço de campanha).

Desvantagens:

- Vida curta. Perece rapidamente.
- Inadequado para temas complexos e técnicos.
- Necessidade de maior frequência para maior cobertura.
- Dificuldade de memorização da mensagem (sem repetição).
- Dificuldades de programação nacional, por limitações de potência e custos elevados (além de poucas opções de rede no Brasil).
- Negociação com cada emissora, individualmente.

- Coberturas regionais e nacionais complicadas por topografia, potência baixa e alcance limitado das emissoras (exceção das via satélite).

Comercialização:
- Base de 30 segundos, mas podem ser 10, 15, 45, 60 ou mais segundos.
- Custo por mil: Baixo.
- Seletividade da audiência: Boa a muito boa, depende do mercado.

....

TELEVISÃO

Vantagens:
- Cobertura nacional, praticamente 100%, de massa.
- Praticamente 100% dos domicílios têm TV, no Brasil.
- Flexibilidade geográfica, regional.
- Uso de cores, movimento e som ampliam eficiência.
- Permite apelos emocionais fortes.
- Maior impacto.
- Possível adequação editorial e de programação.
- Muito tempo de exposição (cerca de 4 horas/dia, em média).
- Possibilidade de realizar demonstrações e ações ao vivo (como merchandising e promoções).
- Prestígio do meio de comunicação. Confere status.
- Ampla versatilidade criativa.
- Envolvimento pessoal da audiência.
- Controle absoluto do conteúdo da mensagem.

Desvantagens:
- Competitividade, muitas opções e alternativas em canais e programação.
- Custo pode ser muito elevado.
- Comerciais envelhecem rapidamente (menos os infantis). Vida curta.
- Audiência massificada pode ser desvantagem (como pode ser uma vantagem).

- Dispersão.
- Custo elevado de produção e de veiculação.
- Baixa seletividade, a não ser em canais segmentados, como os infantis ou de gastronomia, por exemplo.

Comercialização:
- Base 30 segundos, mas permite múltiplos de 15, 45 e de 60 segundos ou mais, assim como formatos especiais, patrocínios, programas especiais, intervalo exclusivo, etc.
- Custo por mil: Baixo.
- Seletividade da audiência: Média.

TV POR ASSINATURA (CABO, SATÉLITE)

Vantagens:
- Perfil qualificado e selecionado dos públicos-alvo.
- Programação segmentada.
- Qualidade da programação.
- Qualidade da imagem.
- Alternativas nacionais, regionais e locais.

Desvantagens:
- Pequeno número de assinantes, ainda, no Brasil.
- Cobrança de ponto-extra limita audiência nos domicílios.
- Volume de audiência baixo, embora qualificado.
- Multiplicidade enorme de canais (alternativas).

Comercialização:
- Segundos, geralmente 30 e 15.
- Custo por mil: Médio para elevado, no Brasil (ainda).
- Seletividade da audiência: Ótima.

OUTDOORS

Vantagens:
- Mídia local.
- Funciona em harmonia com outras mídias – e como reforço.
- Comunicação rápida e simples, com forte impacto visual.
- Exposição eficaz em áreas de muito tráfego de veículos.
- Possibilidade de apliques, montagens múltiplas e sequenciais.
- Possível uso de iluminação e de efeitos especiais (aroma, fumaça).

Desvantagens:
- Limitação a poucas palavras (muitas impedem leitura).
- Custos de produção podem ser elevados.
- Limitações geográficas e legais (controles municipais).
- Custo elevadíssimo para mídias nacionais e elevado para regionais.
- Dificuldade na seleção de pontos de ótima visibilidade.
- Dificilmente é solução isolada.

Comercialização:
- Por unidade, por bi-semanas de exposição.
- Formato padrão: 8,80 x 2,96 metros, 32 folhas (mas algumas cidades estão modificando estes padrões e outras, absurdamente, proibindo o uso de outdoors, como a cidade de São Paulo).
- Custo por mil: Baixo.
- Seletividade da audiência: Pobre.

....

MÍDIA EXTERIOR

Vantagens:
- Uso em locais de trânsito e/ou fluxo intenso.
- Segmentação, por locais, fluxo e públicos.
- Reforço eficaz de campanha em outras mídias.

Desvantagens:
- Necessita de volume de painéis expostos.
- Precisa de diversidade de períodos.
- Preço elevado de produção e de veiculação.
- Dispersão.

Comercialização:
- Por unidade.
- Custo por mil: Alto.
- Seletividade da audiência: Média.

INTERNET

Vantagens:
- Penetração cada vez maior, no Brasil, em especial entre públicos menores de 40 anos, das classes sociais A, B e C.
- Altamente seletivo (seleção feita pelo usuário).
- Comunicação individualizada.
- Usuários frequentes têm exposição maior.
- Flexibilidade.
- Público de renda elevada – e que compra online.
- Interatividade.
- Seletividade.
- Grande capacidade de segmentação.
- Possibilidade de personalização da comunicação.
- Alcance mundial (se interessar).
- Agilidade de comunicação.
- Relações diretas com o consumidor são possíveis.
- Combinação de imagens e sons.
- Tempo de exposição cada vez maior.

- Versatilidade.
- Envolvimento pessoal.

Desvantagens:
- Pequeno número de internautas, ainda (38% dos brasileiros e quase 30% da população mundial).
- Multiplicidade de alternativas, milhões de sites, blogs e redes de relacionamento (com suas comunidade, redes de amigos, etc.).
- Pluralidade inesgostável de ofertas.
- Comunicação indesejada (spam, vírus, etc.).
- Concentração nos mesmos endereços (sites, blogs, redes...).
- Baixíssimo índice de cliques em banners de publicidade.
- Poucas alternativas de veiculação de anúncios (banners, patrocínio, boxes, links...).

Comercialização:
- Diversos formatos (banners, links, anúncios, patrocínios, etc.).
- Custo por mil: Elevado (ainda, pois o número de usuários no Brasil ainda é pequeno – embora selecionado e identificável).
- Seletividade da audiência: Excelente.

....

CINEMA

Vantagens:
- Grande penetração entre jovens e AB, principalmente.
- Altamente seletivo.
- Estritamente local.
- Baixa dispersão.
- Alta qualidade de imagem e som (até em 3D).

Desvantagens:
- Audiência crítica.

- Pouco público, na maioria das sessões.
- Elevadíssimo custo por mil.

Comercialização:
- Por exibição (30 e 60 segundos, geralmente).
- Custo por mil: Muito alto (só compensa em grandes lançamentos).
- Seletividade da audiência: Elevada.

....

Longe de mim tentar detalhar tudo que pode e deve ser feito por bons profissionais de Mídia, nas agências e nos anunciantes. É uma tarefa cada vez mais técnica e mais detalhada, além de cada vez mais importante. Da seleção dos meios ao seu uso mais adequado para cada caso, à importantíssima negociação com os veículos, o trabalho do pessoal da Mídia é fundamental.

Pena que, infelizmente, poucos são – no Brasil – os profissionais realmente capacitados para desenvolver esta tarefa tão vital.

É um campo de trabalho muito interessante, onde ainda há pouca concorrência (justamente porque poucos são realmente bons e boas mídias). Para quem se interessar, vale ler todos os livros editados nos últimos anos pelo Grupo de Mídia de São Paulo, como: **"Planejamento de Mídia"**, de Jack Sissors e Lincoln Bumba; **"Gerenciamento de Mídia"**, de Herbert Zelktner; **"A Essência do Planejamento de Mídia"**, de Arnold Barban, Steven Cristol e Frank Kopec; **"Praticando o Planejamento de Mídia"**, de William Goodrich e Jack Sissors; **"A Conquista da Atenção"**, de Richard Adler e Charles Firestone; **"A Publicidade como Negócio"** e **"A Publicidade na Construção de Marcas"**, organizados por John Philip Jones.

Recomendo ainda **"Mídia de A a Z"**, de José Carlos Veronezzi, que é bem objetivo; **"Media Planning"** de Jim Surmanek, e **"The Effective Use of Advertising Media"**, de Martyn P. Davis.

Há muitos cursos, do Grupo de Mídia, que vale frequentar – só que a maioria acontece apenas em São Paulo. Bem que as universidades poderiam levar estes cursos para as suas cidades e seus alunos (assim como aos profissionais do mercado).

....

Distribuição da Mídia, por veículos, no Brasil (2010):

- TV 63,3%
- Jornal 11,8%
- Revista 7,1%
- Web 5,1%
- Rádio 3,9%
- TV por assinatura 4,2%
- Mídia exterior 3,0%
- Guias e Listas 1,1%
- Cinema 0,3%

Obs.: TV aberta + paga = 67,5% dos investimentos.

Investimentos em Mídia em:

- 2011 .... R$28,5 bilhões

Investimentos em Mídia e Produção:

- 2011 .... R$39,0 bilhões

Fonte: Projeto Inter-Meios de Meio e Mensagem

....

Enquanto isso, nos Estados Unidos...

Um estudo encomendado pela Advertising Coalition (um consórcio de associações do mercado publicitário) aponta que os Estados Unidos têm 630 mil pessoas trabalhando no setor e que os investimentos em mídia movimentam de maneira direta e indireta até US$ 5,5 tri da economia do país.

Outra descoberta é que os investimentos diretos em mídia totalizam US$ 278 bilhões nos Estados Unidos. A pesquisa é ampla e detectou inclusive a quantidade de profissionais por estado, chegando-se a números curiosos para lugares como Alaska, onde há 1,4 mil pessoas no segmento.

Outros estados com dados curiosos são Dakota do Sul, com 11 mil, e Vermont, o menor de todos, com 1,2 mil.

O grande diferencial do estudo é mostrar que o mercado norte-americano não se restringe a grandes centros como Nova York e Califórnia.

Além disso, é possível mensurar quantos empregos indiretos são gerados pela publicidade. Na Califórnia, por exemplo, há 71 mil pessoas trabalhando diretamente, mas um total de 2,2 milhões que trabalham em alguma atividade relacionada.

No total, os 630 mil profissionais de publicidade contribuem para um total de 19 milhões de empregos neste país. E os US$ 280 milhões investidos em publicidade contribuem para um movimento de até US$ 5,5 trilhões na economia.

É possível determinar também que em alguns estados a publicidade é mais relevante para a economia. Em uma parte do Arkansas, por exemplo, o setor representa US$ 14,3 bilhões em movimento na economia, ou um total de 20% dos US$ 71 bilhões que a localidade gera.

São números que mostram que a publicidade nos Estados Unidos não é apenas Nova York e a badalada Madison Avenue (aliás, bom ver – se não viram – a minissérie Mad Man, sobre a publicidade na Madison, nos anos 60).

(Com informações do New York Times e Meio e Mensagem)

O mercado norte-americano de publicidade é mais de 10 vezes maior do que o brasileiro.

ANÁLISE DO MIX PROMOCIONAL

De acordo com estudos de diversos especialistas dos Estados Unidos e da Europa, segue uma análise comparativa confiável sobre os resultados que podem gerar os mais utilizados veículos de comunicação, na nossa mídia diária.

COMPARAÇÕES NO MIX PROMOCIONAL

Comparações	Vendas Pessoais	Publicidade	Promoção de Vendas	Marketing Direto
VANTAGENS	Permite medir a eficiência.	Alcança um grande grupo de consumidores em potencial, por um preço relativamente baixo, pela exposição obtida.	Produz respostas imediatas dos consumidores.	Gera respostas imediatas.
	Provoca respostas imediatas.	Permite controle absoluto do conteúdo e frequência.	Atrai a atenção e cria desejo/vontade de ter/comprar/usar/consumir o produto.	Permite cobrir uma ampla audiência com públicos selecionados e identificados.
	Adapta a mensagem na medida certa para cada cliente.	Pode ser adaptada ou para audiências de massa ou segmentadas.	Permite fácil aferição de resultados e proporciona aumento de vendas em curto espaço de tempo.	Produz resultados mensuráveis com facilidade.
DESVANTAGENS	Depende quase que exclusivamente da habilidade dos vendedores.	Não permite medir de forma totalmente acurada os resultados.	Por definição, só é eficiente por tempo limitado (e curto período).	Tem problemas de imagem (de percepção).
	Envolve alto custo por contato.	Normalmente não fecha vendas.	É difícil conseguir se diferenciar dos concorrentes.	Exige resposta imediata.
	Há o risco do comportamento ou do despreparo pessoal.			Envolve alto custo por contato.
				Depende da qualidade do *mailing list*, assim como do correio/telefônica.
				Pode aborrecer os consumidores.
				Há excesso de *junk-mail*.

AÇÕES DE COMUNICAÇÃO

Apenas como ilustração, listei abaixo tipos de ações mais usados em Publicidade, Promoção e Marketing Direto, e vocês poderão verificar como alguns tipos de ação se encaixam em mais de um instrumento...

AÇÕES DE COMUNICAÇÃO

PUBLICIDADE	PROMOÇÃO	MKT DIRETO	REL. PÚBLICAS
anúncios (jo/re)	concursos	malas-diretas	lobby
comerciais (tv/ra)	jogos	catálogos	relacionamento
encartes	sorteios	telemarketing	press-kits
filmes (cinema)	prêmios	televendas (tv)	ass. imprensa
folders	brindes	e-commerce	seminários
folhetos	descontos	e-mail	treinamentos
panfletos	cupons	correio de voz	mkt social
posters	amostras	pós-vendas	mkt esportivo
cartazes	degustação	mkt relacionamento	mkt ecológico
catálogos	exposição	crm	mkt cultural
listas telefônicas	feiras	folhetos	com. corporativa
reprints	financiamentos especiais	panfletos	prod. ident. visual
outdoors	entretenimento	cartazes	publicações
sinalização	shows		revista da empresa
embalagens	eventos		newsletters
displays (pdv)	prog. milhagem		sac
audiovisuais	prog. de troca		relatórios
vídeos	(novo pelo antigo)		cursos
faixas	prog. de fidelidade		eventos
painéis	clube de clientes		patrocínios
placas	venda casada		folders
mkt aromas	leve 3, pague 2		prog. incentivo
mkt luzes			convenções
design			ass. funcionários
merchandising			clube de clientes
sites/web design			

E para as Vendas Pessoais?

Praticamente tudo isso pode ser útil – e mais um pouco – dependendo de quão bem informados e motivados estarão os membros da equipe de vendas. Se foram bem selecionados, treinados e motivados.

O comportamento do consumidor.

Uma das tarefas mais difíceis e vitais do Marketing e da Comunicação está na análise e na compreensão do comportamento do consumidor – afinal, é o consumidor o alvo e o objetivo de todas as nossas ações de produção, de Marketing e de Comunicação.

Não existe um rótulo, formato, fórmula ou imagem que possa servir a todos os consumidores, mesmo que seja de um mesmo e único produto.

Isto porque as pessoas são diferentes. Pensam, agem e reagem de forma diferente, porque cada pessoa formula seu raciocínio de uma maneira diferenciada das outras, porque cada pessoa recebe informações diferentes, em volumes diferentes, e vive experiências diferentes, em situações diferentes, em sua vida.

Não há duas pessoas iguais, que pensem de forma igual, sobre todos os assuntos.

Em Relações Públicas se ensina que **"não existem duas pessoas com opiniões iguais em todos os assuntos".**

E acrescenta-se: **"nenhuma opinião é imutável".**

Alguns autores, como Al Ries, discordam deste segundo axioma, como ele o faz no seu livro **"Foco"**. No entanto, ele mesmo admitiu que foi radical demais neste posicionamento, de afirmar que as "opiniões fortemente formadas não mudam", reconhecendo que "mudam, sim, mas custa muito mais caro". Não concordo com nenhuma destas posições dele. Uma simples degustação pode mudar opiniões e custa o mínimo.

Analisando de uma forma bastante simples: cada pessoa forma as suas opiniões, em seu cérebro, a respeito de qualquer assunto, como fruto do seu volume de informações obtidas e experiências vividas.

Temos opiniões até a respeito de assuntos que não conhecemos a fundo. E quanto mais vivemos, mais aprendemos, mais nos informamos, mais experimentamos – o que nos leva a mudar de opinião com o passar do tempo.

Esta mudança de opinião pode ser provocada e realizada mais prematuramente, no entanto. Uma prova disso está na experimentação, que pode mudar radicalmente a nossa opinião – e que, por isso, é uma das ferramentas de promoção mais usadas no mundo todo, com amostras grátis, degustações em pontos de venda, samplings, etc.

O estudo do comportamento do consumidor inclui o ato físico de comprar, assim como o processo mental usado para tomar a decisão de comprar.

Um dos pontos mais importantes do Marketing está no foco (de produção, de vendas e de comunicação) nas necessidades e desejos do consumidor.

Compreender como, o que, onde e quando os consumidores decidem comprar é fundamental para o desenvolvimento de estratégias eficazes de Marketing (e de Comunicação).

Existem diversas correntes de pensamento a respeito do comportamento do consumidor no mercado e de como ele toma as suas decisões de compra. Há décadas, este é um dos assuntos mais discutidos e controversos, e isto acontece porque a diversidade é intensa e nós ainda não conseguimos compreender completamente a natureza humana e como as pessoas decidem comprar.

Evidentemente que existem compras que requerem menor esforço do consumidor, por envolverem menores custos ou riscos, assim como há aquelas que demandam profundas análises antes da decisão de compra (como no caso de imóveis, veículos e outros objetos do desejo, de maior valor).

Quem vai comprar um barco de 40 pés enfrenta um processo de decisão de compra completamente diferente de quem vai comprar um chicle de bola, não é mesmo?

Quem vai comprar fôrmas de aço, maquinário pesado, embalagens de papelão ondulado, grupos geradores ou tratores de grande porte age completamente diferente de quem vai comprar gelatina, botões, lápis, baton, azeite ou flores, mesmo que em cada uma destas decisões de compra entrem em jogo fatores como atendimento às necessidades, interesses, desejos, anseios, aspirações, expectativas e até gosto pessoal do consumidor.

Para um mesmo produto, as expectativas variam de consumidor para consumidor!

Há quem compre, por exemplo, sabão em pó por costume ou hábito de comprar e usar determinada marca, há quem compre porque é mais barato, há quem compre para experimentar uma nova marca ou fórmula, há quem busque uma limpeza de maior qualidade, há quem compre para alvejar ou para realçar as cores, há quem compre porque a vizinha recomendou e há quem compre a marca que estiver em promoção.

Assim é para todos os segmentos de produtos e serviços, de uso empresarial ou pessoal.

Diversos fatores são levados em consideração e o nosso trabalho é descobrir quais deles são os mais importantes, para um número maior de pessoas. E isso é assunto muito sério, já perceberam?

Muitos profissionais de Marketing e de Publicidade se utilizam de modelos baseados em informações do passado, para tentar prever o futuro.

Analisando frequências, volumes, cores e outras informações sobre vendas já realizadas, em determinados períodos, se busca acertar o que vai acontecer num futuro não muito distante, em termos de volumes, frequências, tendências e vendas.

Analisando pesquisas de audiência de mídia, elaboram-se planejamentos de veiculação para o futuro, buscando atingir uma mesma qualificação e quantidade de audiência – o que, na verdade, não é 100% garantido, como já vimos.

Se anuncio numa programação de cinema na TV, é óbvio que a audiência vai oscilar de acordo com a qualidade e popularidade dos filmes, artistas e diretores exibidos pela emissora, em cada data.

Estes exemplos de mídia servem apenas para ilustrar a dificuldade e a impossibilidade real de tentar prever o futuro, com base apenas nas situações e informações do passado.

É claro que as informações do passado são importantes e úteis, mas não são as únicas que devem ser levadas em consideração, em nossas análises do comportamento do mercado.

Teoria e Prática

Há muitas teorias sobre o comportamento do consumidor. E para muitos, só que o que existe é isso: apenas teoria.

Antes de 1980, na verdade, os estudos do comportamento do consumidor eram baseados num volume limitado de evidências. Só mais recentemente, a partir dos anos 80, é que a tecnologia tem permitido cruzar informações e dados que permitem compreender de uma forma mais ágil e acurada o comportamento de compras.

Com o uso do Código de Barras, por exemplo, os lojistas podem hoje saber imediatamente o que está e o que não está vendendo, podem programar as suas próprias compras para repor estoques e podem planejar suas ações promocionais com a maior facilidade.

O comportamento do consumidor, tanto no nível do varejo como no do atacado, é hoje facilmente monitorado. Nas chamadas vendas industriais, ou **business-to-business,** este monitoramento das vendas também se tornou cada vez mais ágil e fácil.

Hoje, é possível controlar praticamente todos os contatos de vendas da empresa, seja por marketing direto, por catálogo, por anúncios, por telemarketing, por *e-commerce*, por vendas diretas ou indiretas.

E com a capacidade que a tecnologia da informação nos oferece de monitorar, analisar e compreender grandes volumes de informações sobre compras e comportamento do consumidor, em qualquer lugar do mundo, podemos estabelecer tendências futuras com menores margens de erro e maior agilidade.

É importante frisar que o Marketing nunca será uma Ciência Exata, porque a sua eficiência não depende somente das ações que nós desenvolvermos para determinada marca ou produto.

Simplesmente porque nós nunca poderemos, por exemplo, antecipar todos os próximos passos dos nossos concorrentes – e este é também um

fator vital no nosso planejamento. Além disso, também é impossível antecipar as ações e reações dos consumidores, o tempo todo.

Mesmo assim, hoje em dia é possível acompanhar a evolução do comportamento do consumidor quase que em tempo real, o que permite compreender melhor o que os consumidores e os nossos clientes estão fazendo no mercado.

Necessidades e Desejos

Todas as decisões de compra, de produtos ou serviços, são tomadas levando em conta as nossas necessidades ou os nossos desejos.

Necessidades geralmente são definidas como aquelas coisas que são importantes para a nossa sobrevivência, como comida, água, abrigo, roupa e segurança.

Desejos são coisas que gostaríamos de possuir, mas poderíamos viver sem elas.

Exemplos? Posso tomar água da torneira, ou posso preferir uma Perrier. Posso comprar um automóvel de baixo custo para o meu transporte, ou posso preferir um carro esportivo como um Porsche ou um Jaguar (meu sonho de consumo), comprar uma camisa ou blusa qualquer ou preferir um Burberry's.

Parece evidente que os desejos geralmente custam mais caro do que as necessidades...

Em alguns países, como na Europa e na América do Norte, praticamente todas as necessidades das pessoas estão bem atendidas, de alguma maneira. Mas, mesmo nestes países, a população quer e busca, cada vez mais, a satisfação dos seus desejos. E isso é facilmente perceptível quando se analisa a Publicidade veiculada, nas mais diversas mídias.

Os maiores anunciantes são aqueles que comercializam produtos ou serviços direcionados para atender aos desejos mais diversos do consumidor, como automóveis, celulares, cervejas, detergentes, cosméticos, alimentos práticos e saudáveis, produtos light e diet, viagens, seguros, artigos de decoração e arte, e oportunidades de investimento.

É fundamental saber, quando vamos planejar a nossa comunicação, se estamos anunciando para atender às necessidades ou aos desejos do consumidor – porque há uma grande diferença de percepções envolvida neste processo.

Posso tomar água apenas para matar a sede, ou posso fazer deste ato um momento de prazer ou de status? Posso comprar um carro apenas para assegurar a minha locomoção a qualquer local, ou posso ambicionar status, mais conforto e maior segurança? Posso me agasalhar tranquilamente com um bom pulôver de lã, ou posso me sentir melhor com um pulôver de grife, como um Burberry's ou um Benetton? Posso comprar um tênis qualquer, ou vou me sentir melhor com um Nike? Ou um Mizuno? Ou num K-Swiss? Um tênis não é só um tênis... nenhum produto é só um produto e, vale lembrar, compramos benefícios (não os produtos).

Compramos vantagens, nem que sejam intangíveis, como status.

Ativos ou Latentes

A maioria dos especialistas assegura que tanto as necessidades como os desejos podem ser ativos ou latentes.

São ativos quando o consumidor já reconhece esta necessidade ou desejo e age para conseguir a sua satisfação.

São latentes quando não se constituem numa alta prioridade na vida do consumidor.

Exemplo: se eu decido que irei comprar um paletó, ou um terno novo, passarei automaticamente a ver anúncios em jornais e revistas, a prestar atenção em vitrines e até a visitar lojas, experimentando modelos. Se eu decido que agora não é a hora de comprar um paletó ou um terno novo, não olho para os anúncios, passo reto pelas vitrines e nem entro nas lojas.

Outro exemplo: se eu quero comprar um carro novo, passo a ler com maior atenção as reportagens e anúncios sobre os automóveis que desejo (e posso) comprar. Vou visitar concessionárias, faço test-drives, pergunto opiniões de amigos, pesquiso e analiso tudo que for possível, antes de comprar. Mas se eu não quero (ou não posso) comprar um carro novo, nem leio os anúncios de jornal. Com você não é assim?

O nosso trabalho do Marketing e da Comunicação está em transformar desejos e necessidades latentes em ativas, o mais depressa possível – e, é claro, transformar mais rapidamente ainda as necessidades e desejos ativos em compras para as nossas marcas.

Racional ou Emocional

Numa tentativa de entender como os consumidores decidem comprar uma marca ou um produto, nós geralmente descrevemos este processo como racional ou emocional.

Uma decisão racional é aquela na qual o consumidor conscientemente considera várias alternativas antes de determinar qual é a melhor relação preço/valor para a sua compra.

Exemplos? Comprar uma máquina de lavar roupas, um freezer ou uma TV, abrir uma conta num banco e realizar investimentos ou escolher um seguro são decisões puramente racionais.

Uma decisão emocional é aquela que é tomada sem pensar muito, várias vezes no impulso, e na maioria das vezes têm a ver com a autoestima ou com a autoimagem.

Exemplos? Comprar roupas ou canetas de grife, perfumes e cosméticos, queijos, patês e temperos exóticos, lançamentos gastronômicos, revistas e livros de culinária ou turismo, CDs e DVDs, são ações de decisão emocional... minhas.

Para desenvolver uma estratégia de Publicidade (ou de Comunicação) efetiva, precisamos compreender como o nosso produto se integra na vida do nosso comprador em potencial ou cliente. Precisamos compreender se a satisfação que deveremos proporcionar aos desejos ou necessidades é ativa ou latente, e se na nossa influência deve seguir o caminho racional ou emocional.

Persuasão

"Toda comunicação é uma tentativa de persuasão", definiu claramente o sábio grego Aristóteles.

Quando o bebê chora no berço quer comunicar algo. Que está com fome, com sono, ou com dor. Às vezes demoramos para descobrir o que ele quer nos comunicar, porque ele ainda não desenvolveu a linguagem correta – mas, com a experiência, acabamos compreendendo até a linguagem dos bebês.

Quando anunciamos um produto, queremos persuadir alguém a comprá-lo. Por isso, precisamos usar a linguagem mais adequada, no momento mais oportuno, na forma mais atraente, com a argumentação mais eficaz que pudermos desenvolver.

"As pessoas não têm mais tempo para ler, por isso são mais eficientes os anúncios com um mínimo de texto" é uma afirmação completamente equivocada.

Grande mentira. Pura besteira. Bullshit!

A verdade é que existem cada vez menos redatores de publicidade que realmente sabem escrever.

Escrever como deviam, levando em consideração os desejos ou necessidades dos prospects e clientes, ativos ou latentes, com a argumentação emocional ou racional mais apropriada, para cada iniciativa.

Se é uma decisão racional que buscamos, há necessidade de argumentação lógica, bem suportada por fatos ou depoimentos e orientada por valores.

Se é uma decisão emocional, imagens, ícones, e até relações com outras pessoas ou produtos podem ser eficazes.

No entanto, o que mais vemos é a criação preguiçosa e limitada. Ineficiente para vendas, mas, muitas vezes, considerada criativa, ousada, instigante e premiada. Muito mais arte do que vendas.

De novo: é isso que precisamos?

O processo que precisamos compreender é muito amplo e complexo.

Complexidade

É preciso compreender – antes de mais nada – que as decisões de compra dos consumidores são bastante complexas e que elas são e podem ser influenciadas por uma série de fatores, psicológicos ou não.

O indivíduo é o centro do processo de decisão.

Pode ser influenciado, motivado, persuadido, mas muito dificilmente será obrigado a decidir de uma forma que não atenda às suas necessidades ou desejos pessoais.

Somos formados e movidos pelos nossos conhecimentos, crenças, valores, desejos e experiências pessoais.

E somos influenciados pelos outros – sejam outras pessoas conhecidas ou não, pessoas nas quais reconhecemos um conhecimento ou capacidade superior à nossa, pessoas que respeitamos ou, ainda, pessoas que agregam valor às nossas vidas.

Somos influenciados pela mídia, o tempo todo.

Ou mesmo pela ausência dela.

Somos influenciados pela publicidade de uma marca ou produto, assim como pela publicidade dos concorrentes daquela marca ou produto.

Somos tentados a experimentar as novidades – e muitas vezes cedemos à tentação (e se a satisfação for maior, trocamos de marca, facilmente).

Somos influenciados pelo meio em que vivemos, pelas pessoas com as quais convivemos, pelo nosso estilo de vida (ou aquele que almejamos).

Somos influenciados através de todos os nossos sentidos – chegando até a sonhar com o que desejamos (mais do que com o que necessitamos).

Recomendo ler **"Lovemarks, O Futuro Além das Marcas"**, de Kevin Roberts, CEO mundial da Saatchi & Saatchi, sobre o valor das emoções nas decisões de compra e na construção de uma relação de amor das marcas com seus consumidores.

Influências Internas e Externas

Fatores internos e externos influenciam, o tempo todo, o nosso processo de decisão e a formação das nossas opiniões.

Fatores internos, por exemplo, são o aprendizado, a personalidade, as atitudes e posturas que temos diante de cada situação, a nossa motivação e/ou envolvimento e a nossa memória.

Fatores externos, por exemplo, são o status cultural ou social, influências culturais, familiares, de grupos sociais e de classes sociais, entre outros.

Determinantes Individuais Internas

Motivação é um dos fatores mais importantes da vida humana, pois orienta o nosso comportamento. Mobiliza toda a nossa energia e a direciona para os objetivos que almejamos, geralmente no ambiente externo. Planejamentos de Marketing, na maioria das vezes, direcionam seu foco em influenciar critérios de escolha motivacional, assim como o faz a Publicidade.

Se você não tivesse motivação, não estaria lendo este livro, nem iria buscar o seu lugar ao sol, no mundo da Publicidade.

Aprendizado e memória compõem o mecanismo pelo qual uma mudança permanente de comportamento pode ser obtida e mantida para o futuro. Muitas teorias sobre o aprendizado são importantes para os anunciantes, como a necessidade de reforçar a mensagem, a importância da repetição da mensagem, qual o volume de informação que pode ser aprendido de cada vez, e o que faz uma mensagem memorável, só para citar algumas.

Lembra como é que você aprendeu a tabuada e a conjugar os verbos? Repetição, repetição, repetição. Eu aprendi todas as capitais do mundo, nos anos 60, com os Maristas, que me faziam repetir, repetir, repetir aquelas informações.

Quando você lê um livro, anotando ou destacando com marcador amarelo as informações e trechos que lhe chamaram a atenção, certamente vai aprender melhor e se lembrará onde estará aquela informação, quando precisar dela.

Personalidade e conceito pessoal enfocam características únicas de um indivíduo, que permanecem consistentes nas mais diferentes situações. Perfis psicográficos são intensamente utilizados em Publicidade, em categorias de produto altamente competitivas e de pequenas diferenciações perceptíveis.

Como no caso de algumas marcas de cigarro, ou de joias, por exemplo. O conceito pessoal se refere à forma pela qual as pessoas se percebem. Um grupo de senhores aposentados, por exemplo, dificilmente se enxerga dirigindo Ferraris, assim como um grupo de adolescentes dificilmente se enxergaria assistindo a um espetáculo de ópera.

Se você tem 20 e poucos anos, tem as suas preferências, opiniões, gostos e simpatias. Quando tiver 40 ou 50 certamente terá mudado em muitas coisas. Algumas coisas da juventude serão mantidas como preferências (ou saudades), mas novas coisas e preferências, assim como opiniões, serão acrescidas, pelo seu conhecimento e experiência.

Eu não gostava de muita coisa, que hoje gosto. Exemplos? Escargots, ópera, jazz, orquestras, música clássica, pintura, escultura, etc. Como mudei? Aprendendo com a vida. Abrindo os olhos para novas realidades, viajando, estudando, lendo muito, me interessando por novas perspectivas, visões, objetos e fatos.

Atitude é como uma pessoa se sente – e reage – diante de um objeto. Profissionais de Marketing sabem que quando os consumidores experimentam um produto, eles vão ganhar experiência e terão uma atitude diante da capacidade deste produto satisfazer às suas necessidades ou desejos.

Por isso, profissionais de Marketing estão constantemente buscando um *feedback* (retorno) quanto às atitudes dos consumidores após o uso daquele produto, para que possam estabelecer uma espécie de sintonia fina, que permita perceber que produtos/marcas satisfazem melhor aos consumidores.

Há muitas mudanças de atitudes significativas, em nossa sociedade, que já são facilmente percebidas, como a consciência ecológica das pessoas, a responsabilidade social, a atenção às crianças, a preocupação com o fumo em ambientes coletivos, a preocupação com a obesidade, o efeito *"cocooning"* (encasulamento em casa, com medo da violência urbana, assim como pelas comodidades do Delivery, do Home Theater, etc.) e outras.

O **processamento das informações** é a mais ampla área de preocupação dos anunciantes (assim como dos profissionais de Marketing e de Publicidade/Comunicação).

Que mensagem funciona melhor? A que estímulo os consumidores respondem mais depressa? Que informações os consumidores buscam para decidir mais depressa e melhor? Como podemos capturar a atenção do consumidor?

Determinantes Ambientais

Cultura é tudo aquilo que é socialmente aprendido e repartido entre os membros de uma sociedade. De um ponto de vista de comportamento do consumidor, cultura abrange elementos materiais ou não. A cultura material abrange os produtos atuais, as lojas que vendem estes produtos, a publicidade que promove estes produtos. A cultura não-material compreende a forma pela qual as pessoas compram nas lojas, a reação que as pessoas têm hoje às palavras "Liquidação" ou "Promoção".

No Brasil, as palavras Liquidação e Promoção me parecem muito desgastadas, porque são utilizadas em excesso. As concessionárias de automóveis e as redes autorizadas, por exemplo, fazem tanta promoção, toda semana, que ninguém mais acredita. Se podem fazer promoção toda semana, por que não reduzem os preços de uma vez?

As operadoras de celular, alguns shopping-centers e muitas lojas do varejo (entre elas os supermercados) desqualificaram o real sentido das palavras Liquidação e Promoção, no Brasil.

Na Europa, viajando um pouco, quando há Liquidação ou Promoção as lojas se enchem de consumidores, porque eles sabem que a promoção é verdadeira. Idem nos Estados Unidos e Canadá, onde promoções como a Christmas Sales (entre o Natal e o Ano Novo) representam mesmo descontos de 50% em todos os artigos expostos. E são um sucesso estrondoso. **Why?** Por que eles não fazem promoção todo dia...

Aqui, infelizmente, muitos varejistas aumentam os preços, aplicam desconto, e chamam isso de Promoção... É enganação e os consumidores não são idiotas.

Subculturas são subgrupos homogêneos inseridos numa cultura. Hoje em dia e cada vez mais, os profissionais de Marketing buscam soluções para nichos, como os negros, os homossexuais, os idosos, os adolescentes, as crianças, os índios, etc.

Nos Estados Unidos, por exemplo, há agências de publicidade especializadas só em ações em língua espanhola, assim como agências especializadas em comunicação com negros e mulheres, assim como com gays. Na Europa, há centenas de agências especializadas em segmentos do mercado, como as **business-to-business** e as orientadas para o **trade**.

São especialistas no público-alvo profissionais de empresas, que decidem como qualquer outro mortal, estão sujeitos a pressões por melhores compras e resultados, mas, além disso, possuem ansiedades, expectativas, desejos, interesses, sonhos, necessidades, receios, etc.

Classes Sociais são uma outra forma de identificar uma cultura, que possui padrões de consumo, renda e estilo de vida semelhantes. Não é equivalente a ocupações profissionais ou riqueza. É uma combinação de fatores, que as inclui.

No Brasil, por exemplo, alguns critérios incluem, além da renda pessoal ou familiar, itens de conforto no lar, posses (carros, imóveis, etc.), níveis de escolaridade e outros fatores. Classes A, B, C, D e E não significam necessariamente apenas as rendas auferidas. Renda não é tudo.

Grupos Sociais não representam, apenas, uma coleção de indivíduos, que podem ser distinguidos em 3 formas diferentes:

- **Geográficos** (indivíduos que vivem numa mesma região).
- **Demográficos** (indivíduos que têm atributos em comum).
- **Psicográficos** (indivíduos que têm um relacionamento resultante de uma interação entre eles).

Grupos de Referência são também importantes para determinar o julgamento, as crenças e o comportamento de um indivíduo – o que pode ser positivo ou não. Estudantes são um bom exemplo de grupo de referência.

Família e **domicílio** são termos que não devem ser confundidos.

Vejam bem: **Domicílio** inclui familiares ou não, que vivem sob um mesmo teto. **Família** é limitada aos parentes que vivem sob o mesmo teto.

É um fator importante e muito estudado pelos profissionais de Marketing, que querem saber quem compra, quem decide a compra, quem influencia, quem consome, quanto consome, quando consome, o que consome, por que consome... A mudança da estrutura familiar é um fator muito importante a ser compreendido e constantemente analisado, no mundo moderno.

Em alguns países, por exemplo, o padrão pai/mãe e 2 filhos está totalmente superado. No Brasil, o parâmetro de pessoas por domicílio é de 3,3 pessoas. Em outros mercados, como nos Estados Unidos, 51% das mulheres são solteiras (dados de janeiro de 2007).

Para alguns produtos, como cozinhas e artigos de culinária, os novos casais (fruto dos divórcios) são altamente interessantes para vendas (talvez mais até do que as chamadas famílias tradicionais).

....

Aliás, sobre cozinhas, conheçam esta história:

Até antes da II Guerra Mundial as famílias se reuniam para o café da manhã, almoço e jantar, feitos pela dona da casa. Só o marido trabalhava fora, na maioria dos lares.

Com a chegada da televisão e a sua presença num número cada vez maior de lares, as pessoas passaram a jantar vendo TV, mais do que almoçar, nos anos 60.

No final dos anos 60, um grande número de maridos passou a não vir almoçar em casa e, por isso, jantar passou a ser a refeição principal e que reunia a família.

A partir do final dos anos 70, as mulheres também passaram a trabalhar fora de casa – e, muitas vezes, a única refeição feita em casa ficou sendo o jantar (com TV e comidas semiprontas, em muitos casos – diner TV).

A mesa das refeições era um centro de congraçamento, de diálogo e de relacionamento muito importante da família. Depois dos anos 90, deixou de ser – pelo menos em todos os dias da semana. Ainda prevaleceram, em muitos lares, os almoços de domingo em família.

Hoje, em muitas residências, os filhos veem TV e comem nos seus quartos, marido e mulher não conversam enquanto fazem suas refeições e assistem à novela, noticiário ou futebol.

Claro que não é só por causa do trabalho fora e da TV, mas o número de divórcios se ampliou muito, depois disso, quase que no mundo todo.

E, por mais incrível que possa parecer, hoje os melhores clientes das lojas e fábricas de cozinha são os descasados ou casados de novo.

Os solitários usam a gastronomia, fazendo cursos e treinando receitas, para atrair amigos e pessoas do sexo oposto aos seus lares, com a finalidade de relacionamento.

Perceberam quantos enólogos e enófilos existem hoje? Alguns realmente entendem, mas a maioria não. Há 10 anos, raros eram os conhecedores de vinho. Hoje, qualquer um fala em bouquet, sabor amadeirado, essência de baunilha, resquícios e amora, vinhedos de encosta do sul da França ou das zonas áridas argentinas, o do tipo de uva que só sobrevive no Chile, pela proteção dos Andes... Além de enólogos e enófilos, proliferam os enochatos... Idem com charutos – virou símbolo de status.

Já os casados de novo querem começar vida nova e, pelo menos por algum tempo, vão tentar fazer muitas refeições juntos. Em especial se o maridão casar com uma mulher muito mais jovem... mesmo que ela não goste de cozinhar (o que geralmente é verdade) ele vai equipar a cozinha com tudo de bom, de moderno e de requintado que puder comprar. Ótimo para vendas!

Hoje, as cozinhas têm muito mais requintes, são mais espaçosas, têm mais de uma estação de trabalho (para que mais pessoas possam ajudar ou cozinhar juntas), são muito mais equipadas e viraram um centro de convivência.

Jeff Smith, gourmet e apresentador de TV, que ficou famoso no mundo todo, nos anos 90, com o seu **"Frugal Gourmet"** fez muitas destas observações – e eu complementei com observação, leitura e atendendo a clientes fabricantes de cozinhas sob encomenda.

Estas observações podem ser úteis, se vocês forem trabalhar com clientes fabricantes de cozinhas, ou de utensílios para elas. E, como viram, não as obtive em livros de Publicidade.

Temos que viver buscando informação e conhecimento.

....

Prosseguindo...

Influência Pessoal envolve como um indivíduo influencia outro, seja no boca a boca, seja com sua liderança, seja com seus hábitos de consumo.

Comunicação boca a boca, ou face a face (como preferem os americanos: *face-to-face*) também pode ser chamada de Propaganda. A Igreja Católica propagava a fé num trabalho face a face, nas praças, nos púlpitos. Lembram **"propagare"**? Os políticos fazem Propaganda nas tribunas, nos palanques, nos comícios, nas reuniões e assembleias. Muitas vezes frente a frente com seus públicos.

Quando uma pessoa acredita no que a outra disse, esta comunicação boca a boca, ou face a face, é muito forte e convincente.

Quando a palavra é de um especialista ou de fonte digna de crédito, mais ainda.

Quantas vezes vocês foram a uma balada, restaurante, praia ou loja porque um amigo recomendou?

No Marketing, o processo consiste em transformar **suspects** (consumidores que suspeitamos que possam comprar nossos produtos) em prospects (consumidores em potencial), depois em **clients** (clientes) e, finalmente, em **advocates** (verdadeiros advogados defensores da nossa marca e dos nossos produtos e serviços). É assim que é.

Agora, na arena do Marketing, alguns autores usam a expressão "**evangelizar os consumidores**". Não gosto dela, talvez porque me remeta a falsas promessas da maioria dos ditos evangelizadores, assim como a muita falta de honestidade e de ética. Mas esta é uma opinião pessoal minha. Podem não concordar, mas penso e reafirmo que fazer Publicidade é bem diferente de fazer Propaganda. Ou não? Bom tema para um debate, não acham?

Como o consumidor se decide?

Há um grande número de opções de consumo possíveis para o consumidor, hoje em dia. E no futuro haverá muito mais. Com a tecnologia da informação e a evolução do Marketing, já é possível comprar praticamente qualquer produto, em qualquer lugar do planeta, a qualquer momento.

No entanto, esta grande quantidade de opções de compra é canalizada para 5 tipos principais de decisão, que são as seguintes:

1. **O que comprar.**
2. **Quanto comprar.**

3. Onde comprar.
4. Quando comprar.
5. Como comprar.

Isto nos leva a 5 passos básicos e racionais no processo de compra do consumidor, que são:

1. **Reconhecimento do problema.**
2. **Busca de informação.**
3. **Avaliação de alternativas.**
4. **Decisão de comprar.**
5. **Comportamento após a compra.**

No reconhecimento do problema, os profissionais de Marketing e Comunicação encontram grandes oportunidades de transformar usuários de uma categoria de produtos em clientes da sua marca, atendendo a necessidades ou solucionando problemas como estoques esgotados da concorrência, distribuição mais conveniente para o consumidor, facilidades de crédito ou de negociação, mudança do ambiente de compras, novos sabores, adição de valores ou de ingredientes, novas fórmulas, etc.

Quando o consumidor busca informações, os profissionais de Marketing e Comunicação têm outra inesgotável oportunidade de conquistar clientes, se oferecerem toda a informação que os consumidores desejam, de forma ágil, inteligente, completa e confiável.

Quanto mais complexa for a decisão a ser tomada, mais completas e precisas deverão ser as informações colocadas à disposição do consumidor.

Sempre – repito sob a ótica dos interesses e dos desejos do consumidor (e não do anunciante ou do vendedor, simplesmente, nem dos publicitários!).

Quando o consumidor avalia as alternativas, as melhores chances estarão do lado de quem melhor ofereceu soluções e melhor informou a ele.

Pense nisso.

Há alguns anos, fui contratado para planejar uma campanha para lançar um amaciante de roupas. Depois de um brevíssimo briefing do cliente, fui a campo pesquisar e observar o comportamento do consumidor e, é claro, a nossa concorrência.

Passei muitos dias em supermercados, de todos os portes e bairros, observando, dialogando, entrevistando, pesquisando, tomando notas.

Deste processo pude concluir que as donas de casa, em geral (de todas as classes sociais), gostam de cheirar o amaciante, para verificar se o perfume é gostoso, antes de comprar.

Isso é mais importante do que o preço.

Algumas, é claro, são fiéis às marcas líderes, mas há mais de 40 marcas disputando o mercado (só em Curitiba), com preços que variam de R$ 1,99 a R$ 6,34!

Percepções das donas de casa, que observei: "se é muito barato, não deve ser bom", "tem uns que têm cheiro horrível, não quero as minhas roupas cheirando a vômito"! (acreditem!), "não compro mais a marca mais cara, outros produtos trazem o mesmo benefício – maciez e perfume – pela metade do preço", "compro embalagem pequena, porque uso muito pouco", "ah! compro pelo cheiro, sempre", "sempre troco ideias com as minhas amigas, sobre as novidades", "não sei qual rende mais, por isso compro pelo perfume e pelo preço".

Como se percebe, há vários caminhos para uma comunicação bem-sucedida, só nestas frases.

....

O processo de compra e a decisão de comprar transcendem ao produto. Vão muito além.

As pessoas compram os benefícios, sempre.

Por isso, tudo que puder ser agregado para facilitar ou motivar a compra é importante. Exposição adequada, preço, distribuição, programas de fidelização, prêmios, brindes, facilidades de pagamento e atendimento são alguns dos fatores que podem ajudar na decisão de compra (ou atrapalhar). Comunicação integrada, ampla, pertinente e eficaz, o tempo todo, ajuda, e muito.

Após a compra, o comportamento pode ser favorável ou não.

Se for favorável, provavelmente o consumidor comprará novamente.

Se não for, dificilmente o consumidor voltará a comprar. E isso poderá representar a devolução do produto e do dinheiro para o consumidor.

Muitas vezes, especialmente em produtos de custo mais elevado, os consumidores experimentam uma dissonância cognitiva. Isto é: têm outras percepções a respeito da compra e podem voltar atrás.

É recomendável acompanhar, sempre, os índices de satisfação dos compradores, de todo e qualquer produto ou serviço, para detectar, após a compra, problemas que possam existir ou se repetir – para poder solucioná-los.

Há, hoje, ampla literatura disponível sobre pós-vendas, para ajudar neste processo tão importante.

Uma dica: leiam "Todos os clientes são irracionais" de William J. Cusick e "Como influenciar a mente do consumidor", de Roger Dooley, além das novas publicações sobre Neuromarketing.

Cliente feliz volta. E vira freguês.
Freguês recomenda a marca para os amigos.
Vira advogado da sua marca.
Volta sempre, para consumir mais.

As leis da opinião pública.

Lá entre os anos 83 e 86, quando eu dava aulas de Relações Públicas e de Publicidade na Universidade Federal do Paraná, em Curitiba, pesquisei muito sobre um assunto que muitos não conheciam, ou desdenhavam na época: **O Poder da Opinião Pública.**

Como resultado, produzi um *paper* que foi muito útil aos meus alunos de então e a mim mesmo, porque juntos aprendemos ensinamentos valiosos, que aqui repasso, atualizando o texto:

Cada indivíduo, cada pessoa, é livre para formar e ter opiniões e para fazer delas um direcionamento para o seu comportamento.

Na sociedade moderna, cada pessoa exerce a sua parcela de poder, através, por exemplo, do voto, de compras, de iniciativas, de protestos, de apoios e, principalmente, externando as suas opiniões.

A comunicação de uma opinião individual, de uma pessoa para outras, pode reforçar esta opinião, ampliando seu suporte e criando, muitas vezes, uma opinião coletiva.

A Opinião Pública, portanto, nada mais é do que o resultado acumulado de opiniões individuais concordantes em algum assunto, tema, ideia, produto ou serviço – que afetam ou não a estas pessoas. Ou, dito de outra maneira: a Opinião Pública é o somatório de opiniões individuais sobre um mesmo tema.

Na sociedade moderna, com a velocidade da informação dos nossos dias, a Opinião Pública proporciona o surgimento de um ambiente psicológico no qual ideias, pessoas, instituições e empresas prosperam ou perecem.

O resultado de uma Pesquisa de Opinião Pública pode redirecionar planejamentos, arrasar campanhas ou carreiras políticas, aniquilar programas de TV ou rádio, lançar ao ostracismo pessoas e instituições.

A constatação de uma posição negativa sempre irá gerar mudanças.

Com o desenvolvimento e a agilidade dos meios de comunicação, o Poder da Opinião Pública tem crescido muito, assim como têm evoluído os esforços que visam o conhecimento, o controle e a manipulação deste Poder.

Baseando-se na premissa de que "não existe uma só opinião absolutamente correta e imutável", o trabalho dos profissionais de comunicação tem sido buscar neutralizar opiniões hostis, conquistar opiniões latentes ou não-formadas e conservar e fortalecer as opiniões favoráveis.

A Formação da Opinião

Recebemos, a todo instante, uma gama infinita de informações, vindas de todas as partes do nosso ambiente, nas mais variadas formas e frequências, com as mais diversas intensidades, os mais diferentes conteúdos, que chegam a nós através de todos os nossos sentidos.

A capacidade de absorção e de assimilação do nosso cérebro, no entanto, é limitada e pouco daquilo que vemos, ouvimos, escutamos e tateamos chega a nos interessar, despertar curiosidade ou desejo.

Na maioria das vezes, uma imensa quantidade de informações passa por nós sem que as percebamos – como as árvores da rua por onde sempre passamos, que nem percebemos quando estão floridas ou desfolhadas.

Absorvemos apenas uma pequena parcela deste universo de informações. Absorvemos aquilo que chama a nossa atenção, aquilo que se destaca do todo, que corresponde aos nossos desejos, interesses ou necessidades.

O resto, que não nos toca, se perde no ambiente ou no nosso subconsciente.

As mensagens que recebemos, por outro lado, são processadas e armazenadas em nossos cérebros, onde podem ser reprocessadas, casadas com outras informações, e reprocessadas ou realimentadas a qualquer tempo.

Estas informações que armazenamos e processamos dão forma ao nosso conhecimento e geram as nossas opiniões.

A opinião é um produto do conhecimento, do raciocínio, do conjunto de informações disponíveis em nosso cérebro sobre determinado assunto, ideia, pessoa, objeto, empresa ou marca (entre outros temas). Parece evidente que as nossas opiniões são formadas tanto pelo que sabemos, como pelo que ainda não sabemos...

Princípios da Persuasão

Diversos estudiosos do processo de formação da Opinião Pública chegaram à elaboração de uma série de Princípios de Persuasão, alguns dos quais selecionamos e aqui destacamos.

1. **Para mudar um comportamento (opinião) uma sugestão (mensagem) de mudança precisa, em primeiro lugar, ser recebida e aceita.** Como já vimos anteriormente, a recepção é o fato crítico do processo de comunicação. Se a mensagem não for recebida e aceita ela simplesmente não existe.

2. **Uma mensagem será mais facilmente recebida e aceita se vier ao encontro das necessidades, interesses, desejos, intenções, anseios e expectativas das pessoas ou do grupo de pessoas às quais ela se dirige.** É preciso comentar?

3. **Uma mensagem será mais facilmente recebida e aceita se for honesta e oriunda de uma fonte digna de crédito.** A credibilidade é fundamental, sempre.

4. **Uma mensagem será mais facilmente recebida e aceita se for objetiva, clara e concisa.** Melhor do que se o receptor tiver que pensar muito para chegar às suas próprias conclusões a respeito do que a mensagem queria dizer.

5. **Uma mensagem será mais bem recebida se for reforçada pela comunicação face a face.** As vendas pessoais são um exemplo cristalino de como esta comunicação face a face pode potencializar o esforço da comunicação de massa. Os comícios políticos são outro exemplo, assim como aquelas longas caminhadas dos candidatos apertando mãos em áreas de grande trânsito ou densidade populacional.

6. **É mais eficaz comunicar com ponderação.** Evite comunicação com excessiva agressividade.

7. **É mais eficaz comunicar com mensagens breves.** Evite as muito longas.
8. **É mais eficaz apresentar uma só versão dos fatos, quando a audiência for amigável** e não irá ouvir outras versões de outras fontes.
E quando só uma alteração imediata e temporária da opinião é pretendida.
9. **É mais eficaz apresentar todas as versões dos fatos, quando a audiência não for amigável.** E deverá ir buscar outras versões, de outras fontes.
10. **Uma mensagem será mais facilmente recebida e aceita se for oriunda de fonte especializada no assunto.** A notória especialização confere forte credibilidade à fonte e à mensagem.
11. **O comportamento da opinião pública é mais fácil e corretamente medido e avaliado algum tempo após a comunicação.** Do que logo após.

As Leis da Opinião Pública

Em seu livro *"Gauging Public Opinion"* (Medindo ou Avaliando a Opinião Pública), o estudioso Hadley Cantrill, após exaustivas análises do comportamento da opinião pública na década de 60, chegou à elaboração das **Leis da Opinião Pública**, que são generalizações que transcrevo a seguir.

Sei que alguns vão dizer: "mas isso é dos anos 60, de mais de 50 anos atrás!". Mas leiam, com atenção, e vejam como estas leis são perfeitamente aplicáveis no mundo do Século XXI... pois elas dizem respeito a comportamento, a reações psicológicas, a sensibilidade e a interesse. E isso não mudou muito, nos últimos séculos.

1. A opinião é altamente sensível a eventos importantes.
2. A opinião é determinada mais por ações do que por palavras.
3. A opinião é determinada psicologicamente pelo interesse pessoal.
4. A opinião não é definitiva – e nenhuma opinião é absolutamente correta.

5. A opinião é influenciada pelo desejo pessoal.

6. A opinião de especialistas é respeitada e quase sempre aceita como verdadeira.

7. A opinião é formada mais facilmente a respeito de objetivos do que a respeito dos métodos utilizados/necessários para atingir a estes objetivos.

8. A opinião se torna mais sensível às suas lideranças em tempos de crise – se há confiança nestas lideranças.

9. A opinião determinada pelo interesse pessoal dificilmente é alterada.

10. As pessoas relutam menos em aceitar decisões críticas de suas lideranças se sentem que, de alguma forma, participaram destas decisões.

11. De forma geral, a opinião pública não antecipa emergências – apenas reage a elas.

12. Eventos de magnitude incomum são capazes de mudar opiniões de um extremo para outro, porém temporariamente. A consolidação destas opiniões depende de um trabalho contínuo de informação e de motivação.

13. Quando uma comunicação não está estruturada, comunicações verbais, face a face, são capazes de produzir opiniões favoráveis.

Preciso comentar?

É só ler os jornais e revistas, para perceber como tudo isso se verifica. Como reputações são destruídas, como famas são construídas, como sucessos e fracassos acontecem ao sabor da mídia.

> Nosso trabalho, como publicitários,
> é construir marcas, conceitos, reputações,
> percepções e valor – criando percepções e
> opiniões positivas que levam às compras.

Mas, às vezes, teremos que lidar com crises, com acidentes, com falhas, com pecados, com uma opinião pública que pode ser contrária, implacável e sanguinária.

Como fazer isso?

Bom, é assunto para um outro livro...

....

> **"Quando se passa uma informação com emoção, ela deixa de ser informação e passa a ser instrução."**
>
> *Jacob Bronowski* em "As Origens do Conhecimento e da Imaginação"

Creio que devo destacar outra generalização importante:

"As opiniões podem ser afetadas tanto pelo que as pessoas sabem, como pelo que elas não sabem".

Podem entrar em discussão, nesta afirmação, questões de direitos à informação, censura, manipulação das informações, no qual não desejo me aprofundar, neste livro.

Além disso, deveremos ter, sempre, o máximo interesse em estabelecer processos de comunicação eficientes.

E mais: o direito à informação é o sustentáculo maior de uma sociedade moderna, livre e democrática. Com ética, responsabilidade e honestidade – sempre.

Pena que não é sempre assim...

Como definir sua estratégia?

Uma das questões cruciais do planejamento de comunicação está na definição da estratégia a ser seguida.

"Estratégias são a fundação sobre a qual as marcas são construídas", define Ken Roman, em sua nova edição de *"How to Advertise"*.

Ninguém pode construir uma casa sem conhecer o terreno onde ela será erguida, assim como os objetivos, necessidades e particularidades dessa casa. Para quantas pessoas, com quantos quartos e banheiros, tamanho de cozinha, necessidade de garagens, dispensas e quartos para empregados, salas, biblioteca, escritório, copa, varanda, etc.

É igual no planejamento de comunicação, ou publicitário.

É o planejamento que mantém a comunicação na linha, coerente, coesa, forte, eficiente – sem construir uma Torre de Babel (conhecem esta história?). No filme **"Alexandre",** numa das cenas ela aparece, quando ele olha a Babilônia da varanda do palácio conquistado.

Quem não assistiu a este filme deve fazê-lo, para ver uma impressionante história de estratégias e táticas, assim como uma filmagem fantástica de grandes batalhas.

Voltando à Publicidade:

"É a Estratégia que ajuda a construir uma imagem de marca clara e consistente, que representa a alma de uma marca e um elemento crucial para o seu sucesso", salienta Roman.

Se a sua estratégia for correta, se a promessa, o benefício principal e a comunicação forem acertados, você irá atingir os consumidores em cheio. Na mosca.

Com menor custo e melhores resultados.

Mais e melhor, por menos...

Com comunicação clara e precisa.

A primeira preocupação, na definição da estratégia, é: qual é o benefício principal que vamos oferecer aos nossos consumidores (sob a ótica deles, não sob a nossa).

Lembrem: é muito mais importante o que eles querem ouvir e consumir do que aquilo que queremos dizer e vender.

"Este é o coração da sua estratégia", assegura Roman, ex-presidente mundial da Ogilvy e, afortunadamente, meu *teacher* na **Universidad de Latinoamerica,** em 86... Bons tempos!

Esta estratégia deve ser a fundamentação de todas as peças a serem criadas, do anúncio para jornal ou revista, aos comerciais para a TV, os spots para rádio, outdoors, banners na Internet, material de PDV, promoção, marketing direto, atendimento da equipe de vendas, etc.

Tudo deve obedecer às premissas da Estratégia.

E não o contrário: primeiro criam, ou têm uma ideia "genial", e depois constroem um arrazoado justificando a aplicação da ideia criativa. As chances de dar errado são imensas...

Isso seria como construir um edifício de 20 andares num pântano...

A maioria das agências, infelizmente, faz isso – e descaradamente chama isso de planejamento.

Um Pedido de Trabalho, ou *Job*, deve, por isso, destacar a Estratégia a ser seguida, os objetivos da comunicação, um relato fiel sobre as expectativas e interesses dos nossos públicos-alvo, uma análise isenta do nosso produto (ou serviço) e dos concorrentes, estabelecendo alvos, limites e regras a serem obedecidas.

Muitos criativos não gostam disso, especialmente dos limites e regras a serem obedecidos. Dizem que restringem a criatividade. **Bullshit!** Bobagem!

Trabalhamos e criamos mais sob pressão – não é verdade?

E estamos sempre pressionados por **deadlines** (prazos), **budgets** (orçamentos), questões do cliente, legislações, sazonalidades, distribuição geográfica das vendas do anunciante, etc.

Então, parem de chorar e arregacem as mangas! Coloquem suas cabeças para pensar! Quanto mais informação obtiverem antes, mais fácil será criar novos caminhos depois.

Conhecendo as ações do passado, nossas e dos nossos concorrentes, podemos criar caminhos ainda melhores. Muitos sequer conhecem o que a concorrência fez ou está fazendo e acabam criando o que já foi feito e, pior, até deu errado.

É trabalho duro ter que criar soluções todo dia, mesmo com restrições e limites.

Mas é vital desenvolver comunicação estrategicamente bem definida.

Infelizmente, muitos pedidos de Trabalho/*Jobs* são vagos, incompletos, equivocados, burocratizados e insuficientes para o desenvolvimento de uma criação criativa e eficaz, assim como para planos de mídia idem.

Colocações vagas, ambíguas, frases feitas e definições ridículas geralmente integram os *Jobs*, tais como: "Público-alvo: homens e mulheres, de 18 a 60 anos, classes sociais A, B e C, urbanos"... Pô! Quantas diferenças e quantos segmentos de público existem neste "público" definido pelo "atendimento"? Isso é um *Job* de merda.

Por isso é que ressalto: bem antes de chegar à Estratégia, precisamos possuir e/ou desenvolver um acurado Diagnóstico, a respeito do problema que teremos que solucionar.

A solução não pode chegar antes do problema. Pode?

Toda a equipe da agência tem que compreender a Estratégia e seus objetivos, senão a coisa vai complicar em algum lugar.

A apresentação desta Estratégia (e das Táticas) difere de agência para agência, mas qualquer que seja o formato, deve cobrir estes pontos principais:

1. **Qual é o nosso Objetivo?**
2. **Com quem vamos nos comunicar?**
3. **Qual é o benefício principal, ou ideia principal?**
4. **Qual é a razão pela qual os consumidores irão acreditar em nossa comunicação?**
5. **Quais deverão ser o tom e a forma da nossa comunicação?**

6. Qual será o cronograma das nossas ações?

7. Quais são os nossos limites? Deadlines. Budget. Legislação. Contratos. Sazonalidades...

Na primeira questão, **"Qual é o nosso Objetivo?"**, devemos determinar claramente que tipo de ação ou reação queremos que os consumidores tenham. Geralmente, é: "queremos que comprem o nosso produto".

Mas podemos ter outros objetivos, como: queremos ser admirados, queremos que nos visitem, queremos ser apresentados, queremos convidar à experimentação, queremos que tragam seus carros para revisão, queremos facilitar a troca por um carro novo, queremos que experimentem, queremos ser percebidos como uma marca familiar, simpática e querida, ou envolvida com o bem da comunidade, e assim por diante.

Porém, no fundo, quase sempre é: **vender mais e fortalecer a imagem da marca**. Mas isso pode ser muito mais bem detalhado, com um pouco de esforço.

Qual é o nosso alvo? (Mark, lembram?)

Um dos capítulos mais importantes de todo o nosso trabalho está em responder à pergunta:

"Com quem vamos nos comunicar?"

Não basta definir sexos, idades, classes sociais. É preciso avançar no detalhamento psicossocial dos públicos que nos interessam (que são aqueles que reagirão melhor à nossa comunicação e ao nosso produto), assim como hábitos, costumes, preferências, e assim por diante.

"Se você tentar falar com todo mundo, não estará falando diretamente com alguém", ensina Ken Roman.

Você precisa de um retrato fiel dos públicos com os quais deverá se comunicar. Sem isso, é tiro na água (pode até matar um peixe, mas é muito difícil).

"Qual é o principal benefício para o consumidor ou a ideia principal?"

Esta pergunta revela o seu conhecimento sobre a realidade do produto, dos seus concorrentes principais, do mercado. Não economize informações importantes. Não perca tempo com informações irrelevantes.

Informação só é importante se for útil.

Sempre procure destacar o que o nosso produto faz e os outros não, ou qual é a nossa força e quais são as fraquezas dos adversários. No que somos imbatíveis? Qual é a nossa **USP**? Qual é o nosso diferencial?

USP – *Unique Selling Proposition,* ou qual é a proposta de vendas que temos e que é única, sem igual, diferente da concorrência e importante para o consumidor?

Muitas vezes, em algumas categorias de produto, o diferencial pode não estar no produto em si, mas na percepção que os consumidores têm daquele produto ou marca. Use isso.

Mas você, provavelmente, só vai perceber isso indo ver a vida como ela é, lá no ponto de venda...

Roman cita como exemplo o slogan "Dove não deixa a sua pele seca, como os outros sabonetes podem deixar"...

Outro exemplo? "Omo lava mais branco".

Outro? "Melhoral, Melhoral, é melhor e não faz mal".

Mais um: "Danoninho vale por um bifinho".

E: "É uma Brastemp".

Mais um? "A número 1"... ou "Desce redondo".

Funcionaram, ou não?

"Qual é a razão pela qual os consumidores irão acreditar em nossa comunicação?"

A questão contempla a parte racional da nossa comunicação. O motivo real que fará os consumidores nos preferirem, diante dos produtos e mensagens da concorrência.

Não é tarefa simples e fácil (quem disse que a Publicidade é simples e fácil?). Mas pode ser trabalhada com demonstrações, comparações, analogias, testemunhais, depoimentos e tantas outras técnicas ensinadas pelos autores de bons livros de criação publicitária.

Nosso trabalho é fruto de muita informação e de análise isenta, fundamentada na ótica dos consumidores – nunca na dos anunciantes, muito menos na dos publicitários.

Muitos publicitários não gostam desta afirmação (e muitos anunciantes também não), mas ela é verdadeira, irrefutável e correta.

Querem fazer um belo exercício?

Gravem, recortem, colem e copiem comerciais e anúncios de alguns produtos, para verificar quantos atendem a esta questão – <u>a ótica dos consumidores.</u>

Vejam os comerciais brasileiros de cervejas, por exemplo. Analisem as mensagens e concluam vocês mesmos. Para mim, falta atributo do produto, falta apelo de sabor e de qualidade... Mas esta é apenas a minha opinião.

Muitas mulheres, bundas, samba, mas... e a cerveja?

É secundária?

E os comerciais de pasta de dente?

E os de sabões em pó?

E as campanhas de automóveis?

E as dos bancos?

E das companhias de seguro?

E de joias e relógios, ou de perfumes?

Quantas mensagens publicitárias apresentam um diferencial real, fundamentado nas aspirações reais dos consumidores?

Quantas têm algo de racional, para influenciar a decisão?

Quantas são criativas e inesquecíveis, para a marca?

Quantas provocam uma emoção marcante? Não para o comercial.

Não adianta lembrar do comercial e não lembrar da marca, não é mesmo?

Provocação: quantas premiações existem para **"cases"** de comunicação de comprovada eficiência em vendas e imagem de marca? Poucas. E quase todas menos importantes, na mídia e para os publicitários, do que as premiações por direção de arte e "sacadas".

Infelizmente, o que menos importa, para muitos "publicitários", é o resultado para o anunciante.

"**Quais devem ser o tom e a forma/maneira da nossa comunicação?**"

Também é um aspecto muito importante, pois difere de caso a caso, de produto a produto, de mercado a mercado, de públicos e de objetivos.

Qual é a personalidade que queremos criar, construir e cultivar para a marca?

Amiga, agressiva, atuante, dinâmica, preocupada com você, moderna, tradicional, calma, agitada, jovem, adulta, infantil, feminina, masculina, ecológica, tecnológica, valoriza a comunidade, investe no pessoal, sempre prioriza o cliente, e assim por diante.

Qual é a personalidade que iremos consolidar?

Qual é a personalidade de O Boticário? Ou da Natura?

E da Electrolux? Ou da Brastemp? Ou da Consul?

Da Sony? Ou da Nokia? E a da Philips?

E das Casas Bahia? Ou do Ponto Frio? E da Fast Shop?

E a do Walmart, Carrefour ou do Pão de Açúcar?

A da Volvo, para a maioria, é segurança.

A da Mercedes Benz é mecânica impecável.

A Ferrari é velocidade.

Um Bentley é requinte e luxo, como o Rolls-Royce.

Rolex é status, mas um Omega é mais qualidade.

Percebam...

Muitas destas marcas famosas, que citei acima, têm personalidades indefinidas ou nebulosas.

Estou correto?

Tente, você mesmo, definir a personalidade destas e de outras marcas famosas. É um excelente exercício.

Faça uma lista de 20 ou 30 marcas e anote a personalidade que cada uma possui, na sua opinião. Pense!

Escreva e depois compare com a opinião que outras pessoas têm das mesmas marcas.

"Qual será o cronograma das nossas ações de comunicação?"

Poucos autores e publicitários dão a devida atenção a este ítem, porém, como hoje tratamos de Comunicação Integrada de Marketing e de Publicidade num sentido mais amplo da palavra (mensagens de vendas), temos que estrategicamente definir que passos daremos antes, durante e depois.

Como numa orquestração de uma sinfonia ou de uma bela melodia, não podemos tocar todos os instrumentos o tempo todo. Perde a graça, perde a eficiência. É belo ouvir uma melodia evoluir, sob a regência de um bom maestro, com uma orquestra competente. É, não? (como dizem no Recife).

Da mesma forma, podemos iniciar com teasers ou não. Podemos iniciar com força maior ou menor, podemos ir crescendo aos poucos, ou alternar picos e sustentações.

Nunca deveremos ser lineares e chatos...

De acordo com Ken Roman:

"Publicidade é a arte de criar e distribuir/veicular propostas de vendas, numa forma que chame a atenção, posicionando o produto de forma única na mente dos consumidores".

Bem parecida com a do Don Schultz, não é?

Roman destaca dois **"ingredientes secretos"** para o êxito no desenvolvimento de estratégias e de comunicações de sucesso:

Qualidade e Emoção

"A Publicidade funcionará melhor se estivermos vendendo um produto que é melhor do que o da concorrência", diz ele.

Também...assim é bem mais fácil!

Mas o grande desafio (e este é o desafio da maioria) está em trabalhar com marcas que aspiram a liderança de mercado, em qualidade e em percepção desta qualidade.

Um dos exemplos brilhantes e históricos foi a campanha **"We try harder"** da locadora de veículos **Avis**, dos Estados Unidos, criação do inimitável talento de Bill Bernbach:

"Nós não somos os maiores, por isso nos esforçamos muito mais para te atender melhor".

Posicionamento preciso, claro e de amplo sucesso.

Porém, o mesmo Bernbach destacava: **"a publicidade de um produto ruim só vai fazer este produto fracassar mais depressa".**

Mesmo não sendo a líder ou a maior, Avis e milhares de outras companhias possuem qualidade. Ela só precisava ser percebida, para atrair os consumidores.

Este é o nosso desafio.

Quem não tem confiança na qualidade do seu produto pode ter confiança em investir milhões em Publicidade?

Claro que não.

Charles Decker resumiu os melhores princípios da companhia em seu livro *"Winning with the P&G 99"* (ainda não o tenho, mas estou procurando para comprar):

> **"Faça a coisa certa.**
> **Aprenda com os erros.**
> **Vencer é tudo.**
> **Fuja do óbvio.**
> **Faça acontecer.**
> **Nunca tente enganar o consumidor".**

Disse tudo.

Sugiro copiar, imprimir e reler em todas as manhãs.

E aí vem uma questão ética importante:

Se o produto do anunciante não tem qualidade, deve o publicitário realizar a campanha assim mesmo?

Eu, pelo menos, não realizaria.

Alertaria o anunciante e recomendaria que primeiro fizesse as melhorias necessárias – pois o risco de suicídio do produto, da marca e da empresa é enorme.

Já recusei contas, por este motivo. Aliás, nunca trabalhei para produtos (ou anunciantes) nos quais não acredito.

Voltando aos **"ingredientes secretos do sucesso"**, Roman destaca ainda – além da qualidade – a emoção, com uma frase decisiva:

"Apele ao coração, assim como à mente".

Isto significa possuir uma notável dedicação na construção da emoção, no desenvolvimento das suas promessas racionais. Voltando ao que já afirmei, a comunicação que emociona não pode não lembrar da marca e do benefício prometido.

Repito: de nada adianta lembrarem do comercial do caranguejo, se não lembrarem qual é a marca da cerveja. Correto? Ou daquela sacada da velhinha que grita "Gelaaaaada!"

Qual era a marca da cerveja mesmo?

E é este equilíbrio entre racional e emocional que é tão difícil de ser desenvolvido e de ser encontrado na Publicidade, hoje em dia.

A maioria ou é só emocional, ou é só racional. Ou é engraçado. Difícil parece ser conseguir ser emocional e racional, de forma eficaz.

Por que as marcas falham?

As marcas podem falhar por inúmeros motivos: preço equivocado, má distribuição, embalagem ruim, equipe de vendas incompetente ou desmotivada, pesquisas ruins, má sorte, concorrentes mais fortes e até má Publicidade – que significa estratégia ruim.

Ter trabalhado muito e de forma consciente e séria na formulação de uma estratégia não fará dela uma boa estratégia. Por isso, mais do que passar rápido por ela, para aprovar, **devemos ser bastante críticos e atentos às suas definições.**

**Não perca de vista, nunca,
a ótica do consumidor.**

Ao invés de destacar atributos do produto, fale a respeito dos benefícios dele para os consumidores.

**A maioria das estratégias (e campanhas)
está demasiadamente focada no produto...
e deveria estar focada nos consumidores.**

Além disso tudo, muitas vezes os publicitários e profissionais de marketing confiam demais nas pesquisas feitas por terceiros, quando deveriam confiar, também, no seu conhecimento, nas suas técnicas e nos seus instintos. **Além do fato de que eles deveriam ir ao mercado, observar e analisar o comportamento dos consumidores.**

Parece estranho eu colocar o **instinto** (mas tenho minhas razões).

Aliás, relembro o belíssimo livro a respeito deste tema, intitulado **"Verdades, Mentiras e Propaganda"**, de Jon Steel. Leiam e concordem.

1. **Pesquisas retratam um momento e são uma ajuda para o nosso julgamento, mas não são toda a resposta.**
2. **Para muitos, as pesquisas justificam seus atos – mas estes não passam de covardes, sem a ousadia de ir além.**
3. **É preciso verificar se os resultados das pesquisas casam com as suas observações de mercado, com o comportamento do público que desejamos.**
4. **Uma pergunta mal colocada, ou feita para a pessoa errada, ou num momento inoportuno pode propiciar um erro absurdo.**

Por favor, releiam estas quatro colocações!

Fizeram isso?

Não?

Então releiam!

Assim, é muito importante trabalhar com o máximo de profissionalismo, quando se trata de pesquisa – porém não podemos nos basear só nela para tomar as nossas decisões estratégicas.

Instinto é um dom, que desenvolvemos com o passar dos anos. Farejamos o melhor caminho, como um caçador fareja a caça. Claro que não podemos nos basear só nele, mas tenho pena de quem não o possui ou não o cultiva. É um rato de escritório, burocrata. Não é um publicitário.

Assim, se definirmos nossa estratégia, fundamentada num diferencial consistente, deveremos nos aprofundar nele, trabalhar com ele, insistir e consolidar esta percepção.

Importante: Não fique mudando de posicionamento, nem de slogan, nem de cores, muito menos de personalidade.

Até hoje não entendi por que a Brahma assassinou a campanha do Nº 1. Era perfeita. Mais do que perfeita.

O que é a Zeca Feira? Nada – nuvem passageira e sem sentido... E a Nova Schin? E a Boa? Poucos lembram da marca da cerveja... Brahmeiro já é melhorzinha, mas Nº 1 era imbatível.

As pessoas não gostam de marcas imaturas.

Você não gosta de pessoas sem personalidade.

Você gosta?

E de pessoas de dupla personalidade?

Lembre-se: as pessoas não compram um produto só porque ele é conveniente. Compram pela performance do produto. Pelo benefício que terão com ele!

As pessoas compram sobremesas em pó mais pelo sabor do que pela facilidade em preparar. Estou errado? Há muitas gelatinas no mercado e, em especial entre as diet, só uma marca é saborosa, hoje em dia.

Todos os alimentos, por exemplo, precisam explorar o apetite, mais do que a conveniência, facilidade de preparar ou o fato de estarem prontos para consumir.

A Ogilvy desenvolveu, há anos, suas Lanternas Mágicas, com base na experiência mundial dela em vários segmentos de produtos. É um achado! Tenho algumas e uma das mais interessantes é sobre como anunciar alimentos.

As pessoas querem e compram o que é gostoso!

Querem consumir o que é mais gostoso!

Benefício para o consumidor.

Esta é a chave. O foco.

Evite usar o preço como estratégia.

Guerra de preços não interessa ao empresário. Reduz margens de lucro, pode causar prejuízo e até falência.

O que devemos oferecer é valor pelo que o consumidor vai pagar. Só trabalhe preço se for realmente imbatível e a sua principal vantagem competitiva...

Se não tem valor,
não adianta ter preço baixo.

Os consumidores preferem adquirir bens que valorizam do que coisinhas que compraram baratinho. Tem gente que economiza meses, para comprar um Nike, um perfume ou um relógio melhor, uma roupa de grife, ou até para tirar férias num navio ou num resort de primeira, como o Nannai.

Não é assim que é?

Também evite apregoar a popularidade do produto. Soa petulante, metido, arrogante. "O maior do Brasil", "O melhor do planeta", "O mais consumido", "O preferido por todos"... não vão acrescentar nada à sua comunicação. Nem à reputação.

Porém, muitos empresários preferem ostentar sua grandeza, sem nada acrescentar aos seus clientes. De que me adianta ir comprar um carro, na concessionária que diz que é a campeã em vendas, se não tenho alguma vantagem nesta compra?

Posso ganhar um som, tapetes, protetor solar e ar-condicionado noutra concessionária melhor, que tenta me conquistar. Ou, melhor ainda, posso ser tratado como gente, como amigo, com dedicação, com serviços, com atendimento qualificado...

Lembram da Avis?

Tem muita gente que não é o maior, por isso tem que procurar ser melhor. Melhor do que os líderes ou os maiores.

Não se esqueça de evidenciar o benefício. Nunca, pois as pessoas compram estas percepções e expectativas de benefícios (o que é bem diferente dos atributos do produto).

Velocidade de uma copiadora é um atributo.

Ganhar tempo é um benefício.

Não compramos um carro.

Compramos transporte seguro e confortável.

Compramos óculos?

Não. Compramos uma visão melhor. Ou um *look* melhor. Ou até o *status* de um Armani...

Não compramos remédios.

Buscamos a cura.

Relógio?

Só se marcar as horas corretamente. Ou for chique.

E assim por diante.

> **Quando uma estratégia vencedora for encontrada, não a abandone – sob pena de ter sua bandeira assumida por um concorrente.**

....

Ken Roman elenca 10 **checkpoints** para a formulação da uma boa estratégia. São eles:

1. Seja simples

Single-minded, como dizem os americanos. A essência do posicionamento está no sacrifício. Fique só com o que é realmente mais importante. Descarte o restante. As pessoas compreendem melhor o que é mais simples.

2. Seja coerente

Não deixe o produto ir por um caminho e a comunicação por outro. Cuidado com as dissonâncias entre o produto e a mensagem. Uma boa orquestração requer afinação total.

3. Mantenha objetivos razoáveis

Excesso de ambição pode levar ao fracasso a maioria das propostas estratégicas. Vá com calma. Não tente mudar os hábitos das pessoas de forma radical e rapidamente. Como dizem os mais velhos: "coma o mingau quente pelas beiradas".

Comportamentos podem ser mudados, mas isso requer tempo. É mais fácil levar as pessoas a mudarem de marca do que de comportamentos.

4. Faça sua estratégia fácil de usar

Curta, objetiva, precisa, tente colocar a sua proposta estratégica em poucas linhas (só quem conhece bem o problema consegue isso). E não se permita ser vago.

Roman disse que se você não conseguir desenvolver uma proposta estratégica em uma página, terá poucas chances de desenvolver um comercial de 30 segundos para aquele problema.

Vou mais longe. Não conseguiu ainda compreender o problema, para perceber qual é a melhor solução.

5. Decida de onde seus negócios deverão vir

A menos que você esteja lançando uma novidade, sem igual no mercado, que vai criar novos consumidores, seus negócios deverão vir de marcas existentes no segmento de mercado onde você vai atuar.

Escolher que fatia de mercado iremos atacar é uma decisão do Marketing do cliente, na maioria dos casos. Mas, se você tiver que escolher, escolha o target maior e mais fácil de trabalhar primeiro.

Por exemplo: gelatinas podem ser trabalhadas primeiro com as crianças – e depois com as mães.

6. Faça uma promessa significativa para o consumidor

Pode ser emocional ou racional, objetiva ou subjetiva ou a combinação destes elementos, mas é preciso que seja compreensível.

Anúncios sem promessa são mulas sem cabeça.

Pesquise benefícios emocionais assim como pontos racionais da diferença que o seu produto tem, em relação aos concorrentes.

7. Compreenda a importância do seu produto

Para os nossos consumidores, a marca do nosso produto pode ser muito importante, ou não. Provavelmente, quando se tratar do automóvel ou da cerveja e não ser quando se tratar da marca de arroz ou de feijão que consome. Não superestime, nem subestime.

Neste momento, a maioria dos consumidores não está nem aí para a nossa marca... Graças a Deus, pois o nosso trabalho é justamente atraí-los, fazê-los lembrar, comprar e consumir a nossa marca.

8. Diferencie-se dos demais

Milhões de dólares são gastos nas seguintes palavras: Novo, Branco, Fresco, Poderoso, Refrescante, Alívio, Saboroso, Delicioso, Mais e outras...

Por que os consumidores devem acreditar nelas? Como você pode se diferenciar? Pense!

Destaco: Existe um livro imperdível, sobre o que funciona e o que não funciona em Publicidade, escrito em 1974, por John Caples, chamado "**Tested Advertising Methods**". Vale ler, ter, reler. É um manual muito interessante, que pode render soluções e caminhos sobre os quais não pensamos...

O prefácio é do David Ogilvy, que destaca: "na página 11 deste livro, John Caples escreveu: 'Eu vi um anúncio vender 19,5 vezes mais produtos do que um outro'. Esta afirmação dramatiza a diferença gigantesca entre a boa publicidade e a má. Lendo este livro, você irá incrementar as suas chances de escrever boa publicidade... este é, sem dúvidas, o livro mais útil sobre publicidade que eu li"...

Será que não deveríamos todos ler também? Eu li... mas conheço publicitários que rechaçam Ogilvy e Caples como se fossem dois ultrapassados. E esse é um pecado mortal, dos ignorantes.

Ambos foram, sem dúvida, gênios no nosso negócio. Não fizeram fortuna por acaso...

9. Relacione o desconhecido com o desconhecido

Para produtos novos, inéditos, você precisa oferecer algumas fontes de referência aos consumidores – a menos que sejam óbvios.

Diga para as pessoas o que o seu produto substitui ou faz melhor.

10. Mantenha sua estratégia atualizada

Consumidores e mercados mudam, concorrentes reagem, por isso sua estratégia pode e deve ser reavaliada constantemente e atualizada no que for necessário.

Não danifique a essência de uma estratégia vencedora.

Lembre-se: o planejamento é um ser vivo. Ou evolui ou perece.

Bom, esta é só uma parcela do trabalho. Talvez parte da solução. A outra metade está na execução da estratégia, das ações táticas, na criação, produção, mídia, etc.

Por isso, vamos adiante...

Buscar resultados.

O que se espera de uma mensagem publicitária?

Esta pergunta deveria ser sempre feita, por todos os publicitários e anunciantes, antes de qualquer iniciativa publicitária, ou de comunicação.

Antes de planejar, antes de criar, antes de produzir, antes de veicular, a pergunta deveria ser uma exigência da atividade: que esperamos conseguir com esta mensagem?

O que se verifica, na prática, são infinitas mensagens veiculadas, que parecem não ter compromisso algum com o resultado positivo – em vendas e imagem positiva – que deveriam gerar e consolidar.

Ninguém anuncia (pelo menos não deveria anunciar) para entreter, fazer rir, divertir, emocionar, chocar, fazer pensar...

A gente anuncia para vender e para
construir uma imagem de qualidade.
Simples assim.

Em tempos difíceis, como os que parece que vivemos e que ficam cada vez mais difíceis, **há que se gerar resultados** – e, para isso, é preciso fazer bem feito, da primeira vez e sempre.

Não dá para desperdiçar tempo, nem dinheiro, perdendo clientes para a concorrência.

Normalmente, a promoção de um produto deveria ser tratada em 3 fases distintas: a **introdutória**, a **competitiva** e a **retentora**.

Os orçamentos atuais – e a falta de argumentação corajosa e convincente de profissionais de marketing e comunicação – têm levado muitas empresas a se esquecerem da fase introdutória (de apresentação do produto ou serviço, e de suas vantagens competitivas e benefícios para os consumidores), para entrar direto nas fases competitivas (de disputa de mercado com a concorrência) e retentoras (para fidelizar a clientela... aliás, alguns tentam fidelizar direto, antes mesmo de apresentar o produto e mostrar sua competitividade).

O que vemos no mercado, hoje em dia, é muito mais uma atuação competitiva – que por ter negligenciado da fase introdutória, ou por ser mal conduzida mesmo, nunca chega à fase retentora.

A ampla maioria dos lançamentos de produtos falha, simplesmente porque parece que há muita pressa em vender amanhã cedo, esquecendo que os consumidores precisam e querem ser encantados, seduzidos e bem informados sobre os motivos que os fariam experimentar – e até gostar – daquele novo produto.

O processo de comunicação, assim como o do marketing, requer paciência, estudo, análise, pesquisa, pensamento criativo e estratégico, conhecimento de mercado e concorrência, profundo conhecimento do comportamento dos nossos compradores em potencial e, acima de tudo, ousadia e bom-senso.

Requer talento, fundamentado em conhecimento técnico amplo e atual. Requer dedicação e esforço, para não se contentar com a primeira ideia que surgir e perseguir a melhor das soluções.

Requer diagnóstico acurado, para que não haja erro na receita prescrita. Requer vontade, para criar cenários de futuro, assim como requer coragem e ousadia, para selecionar o melhor deles.

"Planejar é a arte de encontrar diferenças e fazer uso delas", como destaca Evandro Barreto, em seu livro **"Abóboras ao Vento"** (que merece a leitura atenta de quem trabalha ou pretende trabalhar com Publicidade).

Planejar é conseguir encontrar, formalizar e tornar conhecido um diferencial importante e competitivo, que torne aquela marca e aquele produto únicos, diferenciados.

Diferenciar ou morrer é a palavra de ordem (e título de um bom livro de Jack Trout), num mercado cada vez mais competitivo, cada vez mais difícil, cada vez mais igual em produtos, serviços e mensagens de vendas.

Quem não conseguir se diferenciar, como pessoa, como produto, como marca, como empresa, não vai longe, num mercado onde uma verdadeira avalanche de informações chega a cada pessoa, a cada minuto, através de todos os meios disponíveis e de todos os sentidos – e onde a competição e a concorrência são maiores a cada momento.

Hoje se faz comunicação de marketing com aromas, com sabores, com luzes e sombras, com cores, com tato, com audição, com visão e até com imagens virtuais.

Muito mais do que só um comercial de TV ou um anúncio.

Hoje se faz marketing e comunicação, em tempo real, em praticamente todo o planeta, através da mídia ou sem ela, no ponto de vendas, no ambiente, com os recursos da Internet, dos satélites e dos equipamentos *wireless*, sem fios. *Full-time*, o tempo todo.

O futuro estará, certamente, nas mãos e sob o controle dos consumidores, dos usuários da Internet, dos telefones celulares, das HDTVs, DVDs, e outros equipamentos, que funcionarão integrados e poderão ter seus menus de informação selecionados pelos seus *"owners"* (proprietários ou usuários).

Num futuro não muito distante, a comunicação ficará ainda mais segmentada e seletiva, tanto que mensagens individuais acabarão sendo necessárias, para se conseguir eficiência de comunicação.

É muito mais do que prevê o badalado marketing *one-to-one*, ou as revoluções previstas pelo marketing direto, porque os consumidores, onde estiverem, poderão buscar e obter a informação que desejarem.

Isto quer dizer que eles não precisarão estar, necessariamente, em casa ou no escritório, mas, por exemplo, no campo, na praia, no clube, nas ruas, usando seus *mobiles* ou celulares, para dialogar com imagens dos seus interlocutores, utilizando o menu de seu interesse.

Para planejar comunicação hoje, e neste futuro que se aproxima a jato, é preciso estar muito, muito bem informado sobre a tecnologia e as técnicas, sobre o mercado e as oportunidades, sobre os concorrentes e suas vantagens e desvantagens, sobre os nossos produtos e seus diferenciais competitivos e, mais do que tudo, sobre os consumidores e seus interesses e necessidades.

É fácil e difícil...

É cada vez mais difícil e cada vez mais fácil planejar.

Difícil, porque as alternativas são inúmeras, as possibilidades são infinitas, e os cenários possíveis são infindáveis e a concorrência tem o mesmo acesso aos instrumentos, veículos, mercados e públicos.

Fácil, porque o acesso à informação fica mais amplo, porque as possibilidades de comunicação e informação são cada vez maiores, porque cada vez mais consumidores são atingidos por um número maior de meios, porque o consumo será cada vez maior e mais fácil (e é isso que move a máquina do mundo em que vivemos).

Planejar é construir estradas para o futuro, ou encontrar caminhos para este futuro. É construir cenários para o futuro que desejamos criar. É selecionar os melhores caminhos, para chegarmos aos melhores cenários. Ao nosso objetivo, à nossa meta, ao nosso alvo. Parece simples, mas não é tão simples assim.

Não existe nunca uma só solução para um problema.

Existem diversas alternativas e **o trabalho do planejador é escolher o melhor caminho, com o menor custo e o melhor resultado possíveis.**

Hoje em dia, o que mais se vê são planejamentos de curto prazo, talvez porque eles sejam mais fáceis de ser elaborados. **O planejamento de longo prazo exige muito mais do cérebro. E muito mais informação disponível.**

É preciso pensar muito mais, conhecer muito mais o mercado e suas tendências, os concorrentes e suas possíveis reações, as nossas capacidades competitivas e realimentar o processo constantemente com informações sobre o comportamento do consumidor em relação às nossas iniciativas de comunicação e de marketing.

Planejamento não é uma ação estanque. Fez, está pronto. E acabou.

O planejamento é um processo contínuo, de informação, pesquisa, análise, ação e avaliação. Sem ser contínuo e avaliado permanentemente, é apenas um projeto de curta existência.

A avaliação permanente e as alterações que as nossas ações geram motivam um novo processo de planejar para esta nova realidade.

É um círculo virtuoso, que não deve ser interrompido.

Cada plano é único, individual, personalizado. ***Taylor made***, como dizem os ingleses (feito sob medida, como um terno feito por um bom alfaiate). Aliás, o exemplo é correto. Um bom planejador é também um bom alfaiate, que tira as medidas do mercado e cria uma roupa que veste perfeitamente os interesses e as necessidades deste mercado – e ainda faz a concorrência morrer de inveja da nossa elegância.

É o mercado que determina o design, a moda, o corte e a confecção da roupa. É o mercado que escolhe o tecido que deseja, na cor que deseja. É o mercado que diz quantos botões, que tipo de bainha quer, que caimento ficará melhor. Não é o alfaiate, nem a costureira – que podem, no máximo, sugerir alguns pontos aqui e acolá... se forem de reconhecida capacidade.

No planejamento de comunicação, sempre é o consumidor que determina os caminhos que deveremos seguir.

Não seremos nós, os publicitários, nem serão os profissionais de marketing, nem os anunciantes – que deveremos desenvolver a capacidade de perceber o que o mercado quer e deseja, para oferecer a ele isso mesmo. O que ele quer e deseja.

Parece tão óbvio, tão simples, tão fácil... e é tão difícil.

Planejar é elaborar um mapa para um destino.

Este destino é o futuro que desejamos criar. Pode até ser imaginário, mas é nossa meta. Nosso alvo. Nosso sonho a ser realizado.

É a solução dos nossos problemas.

Assim, para chegar lá, precisamos conhecer profundamente a nós mesmos. Nossas forças e fraquezas, nossas armas, nossas limitações e potenciais. Precisamos definir claramente o problema a resolver, que é 50% da solução. Metade do caminho a percorrer.

E, repito à exaustão, só um diagnóstico acurado permite definir claramente o problema, os nossos objetivos, os nossos recursos disponíveis, as nossas forças e fraquezas, as nossas vantagens e desvantagens, as dificuldades do percurso e os nossos diferenciais – que farão a diferença.

Recordando "**Marketing de Guerra**", de Al Ries e Jack Trout:

> "Antes de entrar na guerra, conheça muito bem as tuas forças, todas as forças do inimigo, o território onde a luta se travará e as alianças que poderão ser feitas".

Sem fazer a lição de casa, arriscamos levar uma bela surra de um anão.

Auxiliando a compreender a diferença entre estratégia e tática, vamos a algumas definições, do Aurélio:

Estratégia

Arte militar de planejar e executar movimentos e operações de tropas, navios e/ou aviões, visando alcançar ou manter posições relativas e potenciais bélicos favoráveis a futuras ações táticas sobre determinados objetivos. Arte militar de escolher onde, quando e com quem travar combates ou batalhas. Arte de aplicar os meios disponíveis com vista à consecução de objetivos específicos.

Táticas

Arte de manobrar tropas durante o combate ou na iminência dele. Parte da arte da guerra que trata de como travar um combate ou batalha. Processo empregado para sair-se bem de um empreendimento.

Definições do Webster

Estratégia

O planejamento cuidadoso das ações necessárias para se atingir um determinado objetivo. O planejamento para a guerra que permite enfrentar o inimigo com condições vantajosas.

Táticas

A arte ou capacidade de empregar os meios disponíveis para atingir os objetivos planejados estrategicamente.

Resumindo...

Estratégia é o planejamento cuidadoso que fazemos para atingir determinados objetivos, atuando em condições vantajosas – graças a uma análise isenta e completa da situação e à utilização de diferenciais únicos e importantes para o mercado, com as forças que possuirmos.

Táticas compreendem a melhor utilização possível de todos os meios disponíveis, para alcançar os nossos objetivos estratégicos.

Um diferencial nas causas sociais.

Com a globalização, o aumento da competição, a evolução das tecnologias, o volume de informações disponíveis, a similaridade entre produtos/benefícios, preços e serviços, está ficando cada vez mais difícil desenvolver diferenciais de Marketing, para quase todos os tipos de produtos e serviços.

O que é uma novidade hoje pode não ser mais em 30 ou 60 dias. Idem com diferenciais exclusivos fundamentados em características de produtos ou de serviços. A tecnologia e a informação estão ao alcance de todos e isso vem dificultando a diferenciação de produtos e a valorização de suas vantagens competitivas.

Aprendemos a conjugar verbos e taboada repetindo, não é mesmo? Por isso, perdoem se me repito:

Marketing é uma guerra de percepções – não de produtos.

E mais: as pessoas compram o que um produto faz, não o que ele é, como bem definiu Theodore Levitt. Lembram?

Desenvolver uma percepção única e diferenciada para uma marca é hoje uma das missões mais difíceis para as empresas, assim como para os seus profissionais de produção, marketing ou comunicação.

É neste ponto que o **Marketing de Causas Sociais (MCS)** entra no jogo, proporcionando às empresas e às suas marcas definitivos, únicos e exclusivos diferenciais emocionais de marca no mercado, através de ações que beneficiam a sociedade onde a empresa está inserida (ou não).

O MCS tem como objetivo criar um diferencial emotivo, gerando uma simpatia ainda maior pela marca (pelas ações que ela irá suportar), o que, a médio e longo prazos irá se traduzir em maiores vendas, participações de mercado e lucros.

O interessante é que a maior parte dos investimentos realizados em **MCS** é dedutível do Imposto de Renda e beneficiada por incentivos fiscais federais, estaduais e municipais, além de, em alguns casos, poder receber aportes de investimentos internacionais (como da Unicef, por exemplo).

Sem ampliar despesas com marketing e comunicação – pelo contrário, maximizando novos e maiores investimentos institucionais – o **MCS** é um instrumento moderno, inteligente e capacitado para gerar grandes resultados em imagem de marca, vendas e lucros.

Na Europa e nos Estados Unidos, principalmente, já existem muitas empresas especializadas em **MCS**, viabilizando iniciativas sociais notáveis, para todos os segmentos produtivos da sociedade – tanto nos mercados consumidores, como no busines-to-business, como nas áreas políticas e empresariais.

O **MCS** requer *expertise* de Marketing e Comunicação, assim como das Áreas Jurídica e Tributária, para o desenvolvimento de propostas que possam agregar valor às marcas e recursos aos investimentos necessários (operacionais e de comunicação).

O trabalho no **MCS** pode ser, na verdade, uma consultoria externa especializada em assuntos de marketing, comunicação, tributos e outros aspectos legais (já que pode, por exemplo, requerer a criação e regulamentação de fundações ou de outras entidades sem fins lucrativos, ou podem requerer reformar nos estatutos da empresa, assim como deve viabilizar o máximo proveito dos benefícios tributários e fiscais).

Parece simples, mas é um trabalho especializado, que requer profundos estudos sobre a empresa, seus produtos e marcas, mercados, concorrentes, públicos-alvo, posicionamentos, objetivos comerciais e de marketing, entre outras informações, antes de estabelecer em que tipo de atividade social deveremos nos envolver, assim como de que forma iremos viabilizar esta iniciativa de **MCS**.

É importante destacar que o MCS geralmente é um trabalho de médio e longo prazos, para que se possa evidenciar, perante o mercado, o real compromisso social da empresa/marca com o programa e a sociedade.

Não é ação de tiro curto, muita embora algumas iniciativas possam gerar boas repercussões quase que imediatamente. É na continuidade da boa ação que se colhem os melhores frutos, para a imagem da marca e as vendas, assim como para os benefícios para a sociedade.

Em quase todas as empresas, doações fazem parte do cotidiano. No entanto, sem objetivos ou planejamento de **MCS**, estas doações se perdem, sem benefícios maiores – em imagem e lucros – para a empresa.

Pulverizam-se, em dezenas ou até centenas de pequenas boas ações, ao invés de concentrarem maiores esforços e investimentos numa boa e notável ação social, que além de beneficiar os mais desfavorecidos ou a sociedade, irá beneficiar a empresa.

A tarefa do **MCS** é desenvolver um plano criterioso, de longo prazo, de envolvimento da empresa, de seus funcionários, de seus clientes, de seus fornecedores e da sociedade, na geração de um benefício notável para um segmento da sociedade ou para toda ela.

Mais do que caridade, o MCS deve ser um programa de simples execução e compreensão, transparente em sua visibilidade e atitudes, numa demonstração clara de benefícios para os alvos da ação planejada.

É, sim, uma ação de cunho comercial.

Mas é também uma retribuição que a empresa proporciona aos consumidores e ao mercado, especialmente aos menos favorecidos.

Não há hipocrisia em afirmar que se você comprar determinado produto estará ajudando a ampliar as doações para populações carentes.

Os consumidores gostam disso e se engajam em iniciativas desta espécie. É evidente, no entanto, que a empresa precisa tomar a iniciativa, determinar que ação realizar para que público, investir em comunicação e motivar a participação do maior número possível de pessoas.

A realização de projetos de **MCS** prevê, logicamente, estratégias e ações de comunicação institucional, emocional e racional, para que tanto os objetivos institucionais como os comerciais sejam alcançados – e superados.

Doar sem comunicar pode até ser um ato humilde e elegante, doar um pouco para muitos pode até ser cristão ou humanitário, mas realizar doações maiores que beneficiem grupos maiores, divulgando os resultados obtidos, é mais inteligente e motivador. E cria um círculo virtuoso de desenvolvimento social.

No Brasil há imensas carências sociais e ambientais, que podem ser alvo da iniciativa privada, em conjunto com seus clientes e a comunidade, para melhorar a qualidade de vida de todos. O **MCS** é um importante instrumento para esta ampla oportunidade de mercado, com toda certeza. Um instrumento de Relações Públicas e de Marketing dos mais poderosos, sem dúvida.

Como será o futuro?

Por definição, o futuro é uma coisa que não existe.

Por isso, é praticamente impossível prever o futuro com exatidão, pois as coisas podem evoluir de uma forma diferente daquela que esperávamos.

O que a gente pode e deve fazer, no entanto, é tentar construir o futuro. Este é o objetivo principal do trabalho de planejamento: tentar construir o futuro.

Muitas vezes conseguimos êxito total nesta empreitada. Muitas vezes falhamos, porque aconteceram coisas imprevistas. Nunca teremos 100% de certeza de que o que planejamos vai dar 100% certo. Mas temos que tentar.

Buscando ensinar "Planejamento de Comunicação" aos meus alunos de Publicidade, decidi-me por um caminho diferente, no qual eles e elas deverão aprender a planejar através de ações bastante simples, porém bem trabalhosas.

A primeira necessidade fundamental é aprender a pensar.

Parece incrível, mas as pessoas não param mais para pensar, para meditar, para analisar as diversas alternativas e caminhos, os riscos e oportunidades, os pontos fracos e fortes dos produtos com os quais irão trabalhar (assim como dos seus concorrentes).

A ampla maioria de nós está se acostumando a agir por instinto ou por reação de "bate-pronto" – sem pensar um pouco no assunto antes de decidir que caminho tomar.

Por exemplo: a imensa maioria das decisões de Marketing e Publicidade é tomada levando em conta as opiniões dos diretores das empresas anunciantes, dos gerentes e diretores de marketing, dos diretores e criativos das agências.

E esquecem do principal:

As opiniões dos clientes/consumidores!

Desculpe se insisto neste ponto, mas ainda vemos muito mais **"eu acho"** do que **"temos certeza** de que este é o desejo dos nossos consumidores".

Além de colocar a cabeça para pensar, precisamos abastecer nosso cérebro de informações, conhecimento e experiências, para podermos processar tudo de uma forma mais precisa, aliada ao conhecimento técnico de Comunicação e de Marketing.

Evidentemente que os alunos ainda buscam na universidade hoje – e provavelmente em especializações e pós-graduações posteriores – este conhecimento técnico, que viabilizará decisões mais ágeis e precisas, investimentos melhores e com excelente relação custo/benefício para os anunciantes.

Sim, porque o que é preciso e ágil pode custar menos e render mais.

Pensar, aprender, conhecer, ir buscar, analisar e fazer acontecer são as etapas a serem vencidas, não só pelos alunos de Publicidade, como pela ampla maioria dos empresários e profissionais de Marketing e Comunicação que vivenciam o dia a dia do nosso mercado – cada vez mais competitivo, difícil e exigente, como sabemos todos nós. Ainda mais com esta crise financeira mundial que surgiu em 2008 e promete incomodar o planeta todo, por alguns anos.

Mas toda crise proporciona muitas oportunidades, ainda mais quando os concorrentes se retraem, com medo, e reduzem ou cortam os seus investimentos em marketing e publicidade.

Os consumidores – comprovam diversos estudos – esquecem as marcas que sumiram da mídia, ao mesmo tempo em que preferem as que continuam se comunicando com eles (pois passam a percepção de serem de empresas mais sólidas e fortes).

Desde a Grande Depressão dos anos 20, às guerras mundiais, crise do petróleo e outras crises mundiais ou regionais (no Brasil tivemos praticamente uma a cada dois ou três anos, nas últimas décadas), as empresas que ousaram se destacar nas crises se tornaram as marcas mais respeitadas e consumidas.

Tomaram mercado das que se amedrontaram.

Com o volume de informações disponíveis, com a tecnologia que iguala as qualidades dos produtos, assemelha preços, serviços e Publicidade, só existe um caminho para o futuro: o da diferenciação.

Repito:

Diferencial, caros amigos, não é preço (nem que seja o mais baixo – o que, aliás, pode comprometer a lucratividade), não é qualidade de produto ou serviço, não é volume de mídia ou criatividade publicitária.

Diferencial é aquele algo mais, que cria e fortalece **produtos e marcas únicos**, como a Coca-Cola, a Ferrari, a Microsoft, o McDonald's, a Porsche, a Apple e seu Mac, a Sony, a Veuve Clicquot, o Channel, o Godiva, a CNN, a Disney, a Perrier e outros nomes/marcas que dispensam explicações.

Diferencial é aquilo que acrescenta valor – por isso, vale mais e gera mais lucro. Mesmo que seja apenas um diferencial percebido.

As pessoas pagam mais por aquilo que é diferenciado e satisfaz, não pagam?

Para criar diferenciais, é preciso pensar – não só no amanhã, como também no futuro mais distante.

Como será o futuro dos alimentos?

E do turismo?

E das cidades?

E do trabalho?

Da nossa casa?

Do lazer?

Dos estudos?

Das empresas?

Das agências de publicidade e do Marketing?

Do comportamento do consumidor?

Da comunicação?

Do Marketing Esportivo? Das Copas e Olimpíadas?...

E assim por diante...

Quantas vezes você parou para pensar sobre o futuro?

Sobre o seu futuro, sobre o futuro da sua vida, da sua família, do seu emprego ou da sua empresa, do mercado e dos consumidores do seu produto?

Experimente pesquisar e escrever umas 30 linhas sobre cada uma das questões acima. Depois de alguns anos, releia – e veja o que realmente aconteceu naquele futuro que você "projetou" no papel...

Talvez por culpa dos tempos de cultura inflacionária, talvez por falta de uma instrução mais ampla, técnica e moderna, talvez por preguiça, talvez porque "não deu tempo", talvez porque nunca pensamos nisso, deixamos o barco correr solto neste mar do mercado cada vez mais bravio e sombrio, onde poderemos naufragar com a maior facilidade.

Vítimas de uma imensa Tsunami provocada por um terremoto amplo, promovido pelos concorrentes, pelos consumidores, pelo mercado, pela informação ágil, pela tecnologia, pela inovação e pela ousadia (ou pela covardia).

Deixamos de analisar os ventos, as correntes, as estrelas, as cartas marítimas, as previsões dos satélites, o GPS, o radar, o conhecimento de alguns membros da tripulação, até a bússola, e nos tornamos passageiros da nau dos insensatos, prontos para fazer companhia ao Titanic.

Planejar é como estudar mapas para chegar no futuro. É preciso criar estes mapas!

Precisamos definir claramente onde estamos, onde queremos chegar e como faremos para lá chegar.

Além disso, podemos precisar mudar de caminhos, se algo imprevisto acontecer, por isso são vitais o controle, o acompanhamento e a análise precisa e constante dos nossos progressos. É preciso conhecer e avaliar o terreno, para traçar o caminho mais rápido e mais seguro.

Planejar é, antes de tudo, um exercício do pensamento criativo que todos nós possuímos, só que apenas alguns poucos desenvolvem.

Devemos estar sempre aprendendo a pensar – no futuro e nas formas de criar diferenciais.

Breve, acredito, muitos dos meus alunos (e dos meus leitores) poderão ser ótimos profissionais de comunicação e marketing, porque – **pensando** – poderão traçar mapas precisos e seguros, para os seus futuros e os futuros dos seus clientes. Tornando-se profissionais diferenciados – como novos produtos bem posicionados.

E eu vou aprendendo cada vez mais com eles. Não devemos todos nós continuar aprendendo, sempre?

**Não adianta dar um mapa
a quem não sabe onde está!**

Desenvolva as ideias.

A gente tem ideias o tempo todo, mesmo sem esforço. Mas por que é que quando precisamos pensar dá uma travada?

Por que é que tantos se resumem a copiar ideias, conceitos e criações de outros?

Por que tantos "criativos" não sabem criar nada sem consultar livros de referência, ou sites criativos?

Por que alguns são ousados e outros não?

Por que alguns não conseguem criar nada sob pressão e outros só rendem se estiverem pressionados?

Ideias são coisas abstratas, que criamos em nossos cérebros, às vezes com som e imagem, outras só com palavras. Um meio físico (o cérebro) gera coisas abstratas (as ideias) – algumas aproveitáveis, muitas não.

Muitas vezes esquecemos aquelas ideias geniais que tivemos... não é verdade? Não sou e não vou me arvorar especialista nos assuntos do comportamento e do funcionamento do cérebro humano, mas já li muito, estudei muito, para tentar saber e aprender mais a respeito da criatividade humana.

Li o ótimo Edward de Bono (excelente em **"Lateral Thinking"**, assim como em **"Criatividade Levada a Sério"** ou em **"O Mecanismo da Mente"**); li Jacquelyn Wonder e Priscila Donovan (em **"Whole Brain Thinking"**); li Charles Thompsom (em **"What a Great Idea!"**); li Ann Keding e Thomas Bivins (em **"How to Produce Creative Advertising"**); li Steve Rivkin e Frazier Seitel (em **"Usina de Ideias"**) e muitos outros livros sobre este tema.

Porém, devo destacar que me chamou a atenção e passei a usar com os meus alunos de planejamento de comunicação um livro bem mais simples, objetivo e eficiente, chamado **"Como Ter Novas Ideias"**, de Jack Foster.

Não só obriguei meus alunos a ler, como a reler e fazer resumos e comentários sobre este livro – no que, penso, consegui abrir um pouco algumas mentes, para o assunto da criatividade.

Criatividade não é um bicho de sete cabeças.

Não é exclusividade de algumas pessoas mais talentosas do que as outras. É certo que algumas pessoas nascem com o dom para desenhar, outras para escrever, outras para a música, outras para a culinária, outras para os negócios. Mas é mais correto dizer que podemos aprender tudo, assim como podemos e devemos desenvolver os nossos talentos. Mesmo que pareçam pequenos.

Tudo, na minha opinião, é uma questão de trabalho, de dedicação, de ousadia, de coragem, de determinação. Tudo na vida é assim.

Quantas pessoas, por uma armadilha do destino, tiveram que assumir aptidões que não tinham?

Não conhecem pessoas sem pernas que jogam basquete?

O negócio é querer.

É ter força de vontade.

É querer fazer acontecer.

É querer vencer.

Jack Foster, que é publicitário, conta que deu aulas por sete anos como um dos professores do curso de Publicidade de 16 semanas na **University of Southern California,** patrocinado pela **American Association of Advertising Agencies**, a 4As.

"No final do primeiro ano, perguntei aos graduados sobre o que deveria ter falado, mas deixei escapar", conta Foster no prefácio.

"Ideias", eles responderam. "Você disse que todos os anúncios e comerciais devem começar com uma ideia, mas deixou de explicar o que era uma ideia, ou como poderíamos obtê-la".

Foster não só passou a trabalhar mais e melhor este assunto: as ideias – como acabou produzindo um livro muito útil para todos nós, que trabalhamos, vivemos e respiramos publicidade...

"Apresentar novas ideias é como mover as rodas do progresso. Sem elas reina a estagnação".

"Os sistemas de computador estão fazendo grande parte do trabalho rotineiro, portanto, pelo menos em teoria, liberando-o – e de fato exortando-o – a fazer o trabalho criativo, que estes sistemas não conseguem fazer"

"Você vive na Era da Informação – uma época que exige um fluxo contínuo de novas ideias, para solucionar problemas novos ou velhos, que ajudem as pessoas, economizem, consertem, criem objetivos, sempre melhorando, barateando e sendo de maior utilidade. Ideias que esclareçam, fortaleçam, inspirem, enriqueçam e estimulem".

"Se você não usa essa riqueza de informações para criar tais ideias, você estará praticando um desperdício. Nunca houve em toda a história uma época em que as ideias fossem tão necessárias ou valiosas".

Com esta colocações, Foster abre seu importante livro, que recomendo ler – mas que comento num ousado resumo, nas linhas a seguir (unindo os ensinamentos dele com os de outros autores e mesmo com minha experiência pessoal).

Citando James Webb Young (que também já citei neste livro), Foster destaca que em **'Técnica para a produção de ideias'** (que é um livro de leitura obrigatória), Young descreve um método de cinco etapas para a geração de ideias:

Primeiro, "a mente deverá reunir a matéria-prima".

Na Publicidade, isso significa todos os conhecimentos possíveis e imagináveis sobre o produto, objetivos de marketing, concorrentes, mercado, públicos-alvo, etc., além de conhecimentos sobre a vida e os acontecimentos.

Destaco: "além de conhecimentos sobre a vida e os acontecimentos", como forma de relembrar a importância do conhecimento, do estudo, da observação, de ir ver a vida como ela é... ao invés de ficar bolando soluções no conforto da sua cadeira ergonométrica, numa salinha com ar-condicionado, funcionando como zumbi com fones de ouvido do seu iPod...

Segundo, "a mente atravessa um processo de mastigação desta matéria-prima".

Quando um cozinheiro possui diversos ingredientes fica mais fácil pensar no prato que ele irá preparar...

Terceiro, "você abandona o assunto e tenta tirá-lo completamente da sua cabeça".

Quando isso for possível, afaste-se temporariamente do olho do furacão. Vá ao cinema, passeie no parque, vá tomar sorvete com seu amor... relaxe. Costuma funcionar bem, mas nem sempre isso é possível...

Quarto, "a ideia surgirá do nada".

Acredite. Você já juntou todas as informações ao seu conhecimento e à sua experiência. Como num click, as ideias começarão a brotar no seu cérebro. Já tive cliks no meio da madrugada e me levantei para ir escrever – para não esquecer...

Quinto, "você leva a sua pequena ideia recém-nascida para o mundo da realidade e observa o que acontece com ela".

Muitas ideias podem não ser compatíveis com a realidade...

Helmholtz, fisósofo alemão, disse que utilizava só três etapas para desenvolver novos pensamentos e ideias:

A primeira era a **Preparação**, na qual ele investigava o problema em todas as direções. A segunda era a **Incubação**, quando buscava não pensar conscientemente sobre o problema. A terceira era a da **Iluminação**, quando "as ideias felizes vêm inesperadamente, sem esforço, como uma inspiração".

Um especialista da Universidade da Califórnia, chamado Moshe Rubinstein, cita Foster, elaborou um sistema de quatro estágios: **Preparação, Incubação, Inspiração e Verificação**.

Charles Wakefield, em **"O Predador do Universo: A Mente Humana"**, afirma que existem cinco estágios mentais que identificam o ato criativo:

O primeiro é a conscientização do problema.

O segundo é a definição do problema.

O terceiro é o da saturação do problema e dos fatos que o circundam.

O quarto deve ser um período de incubação e de calma na superfície.

O quinto é o da explosão, do insight mental, do salto súbito além da lógica, além da escalada habitual para soluções normais – com o surgimento da ideia.

Da mesma forma que é preciso conhecer Álgebra para resolver uma equação, ou treinamento para fazer uma cesta de três pontos, assim como para bater todos os pênaltis no ângulo esquerdo do goleiro (como fazia Djalma Santos, campeão mundial de 58 e 62, pela seleção brasileira, que batia pênaltis indefensáveis – sempre no ângulo direito, em mim, no Atlético Paranaense, de 1968 a 1970), é preciso condicionar a mente para vencer quaisquer estágios – sejam eles três, quatro, cinco ou dez.

Você já jogou dardos?

Para acertar no centro do alvo (**mark**) é preciso foco, concentração no objetivo. Tem que mirar, não tem? Tudo bem, alguns acertam na gata (que quer dizer por sorte, não a menina ao lado). Mas quem mais pratica, quem mais se concentra não acerta mais?

Lembram como o Shaquille O'Neil errava lances livres? E como o Michael Jordan não errava? Treino e concentração!

O segredo está no conhecimento amplo de todas as informações que podem ajudar a solucionar o problema.

Pessoalmente, meu processo consiste em obter todas as informações possíveis e imagináveis (muito além do briefing do cliente), mergulhar e mastigar estas informações, trabalhar alternativas e definir um caminho (sem me afastar muito do problema, como sugerem os autores citados).

Muitas vezes, não temos tempo para isso. Não dá para desligar sem resolver, entendem? Claro que há problemas e há PROBLEMAS.

No entanto, com a experiência, acabamos trabalhando com uma forma de intuição inexplicável, que surge com soluções rapidamente para os mais diversos problemas.

Mas tenho que destacar que isso só ocorre depois de muito tempo de profissão, de análise, de conhecimento, de experiência, de técnica e de dedicação.

O raciocínio fica mais rápido e as soluções também, quando você possui um fantástico volume de informações para processar em sua mente.

Agora, sem informação, fica muito, muito mais difícil. Não fica?

Observem como um médico especialista e mais experiente prescreve rapidamente uma receita – depois de analisar todos os dados da consulta e dos exames.

O que é uma ideia?

"Fiquei contente em poder responder prontamente, e assim o fiz. Eu disse que não sabia".

A frase, do célebre escritor norte-americano Mark Twain, é apenas uma provocação. Mas se você pedir uma definição sobre o que é uma ideia, verificará que a maioria das pessoas não vai conseguir definir coisa alguma.

Experimente. Antes de continuar, escreva aí, na margem do livro ou numa folha de papel: **O que é uma ideia?**

Peça a mais algumas pessoas que definam. Anote.

Veja como é difícil para a maioria delas.

Eu admiro a definição de James Webb Young:

"Uma ideia é nada mais, nada menos, do que uma combinação nova de velhos elementos".

Além de sincera, é uma definição clara, humilde, mais próxima da verdade do que qualquer outra.

É como criar uma nova receita culinária. É só pegar ingredientes que você já conhece e combiná-los de uma maneira nova. Simples, absurdamente simples assim.

Jacob Bronowski escreveu: "Para mim é um erro considerar a atividade criativa algo extraordinário". E não é mesmo?

Um dia, inventei uma omelete, com carne de caranguejo, cogumelos, cebolas, queijo e cheiro-verde, na manteiga com sal e pimenta do reino. Ficou fantástico... Foi coisa de gênio da culinária? Não. Apenas bom-senso na combinação dos ingredientes que eu já conhecia e que estavam ali, disponíveis, num inesquecível *brunch* no hotel The Plaza, em New York.

Ocorreu o mesmo quando inventei uma receita de "Miojo Metido a Besta", com o tradicional macarrão cozido e depois frito rapidamente em azeite de oliva, onde eu já havia fritado o caviar rapidamente. Acrescentei queijo parmesão, e *voilá*! Ficou delicioso paças!

Há alguns anos, precisava encontrar uma forma diferenciada de vender apartamentos, além dos tradicionais anúncios de jornal ou de comerciais na TV.

Percebemos que a ansiedade maior das pessoas, compradoras em potencial, era conseguirem, olhando apenas as plantas baixas dos apartamentos, perceber como seria o imóvel quando o prédio ficasse pronto...

Sem noções de tamanho, de medidas, de espaço, as perguntas às vezes eram até embaraçosas, pois alguns queriam colocar um piano de cauda na sala, outros queriam os filhos pequenos (todos os 3) num quarto só, outros queriam assar churrasco na varanda (nem que fosse com churrasqueira portátil)...

Criamos, em 1994, o apartamento-demo, um apartamento-modelo construído no térreo (em alvenaria ou não), nas exatas medidas e proporções do imóvel que seria construído e que seria comprado. Era o **Show-House** Encol, que notável sucesso de vendas gerou.

Inteiramente decorado, explorando as melhores possibilidades de mobiliário, com azulejos, pisos, carpetes, quadros, flores, colchas, cobertores, brinquedos, eletrodomésticos e tudo que um lar de verdade poderia ter. Nas janelas havia painéis com paisagens muito próximas do que seria a vista real no futuro, com o prédio erguido.

E adicionamos o aroma de biscoitos sendo assados no forno...

Vendeu muito!

Até foi cenário do comercial de lançamento, com a Cristiana Oliveira (a famosa Juma, da novela Pantanal), como nossa garota-propaganda.

Ninguém havia feito nada igual.

E a ideia foi fruto da observação e da angústia e da dificuldade que sentiam os nossos clientes. Simplesmente eliminamos aquele problema e criamos um diferencial único, na época.

Inventar é pensar.

Bronowski escreveu que "a mente criativa é aquela que procura por semelhanças inesperadas".

Roberto Frost afirmou: "Criar é um ato de associação".

Frances Cartier disse: "Existe só um modo pelo qual uma pessoa adquire uma nova ideia: pela combinação ou associação de duas ou mais ideias que ela já tem".

Aliás, assisti, há alguns anos, a um documentário fantástico sobre Cartier, no **Discovery Channel**. Foi ele quem inventou o relógio de pulso, a pedido de Alberto Santos Dumont (porque ao voar, ele não podia consultar seu relógio de bolso...). Onde colocar o relógio?

Cartier, além de grande comerciante de joias, foi um artista, um designer de joias adiante do seu tempo, tanto que a sua joalheria sobreviveu a duas guerras mundiais, respeitada sempre pelos invasores, vencedores e vencidos. Era o joalheiro oficial de quase todas as monarquias do planeta, no século passado. Hoje é uma das marcas de maior valor, em joias e relógios.

Arthur Koestler, escritor que eu detestei ler quando fazia meu mestrado nos Estados Unidos, era genial (mas um tanto depressivo... tanto que acabou se suicidando). Em **"The Art of Creation"** ele defendeu a tese de que "a originalidade criativa não significa criar ou originar um sistema de ideias a partir do nada, mas, sim, de uma combinação de padrões de pensamento bem estabelecidos".

O que é original?

Nem mais a boa cerveja Original é original e gostosa, como era nos tempos da velha, pequena e artesanal cervejaria que existia em Ponta Grossa, no Paraná. Dizem os mestres cervejeiros que o segredo estava na água da região... onde hoje há uma fábrica da Heineken.

Hoje, comprada pela Ambev, antes pela Antarctica, a Original é fabricada por todo o País, com as mais diferentes águas... é claro que o gosto não é mais o mesmo. Pena.

Costumo brincar dizendo que original mesmo só o pecado original – se é que ele existiu...

Originais são as combinações novas de velhos elementos.

Um automóvel é uma combinação de uma carroça com um motor (no princípio, a vapor, como eram os dos primeiros trens). Uma moto é uma bicicleta com motor.

Voltando ao Jack Foster, ele enuncia e explica como ter novas ideias em alguns capítulos bem interessantes. Cito alguns (mas deixo o detalhamento para que vocês busquem esta informação tão bem elaborada e importante no livro dele).

Para ter boas ideias...

1. DIVIRTA-SE

Se você gosta do que faz, divirta-se. Não transforme o processo criativo em sacrifício supremo. Pessoas que não estão se divertindo raramente produzem boa publicidade. Quem ama seu trabalho se diverte com ele, na maior parte do tempo. **Divertir-se é a primeira sugestão para condicionar a mente para novas e boas ideias.**

Alguém, algum dia, combinou fogo e comida e inventou a culinária. Outro juntou uma peça teatral com a música e inventou a ópera.

Mas se a pressão for muita, siga o conselho de uma agência de Chicago, que Foster destaca:

EM CASO DE EMERGÊNCIA:

a. Pegue seu casaco.

b. Pegue seu chapéu.

c. Deixe as preocupações na soleira da porta.

d. Vá caminhar no lado ensolarado da rua
(*the sunny side of the street*).

É isso mesmo. Saber se desligar faz parte do processo – de criar e de ser feliz.

Vá ao cinema, vá dar uma volta, vá se deliciar com um bom sorvete, vá namorar e depois volte. Você verá como tudo ficará mais fácil e divertido.

Desempenho tem tudo a ver com prazer, não é? Ideias têm tudo a ver com diversão e bom humor tem tudo a ver com criatividade... Divertir-se desencadeia a criatividade. É a semente.

Observe as crianças brincando e se divertindo. Veja como elas criam estórias, cenários e soluções...

2. SEJA PROPENSO A TER IDEIAS

Ninguém entende com 100% de certeza (ainda) como o cérebro – uma coisa física – pode produzir uma ideia – algo não físico, uma coisa abstrata. **O fato é que você, eu, nós todos podemos e temos ideias o tempo todo.**

Jack Foster destaca e repete: "Aqueles que têm ideias sabem que as ideias existem e sabem que vão encontrá-las; aqueles não apresentam ideias não sabem que as ideias existem e não sabem que podem encontrá-las".

Há centenas de soluções, de ideias, de respostas – basta saber procurar. E querer fazer acontecer.

O problema é que a maioria das pessoas busca uma única solução, quando enfrentam um problema, porque foi assim que aprenderam a proceder.

E desistem quando não encontram esta "solução perfeita".

Quando você não tem certeza de que existe uma resposta pode ser difícil encontrá-la, mas quando você sabe que existem muitas respostas, encontrar duas ou três, ou dez, não será difícil.

Acredite nisso. Acredite em você. Sua autoestima também é muito importante.

"O que você pensa sobre você mesmo é o único e o mais importante fator para o seu sucesso", destaca Foster.

(Pensamento igual é revelado no livro **"O Segredo"**, que se fundamenta no pensamento positivo e otimista, para vencer os desafios da vida. **"Você é o que você pensa"** é um dos ensinamentos de Buda e foco central desta pregação, que utilizou extraordinariamente bem a Internet – antes do lançamento do filme e do livro, em abril de 2007. Aliás, são ensinamentos bem positivos).

Você age como o tipo de pessoa que imagina ser...

Há centenas de livros, senão milhares de livros e vídeos e DVDs, que podem lhe dizer mais sobre como melhorar sua autoimagem.

A autoajuda vende muitos, muitos livros (li em algum lugar que os livros de culinária vendem mais e já estou escrevendo um).

Pesquise, leia, se analise, e melhore.

Você é o que você pensa que é. E ter boas ideias depende da crença em sua existência, assim como da crença em você mesmo.

Ter ideias é como respirar – a gente nem sente que isso está acontecendo (a não ser quando falta ar).

3. ESTABELEÇA METAS PARA A MENTE

Se você não estabelecer objetivos, não fará nada. Vai ficar morgando no sofá ou na cama, assistindo a Seinfeld ou Friends a tarde toda, enquanto a vida passa por você – e depressa.

Isso vale para conseguir emprego, como vale para se manter nele.

Meu objetivo sempre foi ser dono do meu nariz, possuir boa reputação e alguma tranquilidade financeira, para viver feliz com minha família.

Parte disso já consegui, parte não (mas este livro que você está lendo faz parte daquela tranquilidade financeira citada, se você comprou meu livro, é claro! Se pirateou... espero que você arda nos fogos do inferno!).

O negócio é controlar a nossa mente e o nosso corpo, com determinação. Quase como se faz e se cumpre uma boa dieta.

Foster dá um exemplo simples e claro: Imagine que colocamos uma viga de ferro com 30 centímetros de largura e 30 metros de comprimento no alto de dois prédios (um de cada lado de uma rua) e pedimos para você atravessar. Você vai?

E se dissermos que a sua filhinha de 3 aninhos está lá do outro lado e que se você não for buscá-la ela vai morrer? Você vai!

Se você concentrar a sua mente nos seus objetivos, atuais e futuro, você conseguirá atingi-los.

Navio sem objetivo fica à deriva... publicitário idem. Se não houver objetivo, você não cumpre. Foco, treinamento e dedicação.

Michael Jordan, o maior astro do basquete mundial, não fazia cestas incríveis? Foco. Treinamento. Dedicação. Que falta ele faz nos jogos da NBA! Com as ideias é assim: imagina, trabalha, faz acontecer.

4. SEJA CRIANÇA

Assemelhe-se com as crianças. Elas não têm medo de imaginar, de criar novos mundos e personagens – e histórias. Elas não se autoimpõem limites, regras e leis.

Baudelaire descreveu o gênio como a infância propositadamente recuperada.

Criança chuta bola pra se divertir e arrisca fazer gol. Adulto só chuta a bola para acertar. Crianças fazem golaços, narram e se imaginam no Maracanã com a camisa canarinho...

Adultos pensam demais, arriscam "demenos", **algemados pelo conhecimento e pelo medo de errar.**

Têm medo de ser ridículos. As crianças, não.

"A maior invenção do mundo é a mente de uma criança", afirmou Thomas Alva Edison, um dos maiores inventores da Humanidade (vale ler sobre a vida e a obra dele... o que ele inventou?).

Crianças quebram regras porque não sabem que elas existem. Adultos se aprisionam num mundo de regras e limites.

Crianças perguntam o tempo todo. Adultos receiam fazê-lo.

"Crianças são pontos de interrogação – entram na escola assim e saem como pontos finais", disse Neil Postam. Você não pode se tornar um ponto de interrogação novamente?

Questione. Questione tudo. Seus hábitos, seus costumes, suas rotinas, seus horários, seus produtos, seus *jobs*, as embalagens, tudo.

Faça uma imagem mental de você mesmo. Que idade esta imagem mental tem? É um velhinho acomodado no seu cantinho? É um jovem audacioso e sem medos? É uma criança que explora o Universo?

Deixe a criança que ainda existe dentro de você se soltar. Brinque. Corra. Pule. Não tenha medo. Solte-se. Tome um sorvete no trabalho, mude a disposição dos móveis, mude seus caminhos na ida e vinda da escola ou do trabalho, mude de bar, procure novos ambientes, outras pessoas, gente nova, novos contatos, novas comunidades.

Esqueça o que já foi feito, faça de uma forma nova. Cante no chuveiro, ou no elevador. Quanto tempo faz que você não assovia uma canção? Ou faz fiu-fiu para uma gata do outro lado da rua?

Divirta-se. Seja ilógico. Seja uma criança, sem bloqueios.

A criatividade fluirá mais facilmente.

5. CONSIGA MAIS INFORMAÇÕES

"**Conhecimento é poder, se for útil**" costumo afirmar em aulas e palestras. Não dá para ser publicitário sem conhecimento, sem poder para mudar as coisas. Por isso, precisamos de conhecimento.

Precisamos de curiosidade, o tempo todo.

Vivo indo a supermercados e shopping-centers, a mercearias e lojas de bairro, para ver coisas novas, novos produtos, novas embalagens, novas propostas promocionais, novas formas de fazer merchandising...

Ganhamos a vida, como publicitários, tendo ideias sob encomenda. Todos os dias.

Muitos nem se aperceberam disso, ainda.

O "sob encomenda" significa com prazos para entrega (***deadlines***), com objetivos de marketing, com ***budgets*** (orçamentos), com limitações legais, éticas, étnicas, políticas e sociais – entre outras.

Por isso temos necessidade de saber. De saber mais.

Mais até do que os nossos próprios clientes.

Não é por isso que eles nos contratam?

Por isso, precisamos de muita, muita informação. Porque quanto mais elementos tivermos para combinar, mais fácil será a criação de novas ideias...

Por isso, devemos nos forçar a buscar novas informações o tempo todo. Todos os dias. Deliberadamente.

Para obter mais elementos, Foster sugere sair da rotina, aprender a ver (mais do que só olhar) e se envolver.

Vivo observando consumidores e pesquisando novos produtos, como biscoitos, chicles, refrescos em pó, massas, amaciante de roupas, sabonetes, embalagens e outros – para poder assessorar melhor meus clientes.

Volta e meia apareço com lançamentos, produtos de concorrentes novos que eles não conheciam, ou com notícias sobre mercado e concorrência que eles não tinham, ou com ideias que podem se revelar ótimas oportunidades para novos negócios (como alimentos funcionais, tendência que previ para um cliente 6 ou 7 anos antes de se tornar a realidade que é hoje. Idem com a obesidade infantil – que não é culpa só das guloseimas, mas, sim, de uma vida sedentária, de exageros e de falta de educação alimentar). Quando tinha minha agência, diariamente abastecia meus clientes por fax (Internet só chegou no fim dos anos 90), com meus **"torpedos"** com clipping de informações que poderiam ser úteis a eles.

Fazia isso também com alguns *prospects* (um deles é meu cliente até hoje). Hoje faço isso por e-mail, ou por envelopes urgentes e recheados de informações úteis para eles.

Envolvimento.

Já falei sobre isso.

Envolvimento total e absoluto, com os negócios dos nossos clientes, nos faz ser curiosos, proativos, famintos por informação que irá nos ajudar em nossa tarefa de planejar, criar e executar mensagens de vendas eficazes...

6. INSTIGUE SUA CORAGEM

Coragem e curiosidade são duas características básicas do caráter que todas as pessoas criativas parecem ter, afirma Foster.

O medo da rejeição é um pavor intenso. Fecha as suas fábricas de ideias. Todos têm medo. Todos. Sem exceção.

Você não é uma delas. Nem eu.

O negócio é vencer o medo, como foi quando pela primeira vez você dormiu sozinho, com a luz apagada...

Não é ausência de medo. É controle.

Não é possível, infelizmente, apresentar uma ideia, um conceito, uma campanha, sem risco de desaprovação, rejeição e fracasso.

Acontece todos os dias, com todos nós.

Não há como nos abrir para novas percepções sem colocar em perigo a segurança das nossas convicções anteriores. Não tem jeito!

Não existem ideias ruins. Existem as inadequadas.

Viu? Ficou mais fácil...

Você também sempre poderá ter outra ideia, ainda melhor... provavelmente bem melhor.

É só ir buscar e não se abalar com as primeiras rejeições (coloquei no plural de propósito). Jamais alguém será criticado por ter ideias demais (a não ser que seja um pentelhaço). Mais provavelmente, a crítica virá por ideias de menos. Ideias pertinentes sempre serão bem-vindas.

Lembrei-me, agora, do slogan da antiga CBBA, do meu amigo Hiram Castello Branco: **"Com a imaginação nas estrelas, com os pés no chão".**

Vale a pena ter ideias. É quase como um orgasmo. É uma sensação ótima. Ir com tudo, chegar lá, atingir o alvo.

"A realização criativa é a iniciativa mais audaciosa da mente", disse Robert Grudin. **"Uma aventura que leva seu herói simultaneamente à margem do conhecimento e aos limites da adequação".**

Bonito, né? Vá com tudo. Dê seu máximo.

7. REPENSE SEU PENSAMENTO

Pense virtualmente. Fomos educados a pensar com palavras... pensou nisso? Assim, quando formulamos um pensamento, hoje em dia, provavelmente o faremos com palavras e com afirmações.

Muitas das mentes mais criativas da história pensavam com imagens, ao invés de palavras. Lembram do exemplo que dei, de apagar as luzes, colocar uma música orquestrada, fechar os olhos deitados no chão e imaginar histórias?

Poucos fazem isso. **Pensar com imagens.**

Criativos o fazem. Diretores de arte que só sabem trabalhar na telinha e não visualizam, nem sabem rascunhar uma ideia antes, são menos criativos. Pense nisso.

Alfred Wegener observou que a costa oeste da África se encaixava na costa leste da América do Sul e percebeu, depois, que todos os continentes já foram uma só massa de terra. Niels Bohr visualizou mentalmente que um átomo se parecia com o sistema solar...

Pensem com imagens, no lugar de palavras.

8. APRENDA A ASSOCIAR

"Ser é fazer", afirmou Rousseau.

"Fazer é ser", destacou Sartre.

"Faça, seja, faça, seja" (versão sacana para o *"do-be-do-be-do"*), cantou Sinatra.

É evidente que quem consegue mais elementos tem maior possibilidade de criar ideias novas, do que quem sequer possui elementos para combinar, ou que não sabe como associá-los.

Como fazer isso?

Procure coisas análogas, semelhantes.

Se o seu produto é veloz, o que é mais veloz no mundo? Se o seu produto é durável, o que é mais durável?

Uma vez criei um **guimmick** (personagem) para a Artefatos de Borracha Record e suas bandas para recapar pneus Tortuga, que foi um sucesso.

Criei a Uga, a Tartaruga da Tortuga (que em espanhol significa isso mesmo: tartaruga). Era uma tartaruguinha simpática, cujo casco era formado pela banda de um pneu.

A ideia surgiu num sonho, acreditem. Acordei, levantei e fui rascunhá-la, que depois foi magistralmente desenhada pelo Fábio Miraglia, hoje diretor de criação na JWT (e que era, na época, um principiante talentoso na JJ).

Pensando na lentidão de movimentos da Uga, a desenhamos, numa das poses, correndo a mil por hora – como fazem nos desenhos animados. Ficou 10!

Isso rendeu, depois, uma grande campanha, até com músicas cantando os atributos da Uga e das bandas Tortuga, que usamos em feiras e distribuímos aos motoristas de ônibus e de caminhões (foram milhares e milhares de fitas, que acabavam tocando nas rádios sem custo, a pedido dos ouvintes, por meses a fio). As músicas foram compostas pelo Paulo Chaves, com minhas modestas contribuições.

Naquele tempo, início dos anos 90, não existiam os CDs... acreditem!

Quebrar as regras e as convenções também pode ser uma forma inovadora de desenvolver novas associações.

Van Gogh fez isso, na sua pintura, nas suas flores, nos seus jardins e trigais, nos seus retratos, nas suas pinceladas. Vale muito ir visitar o museu dele, em Amsterdam. Vale mesmo. Era um gênio!

Pelé quebrou a regra de como bater um pênalti, inventando a paradinha. Beethoven mudou as regras das sinfonias. Gaudí quebrou as regras da arquitetura e da construção convencionais. Vale ir ver as obras dele, em Barcelona. Impressionante, mesmo.

"As regras são um dos caminhos para se ter ideias. Você só tem que quebrá-las", destaca Jack Foster.

Outra fórmula que dá certo: **"E se?"**

Se transformarmos este produto numa pessoa, que pessoa seria?

E se fosse uma flor, que flor seria?

E se fosse uma cidade?

E se fosse um animal? Como se comportaria? Como reagiria?

E se tornarmos este produto o mais rápido, ou mais cordial, ou mais conveniente, ou mais caro?

São infindáveis as possibilidades...

E se um marciano fosse usar?

Se voltássemos no tempo, ao Século XIII, como seria usado? E se formos para 2107?

Faça o mesmo jogo para resolver um problema. Procure ajuda em outras áreas.

O cunho de moedas e a prensa de lagar existiam em todos os lugares, por séculos, até que Gutenberg percebesse uma relação entre eles e inventasse a prensa tipográfica.

Tenha os olhos e ouvidos sempre atentos. Faço isso, o tempo todo – quando leio, quando observo, quando converso, quando vejo, quando passeio, quando faço compras ou viajo. Já trouxe ideias incríveis para meus clientes, das minhas observações.

"Aventure-se", afirma Foster.

Tenha a coragem de fazer associações que ninguém fez antes.

Se você não se aventurar, nunca irá além de onde os outros já foram... e não terá ideia alguma.

"Os únicos músicos que valem alguma coisa são aqueles músicos que se aventuram. Algumas vezes eu toco coisas que nem eu mesmo ouvi", disse Thelonious Monk, um dos maiores ídolos da história do jazz. Já fiz isso.

9. DEFINA O PROBLEMA

Já escrevi sobre isso, no início do livro. **Definir claramente o problema é 50% da solução deste problema.** Quem não conhece o problema não pode ter solução para ele.

Pablo Picasso disse: **"Os computadores são inúteis. Eles só podem dar as respostas".** Vale visitar, também, o Museu de Picasso, em Barcelona. Sensacional.

Dizem que Henry Ford inventou a linha de montagem, em Detroit, simplesmente mudando a pergunta. De "como levamos as pessoas ao trabalho?", para "como levamos o trabalho às pessoas?".

Como posso buscar comestíveis mais rapidamente para os clientes? Ou: Como os clientes podem pegar os alimentos mais rapidamente? Assim foi criado o supermercado.

Definir o problema, de uma forma ou de outra, ajuda – e muito – a solucioná-lo.

Nos negócios, as pessoas fazem as perguntas erradas o tempo todo. Muitas vezes essas perguntas estão embasadas em pressuposições tão profundamente arraigadas, que elas nem percebem que as estão fazendo. Busque um caminho diferente, para indagar e definir o problema.

Leia o livro do Foster – entre tantos outros que recomendo.

"Um homem criativo não pode pular do nada para uma grande ideia. Ele precisa do trampolim das informações", disse Bill Bernbach, um dos mais brilhantes publicitários de todos os tempos.

Para quebrar paradigmas é necessário ter a ousadia de tentar. Pelo menos.

Estrutura do planejamento.

Existem, com certeza, milhares de modelos de estruturas básicas de planejamento de comunicação. Cada boa agência deve ter a sua. Umas mais amplas, outras mais sucintas. Umas mais simples, outras mais complexas. Algumas são até burocratizadas em excesso. Trabalhei numa agência que era mais burocratizada do que repartição pública de governo incompetente, onde mil empecilhos são criados para que nada funcione rapidamente... e foi uma grande agência nacional, até que o seu padrinho senador perdeu a força... mas esta é uma outra história.

Com estudo, conhecimento e experiência, desenvolvi uma estrutura mais simples e objetiva, que compreende dois segmentos distintos: O primeiro é o Diagnóstico. O segundo é a Solução.

Esta é a Estrutura Básica de **Planejamento de Comunicação** que utilizo e ensino:

Um: Diagnóstico

1. O Problema
2. O Produto
3. Os Objetivos
4. O Mercado
5. Os Públicos-alvo
6. A Concorrência
7. Os Meios Disponíveis
8. Questões do Cliente

Dois: Solução (Planejamento)

1. Estratégia
2. Táticas: a. Proposta Criativa / b. Ações Táticas / c. Criação

3. Planos de Mídia
4. Cronograma
5. Contribuições ao Marketing (se houver, quase sempre há).

Três: Informações Adicionais
Anexo 1: Orçamento
1. Criação e Produção
2. Mídia
3. Outros Serviços

Anexo 2: Contribuições ao Marketing
1. Pesquisas
2. Comunicação da Concorrência
3. Informações de Mercado
4. Outras Informações Úteis

Avaliações:
Sistemas, métodos, formatos, datas, prazos, legislações (se for o caso).

João José Werzbitzki, JJ

Como avaliar sua comunicação.

Nas dezenas de livros que li e estudei, assim como em outras dezenas que folheei, muito pouca informação realmente útil encontrei a respeito de **"como avaliar a sua comunicação"**.

Em minha biblioteca particular, possuo cerca de 1.200 volumes sobre Comunicação e Marketing, e em raríssimos exemplares há informação a respeito de como avaliar corretamente o nosso trabalho de comunicação.

A ampla maioria dos autores, professores e profisssionais da Publicidade, assim como a ampla maioria dos anunciantes não sabe – mesmo – como fazer isto.

Na ampla maioria das nossas universidades não se ensina como fazer isso. Então, consagraram-se diversos métodos, quase todos incompletos e ineficazes, infelizmente.

"Sei que jogo 50% dos meus investimentos em Publicidade no lixo, só não sei que metade é esta", dissse John Wannamaker, um próspero varejista do final do Século XIX, nos Estados Unidos. É verdade que uma parcela significativa dos esforços de comunicação se perde. Mas o quanto se perde e o quanto é eficaz é muito difícil de mensurar.

Geralmente, publicitários, anunciantes e profissionais de marketing avaliam sua Publicidade (ou sua Comunicação) pelo aumento nas vendas, nas visitas, nas consultas ou mesmo no número de telefonemas recebidos. Alguns, infelizmente, avaliam e se satisfazem com o fato de suas mulheres, filhos, parentes, amigos e vizinhos terem visto o comercial ou o anúncio. Que miopia!

Publicitários e profissionais dos anunciantes mais escolados recorrem a pesquisas de recall, de lembrança de marca, benefício ou vantagem competitiva, slogan, posicionamento e até de endereço...

Mas isso é pouco.

Não vou discutir a eficiência dos métodos que já citei. Todos têm validade, mas é uma validação parcial.

Na verdade, deveriam é avaliar todo o Marketing do produto, serviço, marca ou empresa, para poderem avaliar se as ações desenvolvidas foram eficientes.

Isso mesmo!

Mas como fazer isso, num Brasil onde a maioria dos anunciantes e dos publicitários ainda não sabe bem o que é Marketing? Ou confunde Marketing com apenas Comunicação? Num país onde a ampla maioria das agências vende soluções de Marketing, quando nem de Publicidade ou de Comunicação na verdade consegue.

Como avaliar o Marketing todo?

Num país onde a ampla maioria dos anunciantes também não sabe o que é, para que serve, como funciona o tal do Marketing, tratando do assunto como se fosse só anunciar, como se pode avaliar o contexto todo?

É difícil.

Creio que todos concordam comigo que garantir que a Publicidade vende é uma afirmação leviana e mentirosa.

Ela trata de vendas, estimula, atrai, tenta persuadir, convencer, motivar, ajudar, mas não vende sozinha. Quem vende é o vendedor, seja ele real, ou virtual, como se torna cada vez mais comum, hoje em dia, o que eu penso que é uma lástima – pois o contato pessoal é muito mais forte e eficiente para realizar uma boa venda (ou mais de uma). O que vende é o produto, o preço, as condições de pagamento, a pronta-entrega, a garantia, a qualidade, a reputação, o atendimento, o ambiente, o momento, a disponibilidade, a oferta, o interesse, o desejo, a necessidade.

Um vendedor mal-humorado, uma vendedora mal-amada ou com TPM, vendedores com problemas pessoais, financeiros, profissionais, familiares ou de relacionamento na ou com a empresa certamente prejudicam os resultados em vendas.

A falta de produtos, a má distribuição, um preço mal estabelecido, uma entrega deficiente, informações incompletas, falta no estoque, demora na entrega, embalagem ruim e muitos outros fatores também prejudicam qualquer esforço de Marketing ou de Comunicação.

Uma política de preços, descontos e parcelamentos mal calculada pode matar qualquer esforço.

Lembro-me bem, ainda, de um anunciante (que até hoje é meu amigo), que era diretor de uma concessionária Ford de Curitiba, que me ligou antes das 11 da manhã, possesso, dizendo ao telefone: "Jota, este anúncio que a tua agência fez é uma merda! Não vendemos nenhum carro, não houve proposta alguma, até agora!".

A loja estava aberta há duas horas, apenas, e ele bufava ao telefone. Eu disse que iria ver o que poderia estar acontecendo e pedi um tempo.

Verifiquei o anúncio dele, normal, com uma oferta. Não havia anúncios dos concorrentes da mesma marca. Liguei para as concessionárias concorrentes e logo descobri o problema.

Entrei em contato com ele pouco depois do meio-dia: "Miguel, tua concessionária é que é uma merda. Os teus concorrentes estão vendendo o carro que você mandou anunciar por 3 mil reais a menos!".

Depois de mil palavrões dele, dirigidos ao gerente comercial que tinha passado o preço da "oferta", me pediu desculpas e mandou anunciar no dia seguinte, com um preço 3,5 mil reais mais baixo.

Vendeu 12 unidades antes do final do segundo dia.

O exemplo retrata um dos problemas que podem afetar profundamente o resultado de uma campanha e, podem acreditar, os publicitários não dominam, nem têm como dominar, todos os aspectos envolvidos numa venda. Por isso, a avaliação deve ser não só da Comunicação. Deve ser do Marketing todo.

Por isso, de novo, não acredito na felicidade de contratos que algumas agências aceitam, de alguns anunciantes, com bofinicações por resultado, além de um *fee* mensal.

Se não é só a Publicidade que realiza a venda, como pode ela ser mais ou menos remunerada? É justo? Ou é sacana?

A agência tem culpa se os vendedores forem incompetentes, se o trade não funcionar, se a distribuição atrasar, se o preço for inadequado, se o produto da concorrência for melhor, se as condições de financiamento não forem boas?

Não, não tem.

Por isso estes contratos são leoninos e abuso de poder econômico, no caso de muitos grandes anunciantes. Raros são os que pagam bem e premiam por performance de boa comunicação às suas agências.

Mas, voltando à avaliação de campanhas, em 2006 foi lançado no Brasil um livro chamado **Accountable Marketing**, que foi escrito por Peter J. Rosenwald, que apresenta, provavelmente, o mais completo estudo sobre como mensurar todo o Marketing de uma empresa – incluindo a comunicação.

Com planilhas disponíveis na Internet e explicações bem didáticas, Rosenwald (que foi por anos consultor da Editora Abril) explica passo a passo como proceder. Vale ler e estudar.

Em **Contemporary Marketing**, Boone e Kurtz dedicam algumas páginas à mensuração da eficiência do **P** de **Promotion**, no Marketing moderno (que engloba Publicidade, Marketing Direto, Promoção, Relações Públicas e Vendas Pessoais). Também vale ler.

Enquanto isso, fica uma certeza: publicitário que se preocupa e tenta mensurar o resultado da comunicação desenvolvida certamente obterá melhor reconhecimento de seu valor e seriedade pelo anunciante.

Infelizmente, poucos fazem isso. Poucos conseguem.

Como definir o investimento?

Só os grandes anunciantes têm orçamento pré-definido, global e por linha de produtos, segmentos de mercado ou áreas geográficas. Os anunciantes médios e pequenos, infelizmente, ainda retiram seus investimentos publicitários dos seus lucros.

Não deveriam fazer isso.

O investimento em comunicação deve fazer parte da formulação de custos e de preços de produtos e serviços.

Tem custo de matéria-prima, de fabricação, de energia, de seguro, de folha de pagamentos, de encargos, de impostos e de margem de lucros (entre outras coisas). Não tem? Pois os investimentos em Publicidade e Comunicação deveriam estar nesta composição de preços ao consumidor, ou ao trade. **Obrigatoriamente!**

Quanto?

Depende de produto para produto, de cada tipo de serviço, do mercado e dos consumidores. Alguns autores falam em 1% do faturamento – o que pode ser muito, pode ser pouco. Muitos utilizam 2% ou 3%. Depende do mercado e da competição com a concorrência.

Lembro que os iogurtes Batavo tinham 12% de promoção embutidos nos seus preços e que algumas marcas de jeans chegavam a ter mais de 25%. Nike, por exemplo, deve ter mais do que isso – pois seus custos, além de terceirizados na produção (em lugares do planeta de menor custo) são apenas uma parcela de uma grande ideia de marketing, que valoriza a imagem da marca e a sua percepção.

Na verdade, penso que a determinação do percentual depende de cada caso, de cada necessidade, de cada mercado a ser buscado, dos concorrentes a serem enfrentados. Não pode ser uniforme e igual, linear, de uma forma geral. Há regiões onde pode haver maiores necessidades, ou concorrentes mais poderosos.

De qualquer forma, a principal constatação e afirmação é a de que o valor dos investimentos tem que estar computado no preço do produto – no custo para o consumidor.

Quem paga a comunicação de um produto (do design da embalagem à produção dela, ao merchandising no PDV, à campanha publicitária) são os consumidores. Não é o fabricante, não é o lojista. Não é o anunciante. É o consumidor.

Na pastelaria, além do custo do óleo, da farinha, dos ovos, da carne, do palmito, do sal, dos temperos, dos guardanapos, da luz e da água, dos funcionários – entre outros – está o custo da comunicação (cartazes, menus, panfletos, luminosos e eventuais anúncios). Só como exemplo simples. Quem não faz isso retira estes investimentos em comunicação dos seus lucros e, é claro, não pode gostar disso.

Veja como alguns segmentos do mercado determinam os seus percentuais para se investir em Publicidade nos Estados Unidos:

SEGMENTO DE ATIVIDADE	%
Agências de publicidade	3,50
Agricultura, pecuária e pesca	0,50
Automóvel	1,50
Bancos	1,50
Bebidas alcoólicas	7,00
Borracha e derivados	2,00
Cigarros	7,00
Confecções	2,80
Construção civil	1,20
Cosméticos e perfumes	11,00
Cutelaria e ferramentas	4,00
Equipamentos de comunicação	2,00
Equipamentos de transportes	0,50
Equipamentos fotográficos	3,00
Financeiras, Seguradoras, Imobiliárias	2,75
Hotéis	3,00

SEGMENTO DE ATIVIDADE	%
Instrumentos de medição e/ou automação	2,50
Instrumentos óticos e equipamentos médicos	3,50
Livros	4,00
Manufaturados (produtos industrializados em geral – média)	2,50
Máquinas elétricas	2,00
Máquinas, equipamentos, produtos industriais	2,50
Metais	1,50
Mineração	0,20
Mobília	1,50
Papel	1,00
Produtos químicos domésticos	5,00
Produtos químicos industriais	2,30
Refrigerantes	7,00
Relógios	5,00
Sabonete e detergentes	11,00
Serviços / Fornecimento de mão de obra	2,80
Serviço público	0,60
Varejo	3,70

(Médias percentuais variáveis por estados norte-americanos. Fonte: revista "Fortune").

Uma competição dramática.

Como escrevi no início deste livro, todos os anos cerca de 16 mil novos publicitários chegam ao mercado. Alguns bem preparados, a maioria não.

A competição é dramática, não só mais cerca de 4.000 agências (segundo o CENP) profissionais (e mais umas 3 mil não-tão-profissionais e não-certificadas, estimo).

Só nas agências do CENP devemos ter mais de 40 mil vagas de emprego, mas há outro tanto ou mais nos fornecedores, nos veículos, e muito mais vagas de trabalho nos anunciantes e nas escolas. Mesmo assim, a competição é árdua. Mesmo para os mais preparados e competentes.

Muitos anos atrás escrevi um artigo sobre o que podem esperar os futuros publicitários (neste curso que é, no Brasil, um dos mais concorridos e glamurosos).

Lembro que destaquei o que sempre repito:

Quem tiver competência, vencerá.
Quem não tiver, perecerá.

Parece cruel, mas não é tanto.

A maioria sobrevive na mediocridade – o que não significa que é ruim, apenas é na média.

Ganham mais dinheiro e destaque os que conseguem ir mais adiante, sendo mais competentes e eficientes do que a média. Os que vão além do limite a que se impõem os medíocres. Os que superam os desafios.

E isso vale para a Criação, para a Mídia, para a Produção, para o Atendimento, para RTVC, para WebDesign, para Planejamento, para Promoção, Marketing Direto, Patrocínio, Assessoria de Imprensa, Relações Públicas, Administração, etc.

Veremos um mercado que valorizará, acredito, cada vez mais dois tipos de profissionais: os especialistas e os generalistas.

Especialistas são os profissionais que sabem tudo da sua área, seja ela o instrumento que for nesta imensa orquestra da Comunicação Integrada de Marketing – nossa antigamente chamada Publicidade.

Generalistas são aqueles que conseguem saber muito a respeito de cada um dos instrumentos, para poderem elaborar planos de ação que utilizam da melhor forma cada um dos instrumentos que forem necessários.

Eu, por exemplo, sou um generalista. Escrevo e posso reger as partituras de planejamento que componho/crio para que a nossa orquestra da comunicação possa executar em harmonia.

Comunicação Integrada é como uma Sinfonia.

Precisa dos Músicos competentes e talentosos, assim como do Maestro também talentoso e competente.

Maestros ou Músicos, só haverá lugar de destaque nas Orquestras para os mais talentosos e competentes – sejam aqueles que compõem ou os que executam a melodia composta.

Há uma infinidade de instrumentos, nos quais podemos nos especializar. Por isso, há uma infinidade de oportunidades, para quem desejar provar seu talento, capacidade e competência.

Mas, como sabem, não existe lugar para todos que se formam, nestas Orquestras – nem nas agências, nem nos anunciantes, nem nos veículos, nem nos fornecedores, nem nas universidades (como professores).

Muitos ficarão pelo caminho. Ou mudarão de caminho – e de destino.

Você que me lê, aceite um conselho: só prossiga neste caminho se realmente amar trabalhar com Publicidade ou com a Comunicação. Se não adora, desista agora, antes que seja tarde.

Outro conselho: dedique-se, de corpo e alma, 24 horas por dia, a esta missão. Não se limite ao horário do trabalho. Leia, estude, pesquise, observe, pense, compare, analise, tudo que puder, o tempo todo.

Foi ao supermercado? Aproveite para ver as novidades, as promoções, os produtos dos seus clientes e os concorrentes deles, observe as consumidoras, dialogue, entreviste informalmente, converse. Colecione *database,* informações, que poderão vir a ser úteis, no futuro.

Não leia só livros técnicos. Viaje pelos romances, pela Psicologia, pela História, pela Antropologia, pelas Ciências, pela Geografia, nas publicações femininas e masculinas, de turismo, de economia e negócios, assim como nas de lazer, agricultura, pecuária, jardinagem, culinária, etc.

Absorva uma cordilheira de informações e de conhecimentos gerais – e técnicos.

Leia jornais e revistas, todos os dias.

Nós, no Brasil, somos alienados e desinformados. Por isso, não nos desenvolvemos como poderíamos e mantemos no poder uma classe política tão desqualificada (com raras exceções).

Pode parecer incrível, mas universitários de Publicidade e publicitários formados não leem jornais todos os dias. Nas minhas salas de aula na universidade, no início do ano, o índice era menor do que 3%! Na minha agência e nas agências em que trabalhei, a mesma coisa! Uma vergonha!

Como podemos trabalhar com o mercado e os diversos públicos, se não sabemos nada, ou quase nada, sobre eles? Se não conhecemos suas dificuldades, esperanças, problemas, necessidades, interesses, expectativas, desejos, receios e sonhos?

Por isso, não concebo publicitários de sucesso sem muita informação e conhecimento. Não mesmo!

O futuro nós construímos a cada dia, com cada ação, reação ou omissão nossa.

Pense nisso, você que quer crescer nesta profissão. Ninguém pode vencer por você, nem fazer você vencer.

Só você mesmo é que pode. Com garra, dedicação, talento, trabalho, estudo, muita informação, suor e aprendizado permanente.

O mundo e a nossa profissão evoluem sem parar e cada vez mais rápido. Não podemos ficar para trás. Podemos?

Boa sorte! (ela também ajuda, às vezes).

João José Werzbitzki, JJ

Gratidão e recompensa.

Escrever este livro foi recompensador.

Foi como conversar com os leitores, como reviver bons momentos, como reencontrar grandes amigos que me ajudaram e ajudam muito na vida – como pessoas, amigos, profissionais, mestres e alunos.

Por isso, não posso deixar de agradecer a algumas pessoas, pelos ensinamentos que fizeram de mim a pessoa e o profissional que sou – mesmo com tantos defeitos.

Em primeiro lugar, meus pais, Leonardo e Janina, que foram mais conhecidos por Onha e Dona Jane, que nunca deixaram me faltar nada, desde as melhores escolas, a uma vida em família inesquecível.

Com meus pais, aprendi a trabalhar desde cedo. Aos nove anos, já ajudava a servir e a limpar mesas, como um minigarçom no Restaurante Embaixador, do meu pai, em Curitiba... Um pouco mais tarde, enchia as geladeiras, lavava pratos e cumpria outras tarefas – algumas que detestava, como limpar pés de porco, queimando pelos na chama de velas para depois raspar com facas afiadas. Pezinhos limpinhos que depois iriam para a fabulosa feijoada do meu pai, que era muito famosa, uma das melhores do Brasil, segundo a revista 4 Rodas.

Com meus avós maternos, Jan e Valéria, e paternos, José e Genoveva, aprendi grandes lições de carinho, de respeito, de vida e a paixão pelo cinema e pela comida.

Cinema com meu avô José, que me levava para assistir a sessões corridas, de tarde toda, no Cine Curitiba, do Charles Chaplin, Irmãos Marx, Abbot e Costello, Buster Keaton, Tom Mix, Johnny Weissmuller, Gary Cooper, Errol Flynn e tantos outros, culminando pelo John Wayne (que até hoje me relembra meu pai, de tão parecidos).

Apaixonei-me pela gastronomia e pela culinária com meu avô Jan, que fazia sorvetes deliciosos e outros pratos simples e saborosos. Com ele aprendi outras lições de luta e de vida, pois ele havia enfrentado duas Grandes Guerras Mundiais, na Europa. Ensinou-me a não esmorecer e o principal fundamento ético de minha vida: "não faça para os outros aquilo que não gostaria que fizessem a você", repetia ele. E sempre obedeci.

Meus dois avôs eram comerciantes. O avô José teve restaurante e, depois, mercearia. O avô João tinha bar, restaurante, sorveteria e, depois, um hotel. Meu pai tinha um restaurante e, depois, montou a primeira fotocopiadora de Curitiba, a Leter (com um "t" só, de Leonardo e Teresa, minha tia).

Muitas tardes, sábados e domingos, passei cortando cópias heliográficas, para as grandes construtoras de Curitiba, que eram reveladas com amoníaco. Era de perder o fôlego. As fotocópias, antes da invenção da xerox, eram cópias fotográficas – e ali aprendi as primeiras lições de revelação, fixação e da fotografia, que só fui estudar melhor bem mais tarde.

Fui garçom, maître, barman, copeiro e cozinheiro, com os meus pais. Aprendi, com eles, a importância dos fregueses – muito antes que inventassem a fidelização de clientes. Meu pai tratava seus fregueses como ninguém. Sabia o que eles gostavam ou preferiam, e os servia com maestria.

"Travessas com charque e costelinha para o seu Lorusso", "uma porção extra de torresmo para o Dante", "linguiças e línguas para o Zico, rápido!", "uma caipirinha de vodka, com limão sem casca, para o Dr. Arlindo Blume", "uma Brahma casco escuro, bem gelada, lá do fundo, para o nhô Belarmino e nhá Gabriela", "uma pontinha de costela especial pro Ney Braga!".

Era assim que nos anos 50, 60 e 70 meu pai me dava lições de Comunicação e de Marketing. Anunciava nas rádios – e me levava para ver programas ao vivo, nos auditórios de então, gravava comerciais em pequenos discos de vinil, dava entrevistas ao vivo (ele foi sempre muito bem relacionado, um RP nato, talvez por ter sido jornalista esportivo).

E ele me levava a todos os jogos do meu querido Atlético Paranaense (nossa paixão eterna, onde ele também jogou) – desde 1957. Mais de 50 anos de paixão!

Atendimento personalizado, com um marketing **one-to-one**, fidelização, banco de dados, desenvolvimento de produtos de acordo com o interesse do consumidor, publicidade e mídia exterior com dois belíssimos garçons pintados em madeira, apresentados em charges na porta do restaurante (onde diariamente, ele escrevia, com pincel, tinta lavável branca e uma caligrafia maravilhosa as atrações do menu do dia).

Meu pai, o Onha, praticava o Marketing de Aromas, lá nos anos 50, quando jogava pedaços de sebo e de gordura de churrasco na brasa (seus fogões sempre foram a carvão, porque o sabor ficava melhor), para fazer fumaça e espalhar pela vizinhança aquele cheirinho tentador de churrasco... sempre às 11h15min e logo depois das 18 horas... E como funcionava!

Se não tinha ninguém no restaurante, dizia: "João, pegue teus irmãos, Roberto e Jorge Luis, convide uns 2 amigos e vão almoçar já, lá nas primeiras mesas, em duas ou três delas". Logo funcionava. Começava a entrar gente. Ninguém se sente bem entrando em restaurante vazio, não é mesmo? Ou em restaurante onde os garçons estão parados lá na porta de entrada. É sinal de que não tem ninguém lá dentro... então a comida deve ser ruim. Algo está errado.

Lições do Marketing da Vida, que se aprende observando.

Minha família sempre foi e é muito importante para mim, ainda mais com os meus dois filhos, Valéria e João Bruno, formados em Publicidade. A Val puxou meu temperamento exigente, minucioso e meio mandão. O Bru foi meu aluno e é um cara **"easygoing"**, tranquilo, criativo e talentoso como a mãe.

Minha sorte (e deles) é que eles leem bastante, se informam, são curiosos e têm tesão – gostam do que fazem. Eles ainda têm um longo caminho pela frente, de aprendizado, de experiência, de busca de conhecimento, com muitas alegrias e conquistas e algumas decepções (poucas, espero). Ela em atendimento/planejamento e ele em criação.

Tenho um orgulho imenso deles.

Além da minha família, muitas outras pessoas foram muito importantes no meu aprendizado e evolução – que nunca termina.

O Aroldo Murá Gomes Haygert, ou só professor Aroldo, ou Dr. Gluxman, que me judiava nos meus primeiros dias de Diário do Paraná, me enxotando da sua mesa e máquina de escrever exclusiva quando chegava, mas que me ensinou a escrever bem, entrevistar melhor e a editar um jornal inteiro, se preciso.

É meu padrinho, que vive de dieta – mas nunca perdeu a fome de saber. Culto, mágico, sensitivo, bem informado e muito bem relacionado, é meu guru. Amigo do coração.

Os meus primeiros chefes: o saudoso Roberto Novaes, que, além de meu professor na Católica, me deu a chance do primeiro estágio e emprego no Diário do Paraná (na época, uma grande escola de jornalismo), e o Jorge Narozniak, meu primeiro chefe de reportagem (um polaco muito competente e camarada).

Bons tempos, num jornal que era de vanguarda, com grandes profissionais, expoentes do jornalismo do Paraná.

Depois vieram o Vinicius Coelho e o Carneiro Neto, na editoria de esportes do Diário do Paraná, com o Léo Kruger. Com o Vinícius e o Carneiro fui para a Rádio Universo, numa outra experiência muito deliciosa, redigir um programa esportivo, além da reportagem, com uma equipe fenomenal, na época: Lombardi Jr., José Vicente, Raul Mazza e outros.

Aprendi muito, também, como assessor de imprensa e de comunicação social dos Secretários de Estado Belmiro Castor, Véspero Mendes e Luiz Eduardo Veiga Lopes, assim como com o Governador do Paraná, Jayme Canet Júnior e com o seu Secretário de Comunicação, Antonio Luiz de Freitas (que, depois, desenvolveu a vitoriosa Master Comunicação).

Aprendi muito na área de assessoria de imprensa e relações públicas no Governo. Aprendi campanhas políticas com o João Silveira Filho, o Silveirinha (que deixou saudades), na campanha do Saul Raiz (que teria sido um grande Governador do Paraná).

Mudei minha vida, em 1983, e descobri um mundo novo e apaixonante, com o meu primeiro patrão na área da publicidade, o saudoso amigo Dulcídio Caldeira Júnior, criador e diretor da Geminni Publicidade, onde trabalhei de 1983 a 1986, como um dos primeiros diretores de planejamento da publicidade brasileira.

Por causa da Geminni tive a oportunidade de participar da **Universidad de Latinoamerica**, do Ogilvy Group, onde o Luis Augusto Cama e o Flávio Corrêa lideraram um grupo internacional de experts que nos ensinaram muito, especialmente o Kenneth Roman (então, presidente mundial do

Ogilvy Group, que escreveu uma bíblia, no **How to Advertise**, em 1976, maravilhosamente atualizada em 2003).

Foi na Geminni e com o Caldeira que descobri e me encantei com o David Ogilvy, desde então meu guru maior. Ogilvy é o Papa da Publicidade Moderna. Quem não o leu, não sabe nada.

Tem gente que o critica, que o acha superado – mas nunca o leu. Nem releu com a devida atenção. Nunca leu **Confissões de um Publicitário, A Publicidade Segundo Ogilvy** (que é uma Bíblia, que tenho e li em português, em inglês e em espanhol), **The Unpublished David Ogilvy** ou **David Ogilvy – An Autobiography"**. Nunca leu as famosas **Lanternas Mágicas**, sobre os diversos tipos de produtos e mercados, com as recomendações sobre o que funciona melhor e o que não funciona.

Ogilvy sempre foi avesso a regras rígidas, mas suas observações eram fruto da sua experiência e conhecimento, do seu talento e do know-how de milhares de profissionais do Ogilvy Group em todo o mundo. Milhões de dólares investidos em pesquisas e em análises, que, no mínimo, merecem ser pensadas, com respeito.

Eu adoro ler e reler David Ogilvy.

Mesmo depois de nos deixar, ele continua presente, com os seus ensinamentos geniais – e alguns deles procurei relembrar neste livro.

Curiosamente, ele adorava cozinhar e eu também. Ele adorava Moussaka (uma espécie de lasanha grega com berinjelas, carne moída de carneiro, queijo, tomates, pimenta e canela... humm) e rabada, dois dos meus pratos preferidos (antes mesmo de saber que Ogilvy existia).

Com Ogilvy descobri Claude Hopkins, com o seu "**A Ciência da Publicidade**", magistralmente escrito em 1923, por este fenomenal redator que ganhava um salário de 639 mil dólares anuais em 1908... algo como cerca de 122 mil reais mensais... em 1908! E tem gente que nunca leu Hopkins!

Na minha agência, a JJ Comunicação, que foi a minha grande alegria profissional, por 13 anos, tive grandes amigos entre colaboradores, parceiros e clientes.

E algumas decepções, que prefiro esquecer.

Amigos como o Elio Palumbo, que foi um brilhante diretor de arte (como hoje é raro), a Susi Caponi (profissional de Relações Públicas a quem confiei seu primeiro emprego na Publicidade e hoje é uma profissional de sucesso), o Bernardo Bittencourt Neto, o nego Bitte, (companheiro de grandes jornadas, desde os tempos de jornal e de Governo), o Rubinho (Rubens do Nascimento Jr.) e o Beto (Roberto de Carvalho), o Cezinha Marchesini, a Sueli, a Sônia, o Gilson Genez, a Carol, a Jacqueline Vieira, a Luciane Stephanes e tantos outros ótimos companheiros e companheiras de jornada. Impossível nominar a todos que merecem.

Muitos bons profissionais de hoje começaram suas carreiras na JJ e lá aprenderam algumas coisas úteis para a vida e para a profissão – o que me orgulha muito.

Registro, ainda, amigos e parceiros como o Osmarzinho (Osmar Deitos da Silva, dono da Soft Cine Vídeo, hoje uma das melhores produtoras do País e amigo leal nas horas felizes e nas difíceis), o Percy Tamplim e a dona Lílian Vargas (que com o seu Sir deixaram em mim uma marca de profissionalismo, lealdade e saudade de bons tempos), o Antoninho Nogueira (insubstituível editor-chefe da Gazeta do Povo, mesmo depois de substituído), o Rogério Florenzano (que foi o grande diretor comercial da Gazeta do Povo e meu cliente por 12 anos), Rogério Bório (proprietário da Paraná Equipamentos, *dealer* Caterpillar no Sul do Brasil, meu cliente por 18 anos!).

O Ademir Moro (que sempre foi parceiro e amigo, além de cliente por mais de 8 anos), o Anibal e o Ricardo Tacla (ex-colegas de colégio, clientes e amigos por mais de 20 anos, assim como o braço direito deles, o Carlos Mohr), primeiro com suas lojas de tecidos e depois com os seus shopping-centers de sucesso, como o Crystal, o Itajaí e o Palladium/Ponta Grossa e agora o gigantesco Palladium de Curitiba), o Carlo Botarelli (meu amigo dos tempos de Santa Maria e cliente por mais de 6 anos na Ivaí).

O Iverson Cruz (amigo de todas as horas e cliente fiel, com a suas Luson/VW, por mais de 10 anos, e agora com a Germânia/VW), a Léa Kerkoff (chefe do pelotão de beldades da BlueMoon e sempre amiga do peito), o José Dionísio Rodrigues (diretor da Opus Múltipla, concorrente ético, profissional, leal e amigo), o Carlos Marassi, o Ciro Zadra (amigo das minhas horas difíceis, com a sua CCZ), o Carlos Cade (com quem aprendi muito de marketing imobiliário, apesar do fim que teve a Encol) e o meu saudoso e eterno amigo do peito Dino Almeida, que jamais será esquecido ou substituído no jornalismo e no meu coração.

Outros amigos me ajudaram bastante, às vezes até sem perceber, como o Hiram Castello Branco (que me apoiou com sua amizade, postura ética e honestidade profissional, nos tempos da CBBA/Propeg), o José Carlos de Salles Neto, de Meio & Mensagem (grande defensor do negócio da publicidade no Brasil), o Rafael Sampaio, de About (companheiro de pantagruélica e inesquecível jornada em Barcelona, um notável jornalista e palestrante, fundamental com a sua About e com o site Portal da Propaganda), a Sílvia Dias de Souza (uma amiga e incansável defensora dos publicitários, no Paraná), o querido Ney Alves de Souza, o Armando Ferrentini (com o Propmark), o Roberto Gaida, o Aldair Machado (da Parati) e tantos outros, como o Ray Jutkins (o "Rockett", amigo norte-americano, que fiz em Amsterdam, e que é um dos maiores especialistas e conferencistas mais requisitados do mundo em marketing direto).

Dr. Louis Vaccaro (um bom amigo, presidente do Siena Heights College, minha universidade nos Estados Unidos, e que me impulsionou para a obtenção do meu mestrado, colocando-me para trabalhar como relações-públicas do seu gabinete, lá em Michigan) e a querida professora *sister* Eillen Rice (já falecida, mas que me ensinou o Sabor das Ideias, como desenvolvê-las e fazê-las acontecer).

Al Ries (com quem tive a oportunidade de debater, mais do que só ler ou ouvir), Don Schultz (com quem aprendi muito, ao vivo e em seus livros, sobre Comunicação Integrada e a verdadeira função da Publicidade), Stan Rapp (com quem também tive a oportunidade de debater francamente), e o bom amigo Maurizio Molinari (publicitário italiano, que me incluiu no mundo da publicidade internacional, mas que, infelizmente, nos deixou prematuramente).

O Johan Caignie (bom amigo e publicitário belga, hoje aposentado, manager por anos da International Network of Business Advertising Agencies/INBA), Don Wilson (amigo, parceiro e publicitário norte-americano, que tem sua agência, a Keiler, numa belíssima casa de campo, na Filadélfia – um lugar para pensar e criar que é de sonhos), o jornalista, editor e amigo Cícero Cattani, os fotógrafos Sérgio Sade e seu filho André, os Utrabo (pai e filho), Oswaldo e Edison Jansen, além do velho e grande cinegrafista Bob, e do inesquecível Pintado (nosso motorista impagável, nos tempos de Palácio do Governo).

O meu grande amigo Gary Jacobs (dono da Fox Kalomasky, de Londres), a publicitária alemã Anne Krall (presidente da Krall & Partners, de

Dusseldorf), o sueco Rune Hallin (que tantas demonstrações de carinho e atenção me deu, enquanto presidente da INBA), o dinamarquês Morten Gronemann (presidente da MarCom, da Dinamarca), o caro Luis Sales (presidente da Plano, de Lisboa), o solícito e simpático Masao Ohno (presidente da Diamond, de Tóquio) e a norueguesa Anne Helene Torp.

O tranquilo hindu V. R. Rajan (presidente da Anugrah Advertising, de Madras, na rica, pobre e misteriosa Índia), que me contou um dos *cases* mais interessantes de publicidade que já ouvi: num país como a Índia, onde a maioria das vilas e pequenas cidades não tem luz nem TV, os comerciais são exibidos em praça pública, em vans com TVs movidas a bateria ou gerador.

O experiente George Black, que vive na pacata Jamesburg (New Jersey) e trabalha como consultor em comunicação **b-to-b** (para vários clientes dos Estados Unidos), o François Contat e o Xavier de Catheu (da Synergence, da França), e *"my great dutch friend"* Mr. Wrim de Vries, de Amsterdam.

O meu querido amigo de infância, Selem Ricardo Bark, coxa-branca (torcedor do Coritiba, maior rival do meu Atlético), amigo desde os meus 3 anos de idade, que nos deixou tão prematuramente, ao não dar atenção àquela dorzinha incômoda e seca no peito. Foi amigo, conselheiro e irmão.

O Mauro Fantin, que transformou a Parati de uma pequena fábrica de biscoitos e de macarrão do interior catarinense, numa belíssima indústria de alimentos, hoje presente no mercado nacional e internacional, sem deixar de ser amigo dos amigos, o tempo todo, mesmo trabalhando 28 horas por dia, o maluco. Juntos trocamos e evoluímos ótimas ideias de comunicação e marketing – além de prazeres gastronômicos.

E o meu maior amigo, parceiro, cliente, concunhado e segundo pai, Renato Trombini, que sempre me apoiou e ajudou, em todas as horas, principalmente nas mais difíceis.

Com o apoio do Renatão, criei e desenvolvi a JJ Comunicação – do jeito que eu queria, com a sabedoria dos conselhos e do **lobby** dele, grande líder empresarial que é.

Juntos – o Renato e eu – desenvolvemos, por mais de 18 anos, uma promoção sem igual: a Banda de Guaratuba, que começou numa segunda-feira de Carnaval chuvosa, com meia dúzia de foliões etilicamente animados, com um jeep, uma corneta e um bumbo (isso mesmo, um bumbo!).

Anos depois, chegamos ao requinte de reunir mais de 200 mil foliões, sambando ao som de 60 músicos, de 8 trios elétricos interligados por FM, naquele balneário paranaense, sempre nas segundas de Carnaval. Com direito a flashes exclusivos do Jornal Nacional, da Globo, e uma cobertura total da mídia. Bons tempos.

O Renato, com a querida Ceres, minha cunhada, são outra parte importante da minha vida e do meu coração – que continua batendo forte (graças ao fabuloso Dr. Paulo Roberto Broffman), vibrando com a profissão que escolhi por paixão.

Uma vida pela qual sou até hoje apaixonado – cada vez mais. O que é uma grande recompensa.

Ainda mais porque posso viver ao lado da Eliane, meu grande amor, e dos meus filhos publicitários, Valéria e João Bruno, além de tantos amigos.

....

maio 2011

Leitura recomendada

O Copy Criativo

Autor: Roberto Menna Barreto
ISBN: 978-85-7303-495-5
Número de páginas: 264
Formato: 16 X 23 cm

O texto publicitário, chamado de copy, constitui um estilo único de redação fluente, objetivo e irresistível na hora de vender um determinado produto É o gênero semântico mais sedutor de que se tem notícia.

Pensando nisso, Roberto Menna Barreto escreveu o livro *O Copy Criativo* São 177 textos de propaganda que fizeram sucesso e que mostram a capacidade de se vender um produto através desse estilo de escrita.

Muitas vezes o copy é considerado, erroneamente, como um simples texto publicitário. Mas, na verdade, prende a atenção, obriga a leitura e proporciona curiosidade e humor através do jogo de ideias e palavras.

Essa coletânea foi organizada, antes de tudo, para reavivar, junto ao público em geral, o prazer de se ler um texto publicitário. Entretanto é especialmente dedicado a atuais e futuros profissionais da Área de Comunicação, já que ressalta a máxima de Stanley Resor (que durante anos dirigiu a maior agência do mundo): "O Texto é a fonte da vida da propaganda; tudo mais são acessórios".